Le SYNDROME de TARZAN

PASCALE PIQUET

Le SYNDROME de TARZAN

Libérez-vous des lianes de la dépendance affective

BÉLIVEAU
éditeur

Conception et réalisation de la couverture : Jean-François Szakacs
Illustrateur de la couverture : Alain Massicotte

Dépôt légal : 1er trimestre 2015
Bibliothèque et Archives nationales du Québec
Bibliothèque et Archives Canada

ISBN : 978-2-89092-696-7
ISBN Epub : 978-2-89092-704-9

BÉLIVEAU éditeur
920, rue Jean-Neveu
Longueuil (Québec) Canada J4G 2M1
514-253-0403/ 450-679-1933 Téléc. : 450-679-6648

www.beliveauediteur.com
admin@beliveauediteur.com

Gouvernement du Québec – Programme de crédit d'impôt pour l'édition de livres – Gestion SODEC – www.sodec.gouv.qc.ca.

Nous reconnaissons l'aide financière du gouvernement du Canada par l'entremise du Fonds du livre du Canada pour nos activités d'édition.

IMPRIMÉ AU CANADA

À tous ceux qui m'ont fait souffrir.
Ils se reconnaîtront.
Grâce à eux, j'aime ce que je suis aujourd'hui.

À ma fille, Cassandre.

Table des matières

DEUXIÈME PARTIE

La voie de la paix: la voie du guerrier

TROISIÈME PARTIE

Les relations hommes/femmes : faites l'amour, pas la guerre !

Préface

Sortie de l'enfer de la dépendance affective, je suis enfin au paradis !

C'est avec plaisir que je souhaite vous faire partager mon expérience et mes réflexions sur la vie d'aujourd'hui. Peut-être que vos relations avec les autres, et surtout avec vous-même, s'en trouveront améliorées. Et si je ne détiens pas la vérité, je vous encourage tout de même à éviter le pire pour vivre le meilleur. C'est possible, puisque je l'ai fait.

Avant de commencer la lecture, amusez-vous à ouvrir le livre à n'importe quelle page et lisez ce qui vous tombe sous les yeux : vous serez surpris de constater que c'est la réponse à une question que vous vous posez actuellement. Allez-y, essayez !

Bienvenue dans la jungle de mes pensées !

****

Voici le moment où je mets à jour cet ouvrage, huit ans après la parution de la première version du « Syndrome de Tarzan ».

Impressionnant de constater que ce livre continue sa route, connaissant un succès international grandissant : lecteurs et lectrices découvrent qu'ils ne sont pas fous, que ce dont ils sont frappés s'appelle la dépendance affective et qu'on en sort, comme j'en suis sortie. Suivez le guide !

Et la question que tout le monde me pose, depuis la première parution, lecteurs, clients en coaching ainsi que les médias, est la suivante : « Avez-vous rencontré l'homme de votre vie ? » La réponse est « oui » et pour savoir comment, que diriez-vous de lire cette version « rafraîchie » et enrichie de huit années d'expérience supplémentaire ?

Je vous raconterai tout, ou presque, et vous saurez où j'en suis dans ma vie affective en parcourant « Le syndrome de Tarzan ». Et si je n'avais pas de secret pour vous jusque-là, vous me permettrez d'en garder un...

Note : le masculin est utilisé dans ce livre pour alléger le texte.

Aide-toi, le Ciel t'aidera !

Le septième jour, Dieu se reposa. Le jour suivant, j'imagine qu'Il inventa la métaphore. Heureusement, car Adam et Ève, fautifs, ne pouvaient être lâchés dans la nature, nus et sans mode d'emploi. Et comme les humains aiment les contes plus que les conseils ou les ordres, Dieu, bien placé pour le savoir, ne s'en priva pas. La Bible regorge de métaphores, comme les mythologies ou les *Fables* de La Fontaine, et quelles que soient vos croyances, vous reconnaîtrez que ces phrases sont pleines de bon sens : *cherchez et vous trouverez, demandez et l'on vous donnera, frappez et l'on vous ouvrira,* ou encore, ma préférée : *aide-toi, le Ciel t'aidera*.

Les métaphores, les contes et les mythologies font appel à votre âme d'enfant pour guider l'adulte, prodiguant au subconscient des conseils judicieux qui éclairent les ténèbres dans lesquelles vous plongent vos émotions négatives et vos mauvaises programmations.

Connaissez-vous l'histoire d'Auguste qui vivait dans un petit village, au creux d'une vallée menacée par les eaux ? Les autorités organisèrent l'évacuation des villageois, mettant des bus et des camions à leur disposition, afin qu'ils emportent tout ce qu'ils souhaitaient sauver. Auguste refusa de monter dans le bus et dit aux sauveteurs : « Je crois en Dieu et Dieu me sauvera. »

L'eau commença à monter à tel point qu'Auguste dut se réfugier au premier étage de sa maison. Les sauveteurs vinrent le chercher en canot à moteur. Il refusa de partir, leur expliquant qu'il ne risquait rien parce qu'il croyait en Dieu et qu'en aucun cas celui-ci ne l'abandonnerait.

L'eau monta si haut qu'Auguste se retrouva à cheval sur le toit. Un hélicoptère vint le secourir mais il refusa de quitter son perchoir en indiquant, très sereinement, que Dieu le sauverait.

Auguste se noya.

Au Ciel, furieux, il se présenta devant Dieu :

« Moi qui ai toujours cru en Toi, qui T'ai toujours honoré, comment as-Tu pu m'abandonner ? »

« T'abandonner, s'écria Dieu, offusqué. Et qui t'a envoyé un bus, un canot et un hélicoptère ? »

Personnellement, je suis toujours la première à monter dans le bus !

☙ ❧

PREMIÈRE PARTIE

Le syndrome de Tarzan

1.

Le syndrome de Tarzan et vous

Comment savoir si vous êtes atteint du syndrome de Tarzan? C'est simple: vous ne supportez pas de rester seul, voltigeant de liane en liane, ou vous restez accroché à la même, sachant qu'elle ne vous satisfait pas.

Vous pouvez également connaître des périodes de célibat, attendant qu'une personne correspondant à votre névrose se présente.

Alors, vous agissez automatiquement en adepte de Tarzan, mais je ne sais pas dans quelle équipe vous jouez, celle des **Desperados** ou celle des **Trous noirs affectifs**? Si vous appartenez à la première, votre conjoint ou ceux que vous rencontrez appartiennent à la deuxième et vice versa.

2.

La dépendance affective se joue par équipe de deux: le Desperado et le Trou noir affectif

Quand j'ai découvert que j'avais un comportement de dépendance affective, je me suis demandé pourquoi moi et pas l'autre? Eh bien, l'autre aussi. Quel bonheur de découvrir que je n'étais pas la seule névrosée dans chaque histoire!

Alors que les causes sont les mêmes, il existe en effet deux façons différentes de vivre le syndrome de Tarzan: il y a celui qui donne et celui qui prend, et ils s'attirent immanquablement. Je n'ai pas résisté à l'envie de les surnommer afin que vous saisissiez clairement le rôle de chacun, sur la grande scène de la dépendance affective.

Le **Desperado**: Très généreux, vous donnez de l'affection sans compter et vous courez désespérément après celle des autres, dépendant ainsi de ce que vous n'obtenez pratiquement jamais. D'ailleurs, remarquez que plus vous semez, moins vous récoltez puisque vous tombez TOUJOURS sur ceux que vous nommez «profiteurs». Effectivement, vous choisissez de préférence quelqu'un qui souffre plus que vous, pour pouvoir le sauver. C'est là que vous existez: quand on a besoin de vous! En proie aux émotions excessives, souvent extraverti, vous ne comprenez pas pourquoi l'autre ne répond pas à vos attentes, après tout ce que vous avez fait pour lui. Vous êtes du genre chevalier en armure ou du genre qui ne laisse pas un petit chat perdu dans la rue.

Desperado, vous êtes prêt à tout pour combler votre carence en affection, en reconnaissance et parfois en protection qui vous a tant fait défaut dans votre enfance. C'est ce qui vous pousse à faire tout et n'importe quoi pour l'autre, jusqu'à vous oublier, afin d'être aimé à tout prix et reconnu pour votre générosité. Vous êtes totalement dépendant, et pas uniquement du conjoint, des autres aussi au travers de leurs jugements ou appréciations. Dans l'incapacité de reconnaître votre valeur et vos belles qualités, vous donnez tout, puisque vous ne valez rien, pour un peu d'affection et de reconnaissance. Avec vous, pas de bande-annonce, l'autre voit le grand film en entier, avec *pop-corn*, glaces et boissons compris.

Si vous ne vous reconnaissez pas dans le portrait précédent, oserez-vous avouer que vous correspondez au suivant.

Le **Trou noir affectif** : Vous engloutissez l'affection et la reconnaissance des autres, sans jamais les rendre ou très peu. Car de l'affection et des attentions, vous n'en avez jamais assez : vous êtes un puits sans fond ! Connaissez-vous ces fameux trous noirs de l'espace, réputés pour absorber tout ce qui passe à proximité, d'où rien ne revient jamais ? Vous saisissez ! Vous êtes coupé de vos émotions, car vous avez compris de votre passé qu'elles sont dangereuses parce qu'elles font souffrir, ce qui vous pousse à être plutôt introverti. Vous savez, le genre « beau ténébreux mystérieux » ou le style « femme fragile en détresse ».

Trou noir affectif, vous avez une revanche à prendre sur le passé. C'est une sorte de boulimie qui vous pousse à réclamer et à dévorer encore et encore l'affection, la reconnaissance et la protection dont vous avez également manqué dans votre enfance. Vous donnez peu, juste pour appâter, mais tout vous est dû et vous aurez de plus en plus d'exigences, d'autant plus que l'autre, un Desperado, y répondra sans compter. Vous livrez des petits bouts de la bande-annonce d'un film que l'autre ne verra jamais, et pour ce qui est des glaces, *pop-corn* et boissons, ce n'est pas vous qui les paierez !

Vous l'avez compris, le Trou noir affectif et le Desperado se repèrent et s'associent inévitablement, leurs névroses se nourrissant si bien réciproquement. N'êtes-vous jamais tombé sur quelqu'un de bien mais qui ne vous attire pas ? Bien sûr, la belle affaire, cette personne trop équilibrée ne vous nourrit pas. De toute façon, ça n'aurait pas duré longtemps, car ceux qui sont équilibrés ne restent pas avec les adorateurs de Tarzan, flairant immédiatement un problème de comportement dans les relations intimes.

Les adeptes de Tarzan sont des pirates de l'air qui détournent l'affection pour aller en enfer.

Ce que vous allez découvrir sur le syndrome de Tarzan se fonde non seulement sur ce que j'ai pu observer en consultation et dans mon entourage, mais également sur ce que j'ai vécu: Tarzan et moi étions très liés, par le passé. Bien évidemment, toute ressemblance avec des personnes existantes ou ayant existé n'est absolument pas fortuite. Ai-je caricaturé les comportements? Devrez-vous apporter des nuances à ce que vous lirez? C'est à vous d'en décider.

Tout d'abord, je tiens à préciser que la dépendance affective n'est ni une maladie ni une condamnation à vie: c'est une mauvaise programmation qui peut être, bonne nouvelle, *dé-pro-gram-mée*! Vous le savez maintenant, par manque d'affection, de reconnaissance et parfois de protection dans votre enfance, vous avez simplement été conditionné à en chercher dans votre vie d'adulte. D'ailleurs, vous n'êtes pas UN dépendant affectif: vous êtes un chic type ou une super femme, unique, avec de grandes qualités, ayant un comportement de dépendance dû à votre passé. Ça aurait pu être le jeu, la cigarette, la drogue ou l'alcool; vous, c'est l'affection. Mais peut-être développez-vous aussi les compulsions évoquées précédemment... Vous êtes donc tombé dans la névrose quand vous étiez petit, comme Obélix dans la potion magique, à la différence que, vous, ce n'est pas pour toute la vie.

Le terme « névrose » tombe comme un couperet, mais il n'y a pas de quoi en perdre la tête: vous avez une vie normale tout en répondant à une ou plusieurs mauvaises programmations du passé. Elles génèrent plus ou moins fortement des troubles affectifs, émotionnels et comportementaux, détectables « à l'usage » mais pas forcément de prime abord. Notre société fait pousser les névroses comme des champignons et vous devenez expert dans l'art de la dissimulation. Cela dit, une névrose ne fait pas de vous un candidat à l'asile psychiatrique, elle vous jette simplement dans des difficultés relationnelles, professionnelles et sociales. Bien que certains soutiennent que tout le monde en a, dans mon monde à moi, c'est la souffrance qui fait la différence entre une personne équilibrée et une personne névrosée. Si votre vie vous plaît et que vous ne souffrez pas, désolée mais je ne puis vous accorder le titre de névrosé !

Vous n'êtes donc pas plus UN dépendant affectif qu'un autre est UN alcoolique ou UN drogué, mais plutôt une personne développant une compulsion, parce que vous n'êtes pas ce que vous faites. Vous avez un job, des qualités, un entourage et vous avez également une identité et des comportements qui sont dissociés : vous ne pouvez pas vous résumer à un seul comportement pour vous identifier, négatif de surcroît, occultant tout ce qui fait de vous quelqu'un de bien.

Cette compulsion, je l'ai affectueusement surnommée « Syndrome de Tarzan ». J'en avais assez d'entendre les mots « dépendance affective », sonnant comme une condamnation à perpétuité. D'ailleurs, mettre de l'humour, vous en conviendrez, c'est rire de vos problèmes et donc les diminuer. D'autant que dépendre d'une liane, c'est concevable (sinon, c'est la chute assurée !) ; mais dépendre de quelque chose que, dans un cas sur deux, vous n'attrapez jamais, vous avouerez que c'est un rien insensé !

Dans l'océan déchaîné des relations humaines, Desperado et Trou noir affectif, vous vous agrippez l'un à l'autre, tels des naufragés à des radeaux de fortune. Aucune chance de vous accrocher à quelqu'un d'équilibré parce que, premièrement, il ne vous nourrit pas et, deuxièmement, il nage trop vite pour vous. Je peux vous assurer que depuis que j'ai réglé son compte à Tarzan, je flaire son syndrome à des kilomètres et je suis devenue imbattable au 100 mètres style libre !

Point n'est besoin de drames familiaux pour tomber dans ce syndrome. Une perte de confiance en vous peut être due à des événements négatifs répétitifs : la première fois qu'un incident se produit, c'est un accident ; la deuxième fois, c'est une coïncidence ; la troisième, c'est la perte de confiance en soi. Un exemple : à 6 ans, une petite fille met une robe et ses parents se moquent d'elle, disant qu'elle ressemble à un petit singe. À 8 ans, elle passe la journée au piquet avec un bonnet d'âne sur la tête, sous les moqueries des autres enfants. À 17 ans, comme elle est un peu ronde, une fille se moque d'elle, faisant rire toute la classe. À partir de là, cette femme se fait écraser plutôt que se faire remarquer et préfère mourir plutôt que revendiquer ses droits. Elle tombe sur le premier Trou noir affectif qui passe, elle qui ne vaut rien, et existe enfin pour et par quelqu'un. Il en faut parfois moins que ça pour adhérer au parti de Tarzan : il suffit qu'une ou deux personnes seulement vous repoussent et votre belle confiance s'envole, sans attendre le troisième rejet. Cependant, il y a de fortes chances pour que la vie vous répare, car le problème est beaucoup moins ancré que chez la personne qui n'a pas été épargnée dans son enfance : après une ou deux mésaventures, vous comprenez ce qui ne vous convient pas et ce que vous recherchez chez l'autre. À partir de là, vous écartez tout candidat présentant les mêmes symptômes que les précédents et vous finissez par trouver celui ou celle que vous attendez.

Les parents peuvent également pécher par excès en étant très présents, parfois autoritaires, mais tellement fiers de vous que, quoi que vous fassiez, c'est parfait. Du coup, quand vous réussissez un examen, c'est normal puisque vous êtes bon, donc vous ne surprenez jamais personne et ne recevez aucunes félicitations. Imaginez toute une année scolaire durant laquelle vous n'obtenez que des 20/20, que vous ayez rendu une feuille blanche ou que vous ayez travaillé. Que vous ayez été ignoré dans votre enfance ou adulé inconditionnellement, comment savoir ce que vous valez ?

Mais ne vous y trompez pas, que vous soyez Trou noir affectif ou Desperado, vous pouvez être adorable jusqu'à ce que vous soyez rejeté. Là, rancune et agressivité prennent le dessus. De Desperado, vous pouvez devenir Trou noir affectif dans la relation suivante pour vous venger ; et de Trou noir affectif, vous pouvez passer à Desperado, si vous tombez sur un Trou plus noir que vous !

À la réflexion, partisan de Tarzan, vous ressemblez aux hermaphrodites, en ce sens que vous adoptez l'une ou l'autre des attitudes selon les circonstances. Cependant, l'un des deux comportements reste souvent prédominant.

Une précision au passage : vous êtes fait pour donner et recevoir affection et reconnaissance ; le problème naît quand vous en dépendez, prêt à n'importe quoi pour en recevoir. Savez-vous que des enfants qui furent élevés « en batterie », soit abandonnés en trop grand nombre, soit sacrifiés à la folie nazie, se laissèrent mourir parce que le personnel des établissements, débordé ou ignorant, ne leur accordait ni affection ni attention ? Comprenez-vous pourquoi c'est une question de survie pour l'adepte de Tarzan ?

Vous pouvez arrêter de boire, de vous droguer et de fumer sans mettre votre vie en péril, mais vous ne pourrez jamais cesser d'aimer et d'être aimé parce que, au fond de vous, vous savez que vous en mourrez. Détester les autres, n'est-ce pas démontrer que vous les aimez, mais que vous vous en défendez ? L'indifférence elle-même est une réaction à l'amour. Je sais pertinemment que vous pouvez me dire le contraire : je vous attends au tournant. Dites-moi, sans mentir, que vous êtes très heureux, en bonne santé et que votre vie est épanouie sans amour ni affection. Détester le sexe opposé (ou le même sexe), c'est avoir peur d'aimer et de souffrir. Et si vous vivez sans amour ni affection, il ne faut pas non plus être prêt à tout pour en obtenir.

À ce stade du livre, je vous vois réfléchir afin de déterminer dans quel camp vous jouez, ce qui détermine automatiquement celui de votre conjoint ou de vos ex. Et vous voilà curieux de savoir ce qu'il en est pour votre entourage, à commencer par vos parents. Regardez les films romantiques et amusez-vous à déterminer qui est le Trou noir affectif et qui est le Desperado, car ils sont forcément là : les histoires d'amour équilibrées n'ont jamais remporté de grands succès. Pourquoi ? Parce que vous n'y croyez pas !

3.

Tu verras, quand tu seras grand, tu ne seras plus dépendant

En vous sommeille un enfant qui ne grandit pas, tant que vous ne réglez pas votre dépendance. Lors des consultations, ce n'est pas à vous en tant que grande personne que je m'adresse, mais bien à vous, enfant, qui me confiez la mission de vous aider à combler le fossé qui vous sépare d'une vie affective d'adulte équilibré.

Vos comportements d'adepte de Tarzan peuvent paraître aberrants de la part d'un adulte, mais vous êtes un gamin en situation de survie, pour qui tous les coups sont permis : mauvaise foi, mensonges, tromperies et vous pouvez devenir menaçant ou charmant selon les circonstances, parfois méfiant et sur la défensive. Vous êtes programmé à survivre à tout prix dans la jungle terrifiante des relations humaines. Alors quand vous tenez ou croyez tenir un pourvoyeur d'affection, vous vous y agrippez désespérément pour ne pas tomber dans le vide... affectif.

Si vous avez subi, petit garçon, des sévices sexuels, vous êtes prisonnier de votre besoin de protection qui se traduit par un grand besoin d'être câliné par votre conjointe, materné, comme elle le ferait avec son propre fils. C'est votre façon de rechercher la protection dans une attitude maternelle.

Si vous avez subi le même traumatisme, petite fille ou adulte, vous attendrez de votre compagnon qu'il vous protège et aurez des réactions démesurées si celui-ci ne le fait pas. Surtout si vous êtes la cible de l'ex-femme ou encore de votre ex-conjoint ou de toute autre personne qui vous veut du mal. Chaque attaque vous replonge dans les situations où personne n'a rien fait pour vous, quand il s'agissait de vous protéger contre un adulte pervers. De plus, si votre conjoint était un Desperado avec son ex-femme, il est bien incapable de lui river son clou, vous mettant en situation d'insécurité. En revanche, un conjoint Trou noir affectif renvoit la mégère et votre ex-conjoint ou toute autre personne dans ses quartiers, sans le moindre état d'âme : il protège celle qui nourrit si bien sa névrose.

Je sais tout cela pour l'avoir vécu, car ma liaison avec Tarzan a duré jusqu'à l'âge de 40 ans. Le syndrome de Casanova (séduire, consommer et s'enfuir, à l'inverse du syndrome de don Juan, qui séduit et s'enfuit sans consommer) m'avait rangée du côté des Trous noirs affectifs. Je butinais, d'une liane à l'autre, au gré de ma fantaisie, sans jamais m'attacher, passant dans la vie de mes victimes au grand galop. Ce qui n'a rien à voir avec la peur de l'engagement : il s'agissait plutôt de trouver le bon névrosé ! Mon vœu fut exaucé et je rencontrai donc mon futur mari, ténébreux mystérieux (c'est-à-dire introverti et névrosé), plus Trou noir affectif que moi, ce qui me fit basculer dans le camp des Desperados. En relation depuis plus de six ans, nous décidâmes de nous unir : je fus mariée juste le temps qu'il faut pour le dire, tombant enceinte le matin de la nuit de noces, trompée à six mois de grossesse et divorcée deux ans après le mariage. Résultat : neuf années de galère, mais lui ne voulait pas divorcer ; il voulait garder le beurre, l'argent du beurre et… les deux fermières ! Deux ans plus tard, après quelques aventures avec de beaux spécimens de la même catégorie, je retombais dans le panneau avec un plus Trou noir affectif que l'ex-mari avec lequel je vécus quatre années de souffrances. Les deux se ressemblaient comme deux gouttes d'eau et se détestaient : deux Trous noirs affectifs s'affrontant pour revendiquer celle qui nourrissait si bien leur névrose. Ma situation de Desperado n'était pas bien brillante, coincée entre les deux puisque l'ex-mari, que je nommerai Jules, venait voir notre fille et le nouveau, que je nommerai Jim, avait pris sa place. Cherchant à ménager la chèvre et le chou, incapable de remettre qui que ce soit à sa place, je subissais des reproches des deux côtés. Quelle corrida ! Je vois bien, à votre sourire, que vous connaissez ça !

Il se peut également qu'un événement dramatique vous pousse à vous couper de vos émotions : le décès d'un des parents ou des deux dans votre enfance, ou d'une personne que vous aimiez très fort. Vous en avez déduit, inconsciemment, que dès que vous aimez quelqu'un, il meurt. Vous faites une relation épouvantablement fausse entre l'amour et la mort, suffisamment terrifiante pour que vous refusiez d'aimer encore. En Trou noir affectif, dès que vous commencez à vous attacher à quelqu'un, vous êtes envahi par des angoisses terrifiantes qui vous poussent dans des comportements aberrants et destructeurs vis-à-vis de la personne à laquelle vous tenez. N'importe qui réagirait de la sorte dans cette situation.

Donc, souffrir du syndrome de Tarzan, quelle que soit l'équipe dans laquelle vous jouez, c'est rester attaché névrotiquement à la même liane qui ne vous rend pas heureux, pire, qui ne veut plus de vous, ou passer de n'importe quelle liane à n'importe quelle autre liane sans jamais vous arrêter. Tout est bon pour vous agripper, plutôt que tomber dans le vide affectif parce que mieux vaut être mal accompagné que seul, dans ce monde de Tarzans dépendants.

4.

Quoi qu'il arrive, vous tombez toujours sur la personne idéale !

Dès que vous rencontrez quelqu'un, c'est inévitablement la personne idéale: soit parce qu'elle est réellement faite pour vous, soit parce qu'elle va vous obliger à régler votre névrose. Et si vous préférez zapper plutôt que comprendre et régler, vous retombez sur le même genre de personne, encore et encore. Il n'y a pas de hasard en ce bas monde et la bonne vieille méthode du clou qui chasse l'autre est vérifiée: vous remplacez un mauvais clou par un autre mauvais clou ! Si vous en profitiez plutôt pour comprendre ce qui vous arrive et travailler sur vos programmations afin de stopper votre collection de clous rouillés? Parce que ce ne sont pas les clous qu'il faut changer. C'est vous !

Vous avez été programmé à penser que l'homme idéal ou la femme idéale n'existent pas. Et si vous déprogrammiez cette croyance limitante? Je suis la femme idéale... pour un seul homme: celui que j'attends. Il en va de même pour vous. Vous êtes forcément la personne idéale pour quelqu'un, une fois que vous ne vous prenez plus les pieds dans vos névroses, bien sûr !

Refusez les discours à l'emporte-pièce du style: « Tu es trop difficile. » Balivernes ! Vous avez vos critères et ils doivent être respectés. Sinon, vous tombez dans le piège du SCC: Sacrifices Compromis Concessions. Vous avez remarqué que ces mots ont tous un « s » à la fin? Parce que vous ne ferez pas UN sacrifice, ni UN compromis et encore moins UNE concession, mais plusieurs et toute votre vie de couple durant. Vous êtes condamné au SCC à perpétuité ! Bien qu'idéale (souvenez-vous: pour l'homme de ma vie !), je ne suis pas idéaliste et je sais pour l'avoir vérifié qu'un couple heureux et équilibré tourne le dos au SCC qui fait, en revanche, partie du vocabulaire du névrosé. Il ne s'agit pas de savoir qui va céder, mais de trouver une zone de confort dans laquelle vous vous rejoignez pour être heureux tous les deux. Le débat est ouvert et réfléchissez-y car j'y reviendrai ultérieurement.

Et si le Desperado vous paraît toujours plus sympathique que le Trou noir affectif, vous souffrez pourtant tous les deux, bien que l'un paraisse être la victime de l'autre. Trou noir affectif, il se peut que vous réalisiez que vous êtes incapable de vous donner, que vous faites souffrir l'autre et que vous décidiez de vivre seul. Desperado rejeté, vous pouvez vous transformer en démon assoiffé de vengeance parce que l'autre ne vous a pas aimé, ni reconnu à la hauteur de tout ce que vous avez fait pour lui et, en plus, il vous a quitté. Encore une fois, apportez des nuances parce que, en l'occurrence, dans la dépendance, il y a une échelle de Richter. Ceux qui se situent entre 1 et 4 ont de fortes probabilités d'être heureux, une fois que les mauvaises expériences les remettent sur le droit chemin. Au-delà, 5 et plus, les névroses s'amplifient et les résultats désastreux aussi, sachant qu'il n'y a pas de maximum sur cette échelle ne s'arrêtant pas à 10, mais à l'infini. En ce qui concerne ma propre histoire, je situerai Jules et Jim à 9 comme moi ! Eh oui, nous sommes au même niveau que celui ou celle qui nous donne la réplique. Cependant, le Desperado, trop proche de ses émotions, souffre assez qu'à un moment donné, il peut faire le choix de sortir de là. Alors que le Trou noir affectif, coupé de ses émotions, ne souffre pas et, tant qu'il est nourri, il peut rester dans la relation, même s'il détruit partenaire et enfants en même temps. Ce sont, en grande majorité, les Desperados qui viennent me voir en coaching, parce que souffrant trop. C'est la souffrance qui nous fait avancer. Quant aux Trous noirs affectifs, j'en ai eu quelques-uns dans mon bureau et cela demande une grande humilité et une remise en question pour avouer qu'ils ont une méchante tendance à la destruction.

En ce qui concerne ma propre histoire, je situerai Jules et Jim à 9 et plus, comme je l'ai été moi-même. Étant aussi atteinte qu'eux, leurs demandes dépassèrent mes limites. La souffrance me donnait le recul nécessaire pour me rendre compte de la situation et décider de me faire aider pour échapper à mes prédateurs. Ceux qui sont au même niveau tirent chacun sur l'extrémité de la corde avec la même intensité et ça peut durer très longtemps, voire toute une vie. Et si vous êtes au-dessus, c'est votre conjoint qui risque de se réveiller et de vous quitter.

Le vocabulaire aussi vous trahit. Un Trou noir affectif dira: «Tu m'aimes trop» ou «Je ne te mérite pas», et un Desperado répondra: «Tu ne m'aimes pas assez» ou «Dis-moi ce que je dois faire pour que tu m'aimes.» Rien ne peut mesurer la magnitude de l'amour: vous aimez quelqu'un ou vous ne l'aimez pas. Les mots «trop» ou «pas assez», tous ceux qui suivent le verbe aimer n'ont pas lieu d'être: ce n'est pas un verbe qui appelle les nuances parce que c'est un verbe entier.

Trou noir affectif ou Desperado, vous répondez à des programmations que vous pouvez changer si vous demandez de l'aide à des professionnels. Ils vous guideront pour remettre à niveau votre estime et votre confiance en vous, afin que vous puissiez abandonner définitivement la panoplie de Tarzan.

Bref, si vous n'êtes pas responsable de vos mauvaises programmations, vous êtes en revanche responsable de ne pas vouloir les déprogrammer. Elles sont une explication aux mauvais comportements, mais comprendre ne signifie pas excuser. Cependant, cela peut vous aider à pardonner à celui qui vous a offensé et que vous avez laissé vous enfermer dans de grandes souffrances.

La phrase qui revient le plus souvent en consultation, c'est: «Je ne mérite pas ça». Effectivement. Dans le cas de la dépendance affective, être malheureux n'est pas une punition, c'est le résultat, encore une fois, d'une mauvaise programmation. Pensez-vous que vos parents se sont dit qu'ils seront méchants et indifférents quand ils auront des enfants? Ils ont fait ce qu'ils pouvaient avec ce qu'ils avaient eux-mêmes reçu et la façon dont ils ont été programmés. En revanche, ce qui se mérite, c'est le bonheur. Battez-vous pour sortir de la dépendance et je vous promets que vous serez aussi heureux que tous ceux qui en sont sortis, moi en particulier. Souvenez-vous que vous avez également de bonnes programmations sur lesquelles vous pouvez vous appuyer pour changer.

En tant que Desperado, vous allez plus facilement consulter, quand vous ne supportez plus de courir après ce que vous n'attrapez jamais, quand votre vie sentimentale est un champ de bataille et de souffrance. Trou noir affectif, vous irez consulter plus rarement, puisque vous continuez à recevoir sans donner. Cependant, il se peut qu'un jour vous vous demandiez pourquoi vous attirez toujours le même style de personnes et qu'ayant évolué, vous aspiriez à une vie de couple équilibrée.

Trou noir affectif ou Desperado, vous n'êtes pas plus condamnables l'un que l'autre, même si la stratégie de survie du premier fait souffrir le second.

Le comportement de dépendance affective ne se cantonne pas aux relations de couple. Il s'étend également à l'entourage et frappe la vie professionnelle aussi. Pas au travers du besoin d'affection mais au travers du besoin de reconnaissance. Et par qui souhaitez-vous le plus être reconnu, en dehors de votre conjoint ? Votre patron bien sûr ou toute autre hiérarchie, par vos collègues aussi. Et si, au niveau de ce besoin, vous tombez dans la démesure, vous serez attiré par un emploi où personne ne vous reconnaîtra et au lieu de le quitter, vous y resterez !

Au-delà de la vie professionnelle, vous vous faites souvent escroquer par des gens qui profiteront de votre générosité. Pas vos amis, quoique, mais plutôt des gens que vous ne connaissez pas et qui viendront vous solliciter, reniflant le Desperado à plein nez. Et qui frappe à votre porte ? Des Trous noirs affectifs !

Parce que là aussi, dans le monde de l'escroquerie, il y a deux équipes :

- les Trous noirs affectifs qui n'hésitent pas à prendre, voire à voler, ce qu'ils n'ont pas eu par le passé et le récupèrent en argent, pour compenser. Ils sont des escrocs habiles, mythomanes et sans foi ni loi, poussés par le désir de revanche en prenant ce qu'ils n'ont pas eu ;
- les Desperados qui donnent sans méfiance, et sans compter, incapables de laisser quelqu'un souffrir ou dans le besoin. Ils sont les escroqués, poussés par leur désir de reconnaissance et d'affection.

5.

PNL et programmations, vous connaissez ?

Mais qu'est-ce qu'une programmation ? Vous répondez à des programmes que vous construisez depuis votre conception (parfois même avant, si vous croyez aux vies antérieures et à la généalogie), vous vivez des expériences vous prédisposant à ressentir, penser et analyser d'une façon qui vous est propre. Vous établissez alors des stratégies vous permettant de vous adapter à votre environnement ainsi qu'aux personnes qui vous entourent et vous servent (heureusement ou malheureusement !) de modèles, générant chez vous des automatismes qui, lorsqu'ils sont négatifs, nuisent à votre équilibre. Ces habitudes sont enregistrées par votre cerveau au niveau des neurones et dictent vos comportements.

Savez-vous que votre cerveau ne fait pas la différence entre une situation que vous vivez vraiment et une situation que vous créez ? Il n'en retient que les émotions. Détendez-vous, respirez à fond et imaginez que vous êtes au bord de l'eau à Tahiti, vous voyez la mer turquoise, vous sentez le soleil sur votre peau, le vent léger dans vos cheveux et la chaleur du sable sous vos pieds : votre cerveau vient d'enregistrer le bien-être que procure cette scène, alors que vous êtes en ce moment dans le bus, le métro ou dans votre canapé ou votre lit. C'est sur ce principe que, grâce à des techniques très efficaces, la PNL permet de « reprogrammer » la mémoire afin de changer, dans le présent et le futur, les comportements générés par des événements du passé. Elle modifie les émotions liées aux souvenirs stockés dans le cerveau.

Mine de rien, je suis en train de vous expliquer les fondements de la PNL (programmation neuro linguistique), thérapie brève et pro-active, créée dans les années 1970 : vous connaissez maintenant la signification des mots « programmation » et « neuro », il ne manque que le mot « linguistique ». C'est ce qui a trait au langage qui vous permet de traduire ce que vous ressentez ainsi que votre façon de voir le monde, sachant que 93% de vos moyens de communiquer sont non verbaux. Votre posture, gestuelle, physionomie et autres, totalement muets, en disent long sur vous.

Ce dernier point donne les clefs des stratégies et des comportements d'une personne au coach/thérapeute en PNL, qui pourra ainsi se mettre dans votre peau pour vous aider à déprogrammer ce qui nuit à votre équilibre. Les mots que vous employez sont révélateurs: «On est sur terre pour souffrir» indique que vous n'avez pas été heureux jusque-là et que vous pensez qu'il est impossible de l'être sur cette terre; «Je tombe toujours sur des filles hystériques» révèle votre complicité avec Tarzan.

Autre exemple amusant pour décoder une personne par rapport à son langage: je vous apprends que je n'ai eu aucune relation sexuelle pendant onze ans et vous me répondez «Je ne sais pas comment tu fais, parce que, moi, je ne pourrais pas!» Quelle information pensez-vous me fournir? Que vous êtes incapable de rester seul. Comment je le sais? Parce qu'en général vous allez me dire dans la foulée combien de temps vous tenez sans avoir de relations. Il y a là des relents de dépendance, car la fonction n'est pas censée créer l'organe. Et quand je vous le fais remarquer, immédiatement vient la tirade du plaisir sexuel dont personne ne peut se passer. Vous vous enfoncez... Et le bouquet final: «Mais je ne suis pas dépendant du sexe opposé (ou du même sexe), mais du plaisir sexuel, ce n'est pas pareil!» Ah bon?! Je n'ai jamais vu un sexe se promener sans la partie à laquelle il est soudé.

Quel que soit ce dont vous ne pouvez pas vous passer, c'est de la dépendance puisque c'est une nécessité.

L'alcool est un plaisir quand il est apprécié et bu avec modération. Faire l'amour en est un autre, quand vous êtes avec la personne que vous aimez ou du moins celle qui réveille chez vous quelques appétits impérieux, que vous respectez en vous respectant. Boire pour boire n'importe quoi et avoir des relations sexuelles pour avoir des relations sexuelles avec n'importe qui vous fait tomber directement dans la dépendance. Peut-être qu'un peu d'élitisme serait un atout dans les deux cas...

Pensez-vous que je me sois levée un beau matin en décidant que je resterai abstinente pendant onze ans, voire plus ? J'ai simplement décidé d'attendre un homme formidable ou rien. C'était mon choix et par le fait je me « réservais », comme on le disait si bien au siècle dernier, pour celui qui me mériterait. Fini le « self-sexe-service » permanent pour Trous noirs affectifs en manque d'affection et de sexe : étant équilibrée, je cherchais un homme équilibré ! J'existe au travers de ce que je suis et j'exprime ce que je vaux au travers de la personne que je choisis et non au nombre de mes amants.

La dépendance affective vous jette, Desperado, dans les bras du premier Trou noir affectif venu (encore une fois, qui n'est jamais le bon pour vous rendre heureux, mais le bon pour vous inciter à déprogrammer), que vous inonderez de votre générosité, le couvrant de grâces jusqu'à vous oublier, jusqu'à être parfois malmené moralement ou physiquement, en échange d'un peu de reconnaissance et d'affection, que vous n'obtenez peut-être même pas. À votre avis, à quelle programmation répondent les femmes qui se prostituent pour subvenir aux besoins de celui qu'elles croient aimer ? Et à quelle programmation répondent ces hommes qui les mettent sur le trottoir et finissent par les frapper si elles ne rapportent pas assez ? Vous vous laissez malmener, humilier, voire brutaliser parce que vous êtes programmé à penser que c'est toujours mieux que rien. D'autant que vous pouvez compter sur l'autre pour vous claironner à longueur de journée que vous ne valez rien et que personne d'autre ne voudrait de vous. Ce que vous avalez sans contester.

L'affection, vous voyez ce que c'est, mais la reconnaissance ? En tant qu'adepte de Tarzan, vous souhaitez de tout votre corps et de toute votre âme que les autres admettent que vous existez. Ça peut paraître fou et pourtant, pas tant que ça, sachant que la plupart du temps votre existence a été épouvantablement niée par vos propres parents, qui, de surcroît, vous ont programmé à penser que vous n'êtes rien et, pire, que vous êtes encombrant et inutile. Que d'efforts déployés, adulte, pour démontrer le contraire et à n'importe quel prix. Vous êtes prêt à tout pour que quelqu'un s'arrête sur vous.

Je survolerai les causes de la dépendance affective, d'autres les ayant détaillées très précisément dans leurs ouvrages, parce que ce qui m'intéresse, c'est comment vous aider à sortir du trou et non comment vous y êtes tombé: si votre salle de bain est inondée à cause d'un trou béant dans un tuyau, allez-vous d'abord chercher à savoir comment il a été fait ou allez-vous plutôt essayer de le colmater en attendant le plombier?

Bien souvent, ce sont les parents (encore eux!) qui commencent le travail de sabotage. La famille, soudée ou éclatée, peut vous avoir privé de stabilité, d'amour et d'harmonie, surtout si vous avez vécu avec un parent dépendant de l'alcool, de la drogue, ou encore dans la violence physique ou verbale. Entendre dire toute votre enfance que vous n'étiez pas désiré, que l'avortement aurait été un meilleur choix, que vous dérangez, que vous réclamez trop d'attention, vous donnera une image totalement dévalorisante de vous-même. Vous redoublez donc d'efforts, prêt à tout pour obtenir l'amour et l'attention de vos parents, qui continuent à vous ignorer. Vous devenez même parfois le parent de votre parent défaillant (drogue, alcool, etc.), vous sentant responsable du bien-être de celui-ci.

C'est ainsi que dans votre vie d'adulte, en noble Desperado, vous continuez à vous sentir responsable de votre conjoint; et en digne Trou noir affectif, vous considérez ne plus être responsable de rien. Tout repose sur le manque de reconnaissance, d'affection et de protection dans l'enfance...

Incorrigible Desperado, je m'évertuais à combler tous les désirs de Jules puis de Jim pour obtenir leur affection et leur reconnaissance. J'en faisais toujours plus, j'en supportais autant et, jamais récompensée, je continuais. Vous allez découvrir, au cours des pages qui suivent, jusqu'où la dépendance affective m'a poussée. Et même si vous avez fait pire que moi, ce qui reste à prouver, vous n'avez pas à en rougir parce que vous êtes programmé, c'est plus fort que vous: plus l'autre vous tape sur la tête pour vous montrer qu'il est insatisfait, plus vous redoublez d'efforts pour le combler. Et si parfois vous vous reprochez d'accepter son manque de respect, vous finissez toujours par lui trouver des excuses et par vous remettre en question.

Pourtant, il est impossible de satisfaire un Trou noir affectif, surtout s'il est à 9 et plus sur notre fameuse échelle. Les deux ex – petite précision : je dis « les ex » et non « mes ex » parce que, Dieu merci, ils ne sont plus à moi, l'ont-ils jamais été, pas même en tant qu'ex ! – n'ont pas supporté que tous leurs rêves soient réalisés et, incapables d'être heureux, la panique les a pris, chacun leur tour, et il ne leur restait plus qu'à saboter tout ce que je construisais. Telle Pénélope défaisant sa tapisserie chaque nuit pour attendre le retour d'Ulysse (qui lui au moins était heureux, bien que seulement quand il faisait de longs voyages…), les ex détruisaient tout ce que je faisais pour eux. Car c'est ainsi qu'ils me tenaient : je n'étais digne de leur reconnaissance qu'une fois que je les aurais satisfaits, satisfaction qu'ils repoussaient toujours plus loin, afin que ça n'arrive jamais. Et si, par malheur, je menaçais de toucher au but, leurs angoisses les étranglaient à nouveau.

En digne Trou noir affectif, vous voyez bien que l'autre fait des efforts désespérés pour vous satisfaire. Mais vous n'êtes jamais satisfait. Vous vous demandez parfois ce qui vous pousse à être si dur envers l'autre, qui se plie à vos quatre volontés, et pourquoi ce n'est jamais assez. Vous n'avez pas plus à rougir de cette situation parce que vous aussi êtes programmé : lui à donner et vous à prendre. Ainsi va la vie des adorateurs de Tarzan !

Rappelez-vous que le syndrome de Tarzan peut également vous frapper alors que vous avez eu de bons parents. Des événements plus ou moins malheureux, survenus en dehors de la vie de famille, sont parfois à l'origine de votre perte de confiance et d'estime. Ils déterminent votre degré de vulnérabilité sur l'échelle et si vous dépassez 5, vous finissez par vous persuader que vous ne valez rien. Alors vous tombez sur un moins que rien, et moins que rien, ce n'est pas grand-chose, mais pour vous, c'est déjà beaucoup !

6.

Comment je suis devenue adoratrice de Tarzan

Pour ce qui est de mon histoire, j'ai longtemps cru que j'avais eu une enfance dorée. Du moins, c'est ce que mes parents m'avaient fait croire, car ils le pensaient. Pour eux, à partir du moment où un enfant a un toit, à manger et des parents qui ne sont pas séparés, ils considéraient avoir rempli leur contrat. Pas besoin d'avoir des parents dépendants de l'alcool ou de la drogue ou juste divorcés pour se retrouver à voltiger dans les lianes avec Tarzan. Les miens ne furent tout simplement pas formés à l'affection: n'en ayant pas reçu ni l'un ni l'autre, comment auraient-ils pu m'en donner? La méthode de ma mère pour me motiver fut le bâton, oubliant la carotte. Mon père, adorable Desperado, était bien incapable de la moindre autorité parce qu'il pensait que, s'il me disputait, je ne l'aimerais plus. Donc, je ne recevais jamais de compliments, je n'en faisais jamais assez et j'entendais à longueur de journée: « Tu n'es pas douée pour ceci » ou « Tu n'es pas douée pour cela, tu as intérêt à travailler à l'école pour être une intellectuelle, car tu ne seras jamais une manuelle, tu ne sais rien faire de tes dix doigts. » C'était sa méthode de stimulation, qui partait d'ailleurs, à n'en pas douter, d'une bonne intention. Bref, je savais précisément ce pour quoi je n'étais pas douée, mais je n'avais aucune idée de ce que je valais, si d'aventure je valais quelque chose. De pas douée à incapable et d'incapable à dévalorisée, le chemin était tout tracé.

– « Et la p'tite dame qui vaut rien, qu'est-ce qu'elle prendra?

– Une douzaine de 'moins que rien', s'il vous plaît! »

Je me souviens d'une conversation avec mon père où, recherchant désespérément un compliment, je lui fis remarquer qu'à 18 ans, je ne fumais pas, je ne me droguais pas, je ne buvais pas, je ne sortais pas dans les boîtes de nuit et je me consacrais à mes études et à ma passion pour les chevaux. Au lieu de félicitations, j'obtins de sa part cette réponse: « Et moi, je ne suis pas en prison. » C'était un fait. Mais mon obsession, dans cette quête du Graal de la reconnaissance, ne faisait qu'augmenter.

Enfant, si vos parents n'ont à votre égard ni affection ni attention, vous en déduisez qu'ils ne vous aiment pas, parce que personne ne vous a expliqué que parfois ils ne savent pas exprimer leurs sentiments, ce qui vous pousse à tirer des conclusions hâtives.

Pensionnaire de l'âge de 11 ans à l'âge de 15 ans, dans une école de riches tenue par des religieuses, moi qui étais protestante et fille d'ouvriers, côté affection et reconnaissance, j'étais une fois de plus frustrée ! Chaque soir, après les cours, je voyais les externes partir dans leur famille et j'aurais donné n'importe quoi (voilà, c'est dit, une fois de plus ! Comme quoi les mots parlent d'eux-mêmes) pour être à leur place. Je les imaginais recevant les encouragements de leurs parents, le soir au repas, qui sûrement les rassuraient quand ils avaient des difficultés dans leurs études. À la place, j'avais silence obligatoire pendant les heures d'étude, puis le réfectoire et le dortoir où nous n'avions pas non plus le droit de parler. Et quand je rentrais le vendredi soir, comme j'étais très désordonnée et laissais tout traîner, je me faisais disputer par ma mère et du coup je souhaitais retourner à la pension, d'où je rêvais de m'enfuir pour être à la maison. Pour ne pas déranger ma mère, j'essayais de prendre la couleur de la tapisserie, me faire oublier à tout prix, mais j'échouais régulièrement, trahie par mon don pour le désordre. Mon père faisait à ce sujet le commentaire suivant: « On dirait qu'il y a eu une explosion dans ta chambre ! »

Finalement, je n'étais bien nulle part, sauf chez mes grands-parents qui m'avaient élevée jusqu'à l'âge de deux ans et qui avaient eu la bonne idée de construire leur maison en face de celle de mes parents. Ils étaient mon havre de paix et les seuls à me montrer qu'ils étaient fiers de moi. Non pas que mes parents n'éprouvaient aucune fierté, mais ils étaient bien incapables de me la témoigner. Et mes grands-parents m'apportaient ce qu'ils n'avaient pas apporté à leur fille : affection et reconnaissance. Avez-vous remarqué comme ça peut sauter une génération ?

Le jour où je demandai à ma mère pourquoi elle avait agi aussi durement avec moi, elle m'en expliqua la raison : elle avait peur que j'arrête de travailler à l'école si elle me complimentait, pensant que, selon ses propres termes, « j'allais m'endormir sur mes lauriers ». Son attitude partait d'une bonne intention puisqu'elle pensait que moins elle me complimenterait, plus je travaillerais. Parce que désinvolte vis-à-vis de l'école, je fus mise en pension. Excellente décision, car prenant conscience que mes parents payaient très cher cette institution, je me mis à étudier d'arrache-pied et obtins de très bons résultats. Ma mère, paniquée à l'idée que je puisse retomber dans ma nonchalance, cherchait simplement à me stimuler. Mes résultats scolaires, s'ils s'en trouvèrent améliorés, n'étaient pas le résultat de sa stratégie; cependant elle le crut et continua à appliquer ce qu'elle pensait être efficace pour moi.

7.

L'intention positive de votre tortionnaire

Je voudrais, dès à présent, aborder le thème de l'intention positive. Ce que nous nommons « intention positive » en PNL est la raison pour laquelle vous commettez un acte qui est positif pour vous, même s'il nuit à autrui. Prenons un cas très extrême pour bien comprendre : quelle est votre intention positive si vous décidez de tuer l'amant de votre femme ? Le côté positif pour vous est d'éliminer votre rival, pensant que cela mettra un terme à vos souffrances. C'est bien loin d'être positif pour l'amant ! Déterminer l'intention positive qui motive chaque acte vous permet de vous mettre dans la peau de quelqu'un d'autre, afin de comprendre non seulement ses actes mais également les vôtres.

Quelle est votre intention positive quand vous vous laissez marcher sur les pieds ou quand vous criez après quelqu'un ?

L'intention positive de ma mère était de faire en sorte que je travaille bien à l'école pour avoir une bonne profession et ne pas dépendre financièrement d'un homme. Vous avez compris qu'elle ne tenait pas le sexe opposé en très haute estime et voulait simplement m'en protéger, alors qu'inconsciemment elle était en train de me programmer à me jeter sur le premier grand névrosé qui passerait !

Comment faites-vous pour donner ce que vous n'avez pas reçu ? C'est très difficile. Mais ce n'est pas impossible. En effet, l'attitude de ma mère m'a montré le chemin pour élever ma fille : j'ai pris le contre-pied de ce qu'elle a fait avec moi. La première chose que j'ai enseignée à mon bébé, c'est le langage du corps pour traduire l'affection, puis je l'ai couverte de compliments, à bon escient, car lorsqu'elle est à côté de la plaque, elle le sait de suite.

L'intention positive de votre mère qui vous rejetait enfant est simplement qu'elle voulait la paix et pas les responsabilités, surtout si vous n'étiez pas désiré. Votre intention positive quand vous tombez dans l'alcool ou la drogue est de trouver un monde parallèle où la vie est douce, sans responsabilité, sans combat à mener, parce que vous n'avez plus assez confiance en vous pour affronter la réalité. Ce n'est, en aucun cas, la volonté de faire du mal à vos enfants ou à votre conjoint.

Quand la pression était trop forte et m'empêchait de respirer, entre les pilules du bonheur et un bon verre de vin, j'ai préféré l'alcool aux comprimés. Au moins, ça vient du raisin, certes fermenté, mais ce n'est pas de la chimie dont le corps a souvent du mal à se débarrasser. Quoi qu'il en soit, alcool ou chimie, ça agit sur le symptôme mais ne règle pas le problème. Une fois les effets dissipés, ma souffrance face à la réalité restait la même. L'alcool m'a accompagnée dans les passages difficiles, le piège étant de tomber dedans. Il me permettait de débrancher, d'oublier pendant quelques instants tout ce qui me faisait souffrir et de respirer normalement. Il me plongeait dans un état de pouvoir absolu sur tout, moi qui avais perdu toute confiance et estime. Dans mon monde parallèle, je ne fuyais pas mes responsabilités, bien au contraire : j'y trouvais la force de les affronter. Bien sûr, ma famille, mes amis me faisaient des réflexions dont je comprenais l'intention positive, mais je ne répondais rien, car je n'avais pas à me justifier. Ce n'était pas un alcoolisme de tous les jours, à tomber ivre morte, seulement dans les fêtes entre amis et durant le week-end. Jamais avant de conduire ni en société. Il y a plusieurs degrés dans une dépendance, quelle qu'elle soit : ça peut être du quotidien, du ponctuel, mais on ne peut plus s'en passer. Pendant la semaine, je luttais pour gagner de l'argent et rembourser mes dettes. Mais durant les week-ends, l'alcool était ma récompense, mon havre de paix, mon moyen de respirer. J'étais donc alcoolique le week-end et « hydrolique » (buvant uniquement de l'eau) le reste de la semaine !

Quand la vie devint insupportable avec Jim, au lieu de l'affronter en permanence, je préférais boire un verre qui me détendait et tout me passait au-dessus de la tête. Je m'adaptais à la souffrance au lieu de la régler. Attention, ce n'est pas à cause de lui que j'avais recours à l'alcool, mais bien à cause de moi. Aujourd'hui, puisque j'ai un homme dans ma vie, c'est sur l'autel de Vénus que je donne mon corps en sacrifice, plutôt que celui de Bacchus !

J'ai beaucoup observé ma relation à l'alcool, sans aucun égard ni culpabilité. Je savais que j'en consommais trop et que j'étais en dépendance à ce point que, parfois, il me manquait des morceaux de la soirée, le lendemain d'une fête. J'étais incapable de m'arrêter : je recherchais un bien-être et des réponses qui n'étaient pas au fond de la bouteille. J'aimerais cependant que vous sachiez que vous n'avez pas à vous culpabiliser ni à culpabiliser quelqu'un, au hasard votre conjoint, quand vous buvez ou qu'il boit régulièrement, si c'est raisonnablement. De toute façon, si c'est trop, vous le savez et il le sait parfaitement. Vous avez pu avoir un père ou une mère alcoolique et vous avez développé une phobie de ce produit, alors mesurez vos réflexions, autant que l'autre mesurera sa consommation. Parce que c'est votre peur qui parle et non son alcoolisme, vous risquez de lui mener une vie impossible pour pas grand-chose. Parlez de vos peurs et trouvez ensemble une zone de confort. Quant à vous, si vous êtes soûl tous les jours, vous avez effectivement quelque chose à régler. Mais si c'est seulement à l'occasion et que vous ne mettez la vie de personne en danger, vous avez simplement un petit ajustement à faire et c'est réglé.

C'est une question de stratégie : autorisez-vous à boire un apéritif et quatre verres de vin ou moins, que vous boirez lentement. Vous vous demandez pourquoi vous ne vous contrôlez pas ? Vous allez comprendre : il y a un phénomène de synchronisation. Quand vous êtes bien avec des amis, sur la même longueur d'onde, dans le plaisir et l'alcool, vous vous entraînez les uns les autres. Parce qu'il y a toujours celui qui consomme plus vite que les autres et qui remplit systématiquement les autres verres quand il remplit le sien. Du coup, quand vous voyez, et c'est inconscient, quelqu'un lever son verre, vous le faites aussi. Si vous proposez à chaque personne de se servir quand elle le désire, vous remarquerez que chacun est seul maître à bord et boit moins. Essayez et vous serez surpris.

Quand je vivais avec Jim, qui ne buvait pratiquement pas, je me faisais traiter, ainsi que tous mes amis, d'alcoolique. Alors qu'à l'époque, j'étais encore raisonnable et ce qu'il disait ne me touchait pas. Je n'ai jamais su pourquoi il développait une telle aversion pour l'alcool, qu'il avait justifiée par un gros mensonge, ce que je découvris plus tard. Quand je tombais vraiment dedans, à la fin de son règne, sa rengaine à ce sujet était toujours la même, sauf que, moi, je savais que je glissais lentement et vraiment, à ce moment-là.

Autre démystification: soyez confortable quand vous buvez du vin chez vous alors que vous êtes seul. J'en entends qui éprouvent le besoin de se justifier parce qu'on les a culpabilisés. Si vous êtes en couple et que vous buvez du vin tous les jours, raisonnablement, c'est votre droit et votre plaisir. Mais pourquoi faire croire au célibataire que, parce qu'il ouvre une bonne bouteille de vin ou qu'il boit une bière, il est alcoolique parce qu'il boit seul? Quand cette personne-là arrive dans mon bureau, ce n'est pas l'alcool qui lui sort par les pores de la peau, c'est la culpabilité! Elle se croit alcoolique alors qu'elle est dans le plaisir. Il n'y a aucune loi interdisant d'ouvrir une bonne bouteille ou de boire quoi que ce soit d'alcoolisé quand vous êtes seul. Malgré les excès que j'ai pu faire dans ce domaine, je n'attends pas que des amis débarquent chez moi pour ça. J'aime aussi cuisiner pour ma fille et moi et accompagner de vin mes bons petits plats. Vos convenances réclament-elles que je me mette au bord de la route pour arrêter le premier qui passe et le convaincre de venir boire un coup avec moi, afin de soulager ma culpabilité? Je vous encourage à être raisonnable, autant dans le jugement que vous portez sur vous et celui que vous portez sur les autres qu'en buvant. Dépasser la limite, occasionnellement, n'est pas puni par la loi, juste par votre foie!

Ça ne sert à rien que quelqu'un vous dise que vous buvez trop, que vous fumez trop ou que vous êtes trop accro à une personne qui ne vous convient pas: vous le savez déjà. Même si son intention positive est de vous protéger, vous êtes agacé et vous

vous refermez. L'alcool n'est qu'un signe et si quelqu'un veut vous aider, qu'il se préoccupe des raisons qui vous poussent à boire plutôt que du fait que vous buvez. Si on vous demandait plutôt ce que vous ressentez dans ces moments-là, ce que vous apportent vos excès ? Cela signifierait que vous êtes accepté comme vous êtes, qu'on ne vous juge pas et qu'on essaie de vous aider. Et si vous me permettez un conseil, ne laissez personne vous dire ce qu'il y a de pire : « Je m'inquiète pour toi. » Parce que s'inquiéter n'a jamais aidé personne. En revanche, ça nie totalement le fait que vous soyez capable de vous en sortir. Demandez-vous ce que vous diriez à un ami qui serait dans votre situation et comment vous l'aideriez à réfléchir. Toute autre attitude risque de vous fâcher et de vous pousser à couper toutes relations, car ceux qui veulent vous aider ne voient pas le monde tel que vous le voyez. D'autant que vous êtes dominé par votre programmation de dépendance, dont on vous demande de vous séparer. Autant retirer la bouteille d'oxygène à un plongeur en eaux profondes ! Les dépendances sont comme les roulettes placées de chaque côté d'un vélo d'enfant : si on vous les arrache avant que vous ayez appris à pédaler et à trouver votre équilibre, vous tombez !

Vous avez un problème de poids et au lieu de travailler sur les raisons qui vous poussent à vous suralimenter, vous supprimez le symptôme en arrêtant de manger : vous venez d'arracher vos roulettes. Résultat : vous tombez, vous culpabilisez, vous souffrez et vous mangez encore plus pour compenser. Du coup, vous remettez vos roulettes pour repartir avec encore plus de poids. Si votre corps s'enveloppe sans raison médicale, c'est pour une bonne raison qui est souvent la protection. De quoi avez-vous besoin de vous protéger ? Dès que vous aurez trouvé, vous perdrez du poids en vous aidant d'un régime et d'un peu de sport. Là, adieu les roulettes et vive la liberté : vous pourrez pédaler !

Qui serait assez fou pour se jeter à l'eau sans bouée quand il ne sait pas nager ?

J'avais accepté cette dépendance à l'alcool, qui m'aidait ponctuellement à survivre, intimement convaincue qu'elle disparaîtrait quand j'aurais trouvé mon équilibre. C'est exactement ce qui s'est produit. Je m'étais cependant trompée sur un point : j'étais convaincue qu'elle disparaîtrait dès que je serais en couple. Elle a cessé bien avant; et ce n'est pas en l'autre que se trouve la solution, mais bien en vous. Si vous décidez de vous libérer d'une dépendance, faites-le pour vous, uniquement. Car si vous le faites pour l'autre et qu'il vous quitte, vous avez un beau prétexte pour replonger.

Encore une fois, ces lignes sont à consommer avec réserve et modération, parce que l'alcool reste un mauvais réflexe, même si j'ai l'impression qu'il m'a aidée dans les moments vraiment douloureux. Cependant, je n'ai jamais dit que c'était une bonne idée. Avant de tomber dans ce style de fausse solution, faites-vous aider par des professionnels. Ils vous épauleront et vous guideront pour reconstruire votre confiance en vous et votre estime, sans tomber dans des ersatz qui altèrent la santé et dont il peut être difficile de se débarrasser.

Ça m'a pris du temps pour reconstruire ma confiance et mon estime, parce que je l'ai fait seule. Et le jour où j'y suis arrivée, j'ai tout naturellement rejeté l'alcool, sans le moindre effort: je n'avais plus besoin de roulettes parce que je n'avais plus besoin de réconfort. Je puise ma force quotidiennement dans la fierté de ce que j'ai construit pour être ce que je suis aujourd'hui. Ma relation avec l'alcool est maintenant dans le plaisir et la modération et seulement quand le vin est bon.

Et si vous ne réussissez pas à garder de bonnes relations avec l'alcool, le mieux est d'arrêter définitivement.

Quand vous développez ce que vous avez de beau en vous et que vous le cultivez, les compulsions peuvent s'essouffler et vous êtes en mesure d'arrêter, presque sans effort, si ce n'est celui d'une dépendance physique et encore, de boire ou de fumer ou de vous droguer ou de dépendre de l'affection des autres. Car le bonheur, le fait d'être bien dans votre peau et d'avoir retrouvé la maîtrise de votre vie, peut faire des miracles.

J'ai mis du temps à comprendre que j'avais des choses à régler et que j'avais provoqué les situations dans lesquelles je me retrouvais. Ce fut difficile de réaliser que j'avais des névroses à déprogrammer et il aura fallu que Jim, le deuxième conjoint, ressemble comme deux gouttes d'eau à Jules, l'ex-mari, pour que je reçoive un électrochoc et que je me décide à changer. Il fallait que je comprenne ce qu'il s'était passé parce que j'avais redoublé ma classe et je n'avais certes pas l'intention de la tripler !

Je me doute que vous vous posiez des questions au sujet de l'éducation que vous donnez à vos enfants. Sachez que s'ils reçoivent de l'affection, s'ils sont complimentés pour ce qu'ils font de bien et informés de ce qu'ils font de mal, s'ils se sentent protégés, ils deviendront probablement des adultes autonomes, capables de naviguer en société. Et si quelques problèmes surviennent après votre règne, ils auront suffisamment de résilience pour retrouver leur stabilité. Faites-leur confiance, en vous faisant confiance.

Quant au chapitre de vos parents, leur en vouloir toute votre vie ressemble à l'histoire du cheval attaché à un arbre avec un nœud coulant autour de l'encolure. Effrayé par un bruit quelconque, il se met à reculer et en reculant, il tire sur la corde, serrant le nœud autour de son encolure, et plus il sent le nœud l'étrangler, plus il tire et plus il tire, plus il s'étrangle, jusqu'à s'asphyxier. Il lui suffit pourtant de se rapprocher de l'arbre pour desserrer le nœud coulant. À moins d'actes de barbarie ou d'inceste, tirer sur la corde ne sert qu'à vous étrangler. Vos parents restent vos parents quoi que vous fassiez et quoi qu'ils aient fait, considérant qu'ils ont fait ce qu'ils pouvaient, ce qu'ils pensaient être le meilleur choix pour vous et pour eux. Et si vous réfléchissiez à leur intention positive ?

Cependant, vous ne pouvez aimer que des gens aimables et s'ils ne le sont pas, s'ils continuent à saboter votre confiance et votre estime, alors que vous vous évertuez à les développer, vous avez un choix à faire : eux ou vous !

J'étais très fière de ma mère et de moi parce que je croyais que nous avions eu la capacité d'entrer en relation : Faux ! Ça m'aura pris quarante-cinq ans pour réaliser qu'elle ne m'aime pas, que je ne l'aime pas non plus et qu'il n'y a jamais eu de relation. Quand on me reproche d'avoir coupé les liens avec elle (je l'ai éliminée de ma vie), je réponds en souriant : « Les liens ? Quels liens ? Encore eût-il fallu qu'il y en ait eu pour pouvoir les couper. » Cette femme, bien incapable d'aimer (ce qui s'explique par son passé), n'a créé aucune relation avec moi, si ce n'est celle qu'un adjudant-chef peut avoir avec les soldats qu'il commande. Nous sommes nombreux à avoir été « dressés » plutôt qu'élevés.

Souvent, je pose la question à mes clients : « Aimez-vous votre père/mère ? » Et la réponse qui tombe régulièrement, après un moment d'hésitation est la suivante : « Mais oui, ce sont mes parents ! » Et alors ? Nous avons tous cru que les aimer était une obligation jusqu'au jour où nous découvrons que, s'ils ne sont pas aimables, il est donc impossible de les aimer. Il est peut-être temps, dans votre cas, de réaliser que vous ne les aimez pas et que vous en avez le droit : aucune loi ne vous y oblige, à part vous. Pas aimable, pas aimé !

Et si vous constatez que la relation est impossible, pour les raisons déjà invoquées, vous aurez au moins essayé. Pas de regret.

Les parents détiennent la plupart des solutions pour défaire les nœuds du passé. Je l'ai constaté dans ma propre histoire et au travers des personnes qui me consultent et qui sont bien souvent en conflit avec ceux qui les ont mal programmés. La haine et la rancune sont des obstacles à l'épanouissement personnel et le pardon est souvent la solution. Pour autant que ce que vous avez subi soit pardonnable. N'allez pas vous jeter dans de grandes souffrances parce que vous ne parvenez pas à pardonner ce qui est impardonnable. Parfois, avec le temps, le dialogue peut s'installer et la compréhension aussi. Et si vos parents ou vos enfants essaient de vous parler, écoutez-les, qu'avez-vous à perdre ? Car les blessures du passé se répercutent à bien des niveaux de votre vie actuelle et sur bien des générations. Et si ce sont eux qui refusent de vous écouter, jetez sur papier ce que vous avez sur le cœur et envoyez-leur ou déposez votre lettre sur leur tombe. L'important étant que, quoi que vous ayez à reprocher ou à vous faire pardonner, vous le disiez, pour vous donner la chance d'en guérir. Car ce que vous n'exprimez pas, le corps l'imprime et le traduit par des maladies.

Si j'avais un grand besoin d'affection et de reconnaissance, je n'avais pas en revanche le besoin de protection, car je me sentais très protégée par mes parents et mes grands-parents. D'autant qu'une fois, vers l'âge de 13 ans, un homme dont l'attitude avait quelque peu dérapé à mon égard, eut affaire à mon père : il fit en sorte qu'il ne s'approche plus jamais de moi. D'autres n'ont pas eu cette protection. Mon père et mon grand-père auraient bien également dit deux mots à Jules, le père de ma fille, mais je leur demandais de ne pas intervenir, et c'est bien par amour pour moi qu'ils ne l'ont pas aplati, après avoir appris comment il me traitait.

8.

Moi, Pascale Piquet, ancienne joueuse des Desperados

N'avez-vous pas remarqué combien la vie est bien faite ? Une névrose est une faille que vous trimballez et vous trouverez toujours quelqu'un pour s'y engouffrer. Bien sûr, quelqu'un qui n'est pas pétri de bonnes intentions à votre égard, oh que non, car il a lui-même sa propre névrose à alimenter. Ce sont, dans mon monde à moi, des rencontres de névrose(s) à névrose(s) puisque celles de l'un nourrissent celles de l'autre et réciproquement. Et l'amour dans tout ça ? J'ai bien peur qu'il soit inexistant, incompatible avec la névrose. Je pense que l'amour pousse à aimer (La Palice !), alors que la névrose pousse à s'attacher. Pensez-vous que celui qui boit ou fume ou se drogue ou se laisse maltraiter aime l'alcool, la cigarette, la drogue ou son tortionnaire ? À part à Stockholm, mais là encore, il s'agissait d'une véritable histoire d'amour. La dépendance et l'amour ne font pas bon ménage.

Dans le cadre de la dépendance affective, le Desperado est programmé pour donner sans condition afin d'être aimé et reconnu ; et le Trou noir affectif, pour prendre sans reconnaître et sans jamais rien donner ou très peu en échange. Où voyez-vous de l'amour ? !

Côté Tarzan, j'ai donné, virevoltant de liane en liane, avec ma petite peau de bête sexy, dernier cri ou pendue par deux fois à la même, rien ne me fut épargné. Vous vous demandez à quelle sorte de Tarzan j'appartenais, bien que vous ayez déjà votre petite idée sur la question. Eh bien, pour être franche, j'ai passé une grande partie de ma vie dans la peau du Desperado bien qu'il me soit arrivé, je dois le reconnaître, d'essayer le costume du Trou noir affectif. Comme je vous l'ai déjà expliqué, vous naviguez de l'un à l'autre, selon les circonstances, bien que marqué par l'un des deux. Plusieurs personnes souffrant de ce syndrome sont venues me consulter quand elles étaient Desperado alors qu'elles avaient été Trou noir affectif toute leur vie. L'une d'elles en particulier m'avoua que, jusqu'à cet homme qui la faisait souffrir, elle avait toujours obtenu des hommes tout ce qu'elle voulait. Elle ne comprenait pas pourquoi, cette fois-ci, c'est elle qui se pliait à toutes ses exigences, sans rien obtenir en échange. N'avez-vous jamais entendu parler de quelqu'un qui faisait toujours pleurer ses conquêtes, jusqu'au jour où ce fut son tour d'y goûter?

Une femme Desperado, frappée par son ex-mari, devint un violent Trou noir affectif avec le suivant. Une autre, Desperado, trompée par les deux précédents, se mit à tromper le dernier. Un homme Desperado, humilié par son ex, devint un Casanova sans cœur. Un autre, Trou noir affectif jusque-là, se retrouva à plat ventre devant une plus Trou noir affectif que lui. Et voilà comment vous vous programmez toute votre vie, au gré de mauvaises expériences. Vous faites payer au suivant ce que le ou les précédents vous ont fait. Mais si ce dernier reste avec vous, au lieu de s'enfuir à toutes jambes, c'est qu'il a lui aussi quelque chose à régler!

En ce qui me concerne, j'étais marquée Desperado. Si la plupart des personnes dans ce cas ont peur du vide et donc du célibat, je dois dire que la solitude ne me pesait pas: je m'étais adaptée, Darwin vous l'aurait expliqué mieux que moi, car le combat cessait souvent faute de combattants ou d'amants à me mettre sous la dent. J'étais quand même une spécialiste des grands névrosés et à moins de 9 sur l'échelle, ça ne m'intéressait pas. Il n'y en a pas tant que ça! Je me reposais donc entre deux lianes, mais restais prête à bondir sur le premier névrosé digne d'intérêt. Bref, j'allais de Trou noir affectif en Trou noir affectif, changeant probablement parce que ces garçons-là n'étaient pas encore assez atteints pour m'arrêter. Quoique certains étaient pourtant assez gratinés. Jusqu'au jour où je suis tombée sur l'homme idéal... pour nourrir ma névrose: Jules, mon futur mari. Un magnifique spécimen de Trou noir affectif, capable d'engloutir toute mon affection, mes efforts désespérés à nous construire un bonheur sans pareil, mes espoirs et mes ambitions, mon mariage, ma grossesse, mon argent, sans oublier ma confiance et mon estime de moi. Un véritable aspirateur: tout y passa!

Et comme je réussissais à m'en débarrasser, sans avoir pour le moins réfléchi à ce qui m'avait poussée vers cet homme, je repris ma vie de liane en liane et je tombai à nouveau sur le même que lui. Pardon: pire que lui! Je les croyais pourtant totalement différents, deux opposés! Je m'étais simplement laissée abuser par l'année de fabrication: Jules, modèle de 1952 alors que le nouveau était un modèle de 1975! Je croyais avoir mis la main sur le prototype dernier cri, toutes options comprises! Du haut de ces pyramides où trente-sept années me contemplaient, je me jetai allègrement dans la gueule du second Trou noir affectif avec volupté!

Peut-être êtes-vous curieux d'en savoir plus sur ceux avec lesquels je n'ai pas vécu, vous savez les «gratinés». Dans le genre Trou noir affectif, ils avaient du métier: ils se servaient de moi à tous les niveaux et je ne le voyais pas, aveuglée par ma quête d'affection et de reconnaissance. Entre celui qui s'automutilait, celui qui avait décidé de se suicider à 30 ans, ceux qui ne savaient pas s'ils préféraient les hommes ou les femmes (je n'ai jamais su si j'ai influencé leur choix), celui qui se servait de son beau physique pour extorquer de l'argent alors qu'il sortait de prison, celui qui racontait qu'il avait vu mourir sa fiancée écrasée par un camion sous ses yeux (l'histoire changeait à chaque fois) et j'en ai certainement oubliés, vous avouerez que je les accumulais!

Je vous sens sceptique parce que vous ne voyez pas comment le Desperado et le Trou noir affectif se repèrent. C'est simple, ils émettent tous deux un signal différent, reçu par le subconscient de l'autre. C'est un dialogue subliminal qui dit à peu près ceci pour le Desperado: «J'ai besoin de reconnaissance et d'affection et je suis prêt à tout te donner pour en avoir.» Il croisera un prédateur Trou noir affectif dont la réponse sera: «J'ai besoin de reconnaissance et d'affection et je suis prêt à tout pour en prendre», mais la petite clause illisible qui est toujours en bas de la page du contrat, donc inaudible, dit: «Mais je ne te donnerai rien en échange». Et le tour est joué: le Desperado tient sa liane et le Trou noir affectif, son distributeur automatique d'affection.

Une femme pour laquelle le rôle du Desperado n'avait plus de secret, entièrement sous l'emprise d'un homme qui la faisait souffrir et incapable de le quitter, me demanda de l'hypnotiser afin qu'elle l'oublie totalement. Je lui répondis que même si cela était possible, la première chose qu'elle ferait, en sortant de chez moi, serait de tomber sur un autre prédateur aux comportements identiques. « Ce n'est pas lui qu'il faut changer, Madame, c'est vous », lui ai-je expliqué. Car, étant donné le signal qu'elle émettait, aucun prédateur ne pouvait s'y tromper !

Comprenez bien que tout cela se produit dans l'inconscient. Celui qui donne, pas plus que celui qui prend, n'est conscient de sa programmation. C'est étrange de constater que le Desperado nourrit largement le Trou noir affectif, qui, lui, nourrit la névrose du premier en ne lui donnant justement rien. Et c'est en ne lui donnant rien ou que très peu qu'il le tient. Mais s'il le fait souffrir, ce n'est pas de la méchanceté gratuite : c'est un réflexe, une stratégie de survie.

Une personne est en train de couler et quand arrive le maître-nageur pour la sauver, que fait-elle ? Elle s'agrippe à lui pour garder la tête hors de l'eau, pour respirer, au risque de le noyer. Pourquoi croyez-vous que les sauveteurs ont quelques trucs pour neutraliser les personnes en difficulté ? Pensez-vous que celui qui se noie a décidé de tuer celui qui vient le sauver ?

Qu'est-ce qui pousse quelqu'un à frapper son conjoint ? Un réflexe qui a été programmé. La seule chose à lui reprocher est de ne pas se faire soigner. Car ça se déprogramme au même titre que n'importe quoi. Les personnes aux comportements impulsifs ou violents ne sont pas plus condamnées à le rester toute leur vie que celles qui subissent les coups ou ont des phobies, des allergies ou un manque de confiance en elles. Tout peut se déprogrammer si vous en avez la volonté.

Une fois de plus, comprendre ne signifie pas excuser ; cependant, pardonner vous permet de retrouver la paix dès que vous vous êtes suffisamment éloigné pour être hors d'atteinte.

Le syndrome de Tarzan vous met définitivement en situation de survie : un homme dans la cinquantaine venait d'être quitté et ne supportait pas de vivre seul. Il essayait de séduire toute femme passant à sa portée. Voici comment il exprima ses souffrances, complètement paniqué: «Je n'ai plus personne à qui offrir des fleurs, à gâter, à emmener au restaurant, plus personne à qui faire plaisir. À qui vais-je donner tout ce que j'ai à donner maintenant?» «À vous», ai-je répondu. *Charité bien ordonnée commence par soi-même.* Et si vous deveniez dépendant affectif de vous-même et que vous commenciez à vous chouchouter. À aucun moment il n'a dit qu'il l'aimait et qu'elle allait lui manquer. Il pleurait sur tout ce qu'il ne ferait plus pour elle. Encore une fois, nous ne parlons pas d'amour mais de liens, d'attachement, de gestes posés dans un but de reconnaissance. Nous ne parlons pas de sentiments.

Pourquoi refusez-vous de lâcher cette liane qui ne vous rend pas heureux et vous fait même souffrir? Par peur de la solitude dans un premier temps, car vous êtes incapable de vivre seul, puis par peur de ne pas trouver quelqu'un d'autre rapidement. Les peurs sont alors plus fortes que les souffrances. Vous restez attaché à celui ou celle qui vous fait souffrir ou que vous faites souffrir, grignotant votre capital santé physique et mental ou le sien, car votre conjoint et vous préférez déclarer des maladies graves plutôt que vous séparer. Vos névroses passant avant votre santé, rien ne vous forcera à lâcher!

C'est ainsi que des personnes viennent me voir pour que je les aide à gérer des douleurs physiques et des maladies déclenchées par la dévalorisation qu'elles acceptent de la part de leur conjoint. Elles ne me demandent pas de remonter leur estime et leur confiance pour être en mesure de quitter leur tortionnaire, surtout pas! Elles viennent chercher la force d'endurer ce que l'autre leur fait subir. J'en discute avec elles pour leur faire comprendre qu'elles ont des décisions à prendre et que je ne suis pas en mesure de leur fabriquer une armure. D'autant que la mission d'un coach est d'aider chaque personne à défendre sa liberté pour pouvoir fonder un couple dans le respect mutuel. Aimer, ce n'est pas être liés l'un à l'autre par quelque obscur contrat névrotique, c'est être libre de construire à deux.

Vous n'avez toujours pas déterminé si vous êtes équilibré dans votre vie affective ou si vous virez au Tarzan foncé? Posez-vous cette question: qui porte la culotte dans votre couple? Et vous aurez la réponse à deux questions : vous saurez si vous êtes dans le camp de Tarzan, parce que dans le camp des équilibrés, il n'y a pas de culotte à porter, et vous déterminerez si vous êtes Desperado ou Trou noir affectif.

Et puis, avez-vous réglé le passé avec vos parents ? Conservez-vous des souffrances et des rancunes vis-à-vis d'eux ou avez-vous pardonné, dans la mesure où c'est pardonnable ? Ou peut-être avez-vous simplement (ou allez-vous simplement) décidé de mettre un terme à une non-relation. Étudiez également l'enfance de votre conjoint et vous serez étonné de ce que vous découvrirez. Car n'oubliez pas : si vous êtes dépendant affectif, il ou elle l'est aussi !

Si vous vous êtes inscrit dans le cercle vicieux du « cours après moi que je t'attrape », l'un de vous, voire les deux, souffrira ou souffre déjà. Cette souffrance est le premier symptôme révélateur d'une rencontre de névrose(s) à névrose(s) qui n'est pas, je vous le rappelle, une histoire d'amour. À quoi reconnaît-on une histoire de dépendance affective ? Aux souffrances !

Une belle histoire d'amour ? Au bonheur !

Pourquoi ignorez-vous volontairement la personne que vous convoitez ? Pour qu'elle vous coure après, sinon c'est elle qui va vous ignorer. Ce discours est propre aux dépendants de Tarzan, parce que dans le monde des personnes équilibrées, l'une va vers l'autre, sans stratégie et en toute liberté. Sinon, vous jouez au billard à trois bandes et vous en mesurerez les effets dans l'un des chapitres suivants.

Tous les Trous noirs affectifs que j'ai fréquentés, après Jules et avant Jim, sont revenus me chercher après que j'ai rompu. Pourquoi ? Parce que j'étais tellement en demande vis-à-vis d'eux, qu'ils avaient obtenu de moi tout ce qu'ils voulaient et ne pouvaient imaginer que ça s'arrêterait. Moi, je dépassais mon seuil de tolérance et je partais. Réalisant que personne ne les nourrissait plus, ils revenaient en courant. Mais la place était déjà prise parce que j'étais dans ma période « boulimie reconstructive ».

Avec le recul, je me rends compte que j'étais bien la seule à rompre, car Jules et Jim, eux, n'avaient pas rompu. Ils continuaient à rester attachés à leur liane. Quand Jules réalisa que Jim était dans la place, il se rabattit sur sa maîtresse. Quant à Jim, après moi, il eut des aventures à tour de bras jusqu'à trouver la bonne proie, adepte elle aussi de Tarzan. Je dus lui expliquer rageusement qu'il m'insultait chaque fois qu'il me proposait de coucher avec lui, surtout qu'il entretenait une relation. Mais pour lui ce n'était pas la tromper parce que, disait-il: « Avec toi ce n'est pas pareil. » J'étais sa mère, nourricière de ses névroses, pourquoi ne lui aurais-je pas redonné le sein, à l'occasion, en souvenir du bon vieux temps? D'autant que, comme il le souligna, je n'avais personne dans ma vie et il était prêt à me rendre ce service. Je vois, à votre sourire, que vous avez déjà entendu ou prononcé ce discours-là!

En fait, que vous soyez Desperado ou Trou noir affectif, quand l'autre vous quitte, vous conservez un lien névrotique et lui restez attaché, parce qu'il vous a échappé et, pire, il vous a rejeté. Ce n'était pas une question de sexe qui ramenait les deux vers moi puisqu'ils avaient comblé le poste de ce côté-là. C'est bien autre chose, plus profond, plus obscur. Vous avez été maltraité, humilié, vous avez tout donné, tout supporté et pourtant l'autre est parti; et la seule chose que vous attendez, c'est son retour.

Le plus étonnant, c'est que vous avez été abandonné et vous souffrez mille morts, puis vous décidez de vous en sortir et de faire une thérapie ou un coaching. Vous retrouvez votre confiance et votre estime, et un autre monde s'offre à vous: celui des gens équilibrés. Alors, l'autre revient vous chercher, car dans son inconscient, c'est vous qui venez de lui échapper. Ils reviennent presque toujours! Il a senti que, bien qu'il vous ait quitté, vous n'êtes plus le libre-service que vous étiez. Et vous, quand il cherche à revenir, peut-être en vous suppliant, vous mesurez l'ampleur de la névrose que vous nourrissiez et la boucle est bouclée: vous refusez de retomber dans ce style de relation. Je l'ai non seulement vécu, mais observé chez les autres. Et quand j'explique à mon « coaché » que la personne qui l'a quitté va revenir, il ne me croit jamais. Puis un jour, il revient et me dit: « Vous n'allez pas me croire, il me demande de revenir! » Oh si, je le crois. Et là vient le test suprême: allez-vous y retourner?

Entendons-nous bien : je n'ai pas dit que tout le monde doit être équilibré dans ses relations intimes, je dis seulement que c'est dommage de souffrir. Et que si vous souffrez ou si vous n'êtes pas heureux, c'est à vous de décider : vous pendre à votre liane ou changer.

Vos petites névroses peuvent vous conduire vers des rivages accueillants, à ce point que vous pensez être heureux. Et c'est peut-être vrai. Peut-être que c'est bien votre cœur qui vous a mené jusqu'à la bonne personne. Qui sait ? Seul l'avenir vous éclairera. Par exemple, vous avez la trentaine ou moins et vous cherchez désespérément votre père au travers de vos amants. Vous tombez un jour sur un homme dans la cinquantaine, qui vous reconnaît au niveau de votre jeunesse et de votre fragilité puisqu'il a le syndrome du sauveur. Vous vous entendrez à merveille et il se peut que personne ne souffre. Il en va de même quand un garçon de 25 ans cherche sa mère et tombe sur une femme de 40 ans qui a besoin de materner. Et là encore, je sais de quoi je parle pour l'avoir expérimenté : souvenez-vous, le modèle de 1975 ! Pourtant, je claironnais à qui voulait l'entendre qu'il ne cherchait pas sa mère et que j'avais déjà une petite fille pour assouvir mes instincts maternels. La suite de l'histoire m'a définitivement convaincue qu'il avait effectivement fait un transfert. Quant à moi, je voulais désespérément le voir comme un homme, du haut de ses 22 ans, et quand le vernis a craqué, l'enfant en dépendance affective est apparu et le fossé s'est creusé entre nous.

Je suis convaincue que l'âge ne peut être un obstacle au bonheur quand vous rencontrez votre âme sœur. Si les réponses à votre enquête sont positives (bonnes relations avec les parents, passé avec les ex réglé et volonté d'être heureux à deux), les épreuves liées à cette différence viendront également tester la solidité de vos sentiments. Combien de fois m'a-t-on demandé comment allait « mon fils », avec une petite pointe d'incertitude ou de jalousie dans la voix. Ça me faisait sourire. Votre couple est parfois plus soudé que la plupart, quand il s'agit d'une véritable histoire d'amour ou quand les névroses sont réglées. Ne dit-on pas que l'âme n'a pas d'âge ?

Cependant, si l'histoire s'est répétée avec plusieurs conjoints avec lesquels ça n'a pas fonctionné et que vous en souffrez, peut-être est-il temps de vous déprogrammer…

Vous avez parfaitement le droit de rechercher votre père ou votre mère dans une relation de couple, si ce rôle convient à votre partenaire et que vous êtes satisfaits tous les deux.

En tant que femme Desperado, le syndrome du sauveur se traduit par un instinct maternel hypertrophié dans la relation de couple. Mais chez l'homme Desperado, c'est différent. Vous souhaitez souvent compenser un physique que vous estimez peu avantageux par la volonté de sauver une femme en détresse, dont le cœur a été brisé par un ou plusieurs autres et que vous lui proposez de réparer. Vous considérez alors que votre seule chance d'attirer une jolie femme, voire une femme tout court, est de lui proposer autre chose que votre physique, car dans votre tête, les belles vont exclusivement avec les beaux. Alors vous la gâtez, vous vous pliez à ses quatre volontés, car vous pensez que c'est à ce prix qu'elle restera. Et vous avez raison, dans un premier temps, puis votre dévouement lui pèse et dès qu'elle va mieux, son cœur recollé, elle s'en va en vous expliquant qu'elle n'est pas prête à s'engager. Et à votre grand désarroi, elle se rue sur le premier « dealer » d'affection qui la maltraitera. En fait, elle est une Desperado qui s'est transformée en Trou noir affectif pour l'occasion, parce que vous êtes plus Desperado qu'elle. Mais vous ne la nourrissiez pas suffisamment : pas assez indifférent et beaucoup trop prévenant. Pourquoi certaines femmes, ce qui vous fait dresser les cheveux sur la tête, préfèrent les voyous à vous ? Pas parce qu'ils sont doux et affectueux ! Je vous conseillerai alors d'être votre propre sauveur, car c'est vous qu'il est souhaitable de réparer en travaillant sur votre confiance en vous et votre estime de soi. Vous méritez, quel que soit votre physique, une belle personne équilibrée, quand vous l'êtes aussi.

Moi, en tant que Desperado, j'étais ce style de femme, à la névrose masochiste, incapable de rester avec un homme dont les névroses n'étaient pas assez prononcées. Il me fallait un Trou noir affectif musclé et non un Desperado prêt à me donner tout ce que je désirais. Je sais combien ça paraît fou et j'en ris aujourd'hui. Je me souviens de l'angoisse que je ressentais quand l'un d'eux voulait quelque chose de plus sérieux. J'appuyais sur le siège éjectable immédiatement pour m'en débarrasser. Cependant, il n'est pas plus sain de vouloir tomber sur une personne que vous devez sauver que de tout faire pour écarter celui qui vous veut du bien, au bénéfice de celui qui va vous malmener.

Il existe aussi des rencontres de petites névroses à petites névroses qui vous permettent d'être heureux ou de croire que vous l'êtes, puisque vous ne souffrez pas ou du moins pas encore. Il faut bien avouer qu'il est difficile de savoir ce qu'est le bonheur si vous n'avez jamais souffert. Et ce n'est pas parce que vous n'avez jamais souffert que vous êtes forcément heureux.

En revanche, si vous avez la quarantaine ou cinquantaine et que vous quittez votre épouse pour une femme de 20 ans de moins, ce n'est pas votre femme qui a une névrose à régler, c'est vous ! Ne vous flagellez pas, Madame, parce que vous n'avez plus le corps d'antan : c'est votre mari qui essaie par tous les moyens d'échapper à l'angoisse de la vieillesse et de la mort. Quant à vous, Monsieur, vous courez simplement après la jeunesse en courant après celle d'une autre. C'est sûr, Madame, que ça fait mal quand Monsieur s'en va, mais vous voilà débarrassée d'un mari infidèle et névrosé ! Avez-vous pensé que c'est peut-être votre chance de trouver enfin l'amour puisque, si vous avez le cran de regarder la vérité en face, ça ne tournait pas très rond depuis une bonne dizaine d'années entre lui et vous. Alors, même à 50 ans et plus, si vous travaillez sur vous pour reprendre confiance et si vous déterminez exactement qui vous voulez, vous finirez par trouver celui qui vous attend, peut-être depuis longtemps. Parfois même, il n'est pas très loin de vous. Ouvrez les yeux plutôt que vous morfondre en ressassant les vieux souvenirs (parce que les plus récents ne sont pas si formidables !) et en haïssant cette jeunette qui a ses faveurs aujourd'hui, faveurs que vous n'aviez peut-être plus depuis longtemps. La place est libre, vous pouvez à nouveau tomber amoureuse (il n'y a pas d'âge pour ça !) et revivre les émotions d'un amour naissant, lequel vous renverra à votre propre jeunesse. Quand on aime, on a toujours 20 ans !

Je me souviens d'une dame qui me raconta son histoire dans un train. Elle s'était mariée jeune avec le seul homme qu'elle avait connu, un jeune cadre dynamique, et ils avaient une jolie petite fille et une jolie petite maison. Elle pensait qu'elle vivait le bonheur parfait, jusqu'au jour où son époux est parti avec sa secrétaire. Son monde s'écroula. Pour elle, le bonheur s'était enfui avec son mari. Elle vécut dans la peine et la souffrance, cherchant à comprendre ce qui s'était passé, jusqu'à ce qu'elle rencontre un célibataire endurci, une sorte d'ours que la vie (enfin les femmes!) avait poussé aussi à la solitude. Coup de foudre! Et arrêtez de me dire qu'un coup de foudre est destructeur. Ce n'est pas le coup de foudre qui est destructeur, ce sont les foudroyés névrosés! Quand vous rencontrez l'âme sœur, vous pouvez être des foudroyés comblés. Ils se sont mariés et vivent très heureux. Et la dame me dit qu'en fait son premier mariage n'était pas le bonheur, contrairement à ce qu'elle croyait. Aujourd'hui, elle fait vraiment la différence. Et devinez ce qu'elle a découvert grâce à son second mari, en plus du bonheur? Le plaisir sexuel! Eh oui, chose qu'elle n'avait pas connue avec le premier. Tout cela pour vous démontrer que celui qui part rend sa liberté à celui qui reste: à vous de vous morfondre ou de rencontrer le vrai bonheur.

L'expérience m'a enseigné qu'après une rupture il est bon de faire une pause. Vous allez me dire que «les conseilleurs ne sont pas les payeurs». Eh bien si, car je suis restée célibataire pendant onze ans (je précise: seule et sans activité sexuelle), je n'ai laissé entrer aucun homme dans ma vie, tant que je travaillais sur moi. Les deux dernières leçons m'avaient au moins enseigné ça! Je sais pertinemment que, si je n'avais rien compris, j'aurais passé l'épreuve autant de fois que nécessaire.

Je tiens néanmoins à vous rassurer (je lis la peur dans vos yeux!): vous n'aurez pas à rester onze ans célibataire: c'est mon histoire, pas la vôtre! Probablement que mon statut de coach réclamait que je passe par là pour vous transmettre ce que j'ai compris de la vie et vous faire prendre des raccourcis. J'avais également beaucoup de choses à remettre dans le bon sens dans ma tête et aucune aide pour me guider et me soutenir. C'est pourquoi il est important pour moi d'éclairer toute personne qui cherche des réponses, même si elle ne devient jamais cliente. C'est affreux d'être perdu dans la souffrance sans comprendre pourquoi. J'avais moi-même la sensation d'être sur une coquille de noix, dans un océan déchaîné, sans savoir si la tempête allait s'arrêter. C'est peut-être ce que vous ressentez actuellement...

Il est amusant de constater comme vous attirez du monde avec un signal de névrosé et comme la place devient désertique avec un signal de personne équilibrée. Avec mon signal de Desperado, c'est fou tous les hommes que j'attirais. Parfaitement heureuse et prête au bonheur, je ne croisais plus aucun candidat. D'ailleurs, j'ai mis du temps à comprendre. Mettez-vous à ma place, je réintégrais le marché des célibataires et aucun homme ne s'approchait de moi : j'ai fini par me remettre sévèrement en question. Un ami m'a réconfortée : « Tu es trop vieille », m'a-t-il dit, croyant me rassurer. J'étais trop vieille pour les garçons de 25 ans, certes, mais tout de même pas pour ceux de mon âge. Puis j'ai compris : mon intime conviction est que plus vous tendez à l'équilibre, plus vous éloignez les prétendants névrosés, qui sont malheureusement bien plus nombreux que ceux qui sont équilibrés. Peu importe, car je n'avais pas besoin d'une armée : un seul suffisait ! J'imagine que vous l'avez compris : j'ai rencontré un homme, après onze ans d'abstinence. Un peu de patience, je vais vous raconter...

9.

Dans quelle équipe jouez-vous ?

En résumé, névrosé, vous attirez des névrosés; équilibré, vous attirez des personnes équilibrées. Vous ne me croyez pas? Faisons un petit test. Dans quelle catégorie vous placez-vous? Équilibré ou névrosé? Encore une fois, névrosé signifie que vous avez développé des troubles affectifs et comportementaux qui vous jettent dans les bras d'une autre personne névrosée. Si vous le souhaitez, nous pouvons nous entendre pour employer le mot «troublé» au lieu de «névrosé», c'est plus doux. D'autant plus que vous risquez effectivement d'être troublé par tout ce que vous avez lu jusqu'ici. Et si vous ne l'êtes pas du tout, c'est que vous êtes équilibré... ou complètement aveugle!

À ce stade, je sens venir une question: qu'est-ce que j'entends par équilibré? À mon sens, quand vous êtes équilibré, vous avez confiance en vous, tant dans votre vie privée que professionnelle, vous savez ce que vous valez et ce que vous voulez. Vous êtes heureux de vivre, seul ou à deux, vous aimez votre travail, au pire vous ne le détestez pas, vous avez des projets, une ou plusieurs passions et jamais de problèmes: que des défis à relever! Célibataire, vous attendez de trouver la bonne personne, aussi équilibrée et heureuse de vivre que vous.

Vous grimacez? Pas d'accord avec ma définition? Pourquoi?

Donc, si vous considérez que vous êtes équilibré, vous avez forcément un ou une conjointe qui l'est à quelques détails près, ne soyons pas rigides! Si vous jugez qu'il ou elle ne l'est pas, posez-vous des questions sur vous-même et il serait peut-être bon d'arrêter de claironner que vous vivez avec une personne névrosée, car elle ne sera pas la seule dans ce cas. Vous me suivez?

Si vous vous classez dans la catégorie «troublé», bravo pour votre honnêteté; cependant, vérifiez quand même si vous êtes juste avec vous-même. Si vous persistez, demandez-vous si votre conjoint l'est aussi. En général, il ou elle sera logé(e) à la même enseigne.

Si vous constatez qu'il est équilibré, c'est que vous l'êtes également et que vous vous êtes trompé sur votre cas.

Mes clients ont tendance à penser qu'ils ont un méchant problème et que leur partenaire est équilibré (l'autre le leur a fait croire). Je souris en leur expliquant qu'ils sont tous les deux au même niveau de névrose. Ébouriffés, ils mettent un certain temps à l'accepter, tellement ils sont persuadés que l'autre est quelqu'un de bien et, eux, les mauvais. Puis, en décortiquant les comportements, je leur démontre qu'ils ne sont pas plus affectés que leur conjoint : égalité ! Une femme, que son mari avait traitée d'hystérique pendant plus de dix ans parce qu'elle disjonctait régulièrement, pensait que ce dernier, ainsi qu'il le lui avait souvent expliqué, était d'une grande patience envers elle. Voici ce qu'il se passait, en réalité : elle se fâchait parce qu'il était incapable de lui porter attention, de lui donner de l'affection et de lui faire des compliments, Trou noir affectif qu'il était. Et lui, bien incapable de partir, endurait toutes ses colères. Son visage s'illumina quand elle comprit tout cela. Il n'avait pas plus été patient qu'elle était folle : ils étaient prisonniers du même piège et aucun des deux ne pouvant en sortir, ils s'affrontaient. Égalité, match nul, balle au centre !

Vous ne parvenez pas à vous situer ou vous craignez le résultat ? Demandez à votre meilleur(e) ami(e) si vous ou votre partenaire avez un comportement amoureux standard ou excessif. Si c'est excessif, en quoi ça l'est à ses yeux ; mais là, faites tout de même la part des choses. J'espère que votre amitié est solide et précisez si vous souhaitez entendre la vérité.

Bon voilà, maintenant vous me détestez ou vous êtes soulagé ?

Si vous refusez de vous soumettre à ce petit test, je vous comprends : il y a un temps pour chaque chose et surtout un temps pour la vérité. Et puis vous vous dites que ma théorie est un peu simpliste ; eh bien, je vous réponds que vous avez le droit de le penser, mais testez quand même, sait-on jamais, sur vos amis plutôt que sur vous-même. Si l'un d'entre eux vous semble parfaitement équilibré et qu'il vit avec une femme qui est troublée, il développe immanquablement une névrose que sa femme nourrit, sinon il serait parti.

Je vous parais implacable quand je vous conseille de quitter une personne qui se situe au-delà de 5 sur l'échelle et qui refuse de suivre une thérapie. Pourtant, si vous restez, c'est que vous avez aussi quelque chose à régler : le syndrome du sauveur ou de Stockholm, celui de la culpabilité qui vous pousse à sacrifier votre propre bonheur pour celui de l'autre. Que vous ne rendez d'ailleurs jamais heureux, mais dépendant. Pourtant, rester, c'est le pousser au vice, car il vous fait de plus en plus de mal, il est programmé ainsi, et vous en ressortez brisé, si vous en ressortez. Je sais de quoi je parle : si je n'avais pas eu la peau si dure, j'y serais certainement restée. Avec le recul, je me suis souvent demandé comment j'ai traversé toutes ces souffrances par deux fois, en plus de toutes celles qui n'étaient pas liées à la dépendance, comme les accidents (vélo, moto, voiture et courses de chevaux) et les décès. Croyez-moi, je suis définitivement vaccinée : souffrir n'est plus ma tasse de thé !

Et avec le recul, le plus surprenant est de constater que, si je n'avais pas croisé Jules et Jim, je serais restée le Trou noir affectif que j'étais dans la première partie de ma vie affective. Déconnectée de mes émotions, n'ayant jamais rien éprouvé pour les hommes que j'avais broyés précédemment, les deux ex, plus Trous noirs affectifs que moi, m'ont permis de me rebrancher à mes sentiments. Je m'en étais déconnectée progressivement, dans mon enfance et adolescence, pour vivre une vie d'adulte à l'abri de la souffrance.

J'ai d'ailleurs eu l'occasion de présenter mes excuses au tout premier sur lequel je m'étais fait les dents et c'est bien sur Jules et Jim que je me les suis cassées ! Je ne les en remercierai jamais assez, même s'ils n'ont pas fait exprès.

10.

Les névroses ont leurs raisons que la raison ignore

Vous répondez donc à des programmations et celle de la dépendance affective non seulement vous empêche de tirer sur les rênes pour arrêter toute relation vouée à l'échec, mais bien au contraire vous pousse à vous y jeter, à cœur et à corps perdus. Je croyais, moi aussi, que l'amour était la roulette russe, la seule et unique balle représentant la véritable âme sœur : une chance sur six. Ou une sorte de loterie hasardeuse mettant n'importe qui sur ma route. Eh bien, pas du tout ! Et ne me dites pas que « le cœur a ses raisons que la raison ne connaît point », car je vous réponds immédiatement que « les névroses ont leurs raisons que la raison ignore ! »

Pour commencer, vous n'avez pas la moindre idée de la personne que vous souhaitez rencontrer. Et là, j'entends souvent « je sais ce que je ne veux pas ! » Dites-moi plutôt ce que vous voulez. Écrivez donc une lettre au père Noël en lui disant : *je ne veux pas de train électrique, je ne veux pas de poupée, je ne veux pas de cheval à bascule, je ne veux pas d'ordinateur, je ne veux pas...* D'ailleurs, il suffit de dire « je ne veux pas » pour que l'Univers entende « je veux ». Vous avez remarqué ? L'Univers est comme le subconscient : il n'entend pas la négation ! Pour revenir au père Noël, vous le mettez dans l'embarras, il vous apporte donc ce qui lui tombe sous la main et, en général, ça ne vous plaît pas. Et c'est bien là que les ennuis commencent... En revanche, si vous lui expliquez que vous voulez une voiture électrique rouge avec des rayures noires et des jantes en aluminium, téléguidée, là vous êtes exaucé. Alors que certains tombent sur la bonne personne rapidement parce qu'ils n'ont pas ou n'ont plus de névrose à régler, pour la plupart, vous, vous tombez sur toutes sortes de « cœurs cassés ». Est-ce le hasard qui les a placés sur votre route ? Pas du tout ! Dans ma philosophie de vie, le hasard a cela de commun avec le père Noël : on en parle beaucoup, on essaie de nous faire croire qu'ils existent mais… ils n'existent pas ! C'est votre névrose qui a gentiment déposé dans votre vie, le bon ou la bonne partenaire… pour travailler un gros problème chez vous. Et c'est parti pour un tour dans un début idyllique et une fin catastrophique. Enfin pour ceux qui réussissent à y mettre fin.

Personnellement, j'ai réussi les deux fois mais à quel prix : jura qu'on ne l'y reprendra pas… une troisième fois !

Quand j'entends « aimer, c'est souffrir », ça me donne immédiatement une idée précise de la vie amoureuse de celui qui vient de parler. C'est souffrir quand vous tombez sur une personne névrosée, pas quand vous tombez sur une personne équilibrée. Je me tue à expliquer qu'une histoire d'amour est une histoire simple : vous rencontrez une personne libre et vous l'êtes aussi, vous êtes tous les deux en paix avec vous-mêmes et vous avez le même désir de vie à deux ; tout est facile et coule de source, je vous le garantis pour l'avoir vécu ! Une de mes meilleures amies a vécu ce type de rencontre et réalise qu'elle n'a plus peur de dire « je t'aime », et plus peur de rien d'ailleurs. Son nouveau conjoint et elle se comprennent et se respectent avec une facilité déconcertante, pas question d'ego entre eux, donc pas de disputes et, plus fort, elle avoue même que son côté masculin s'est rendormi. Ils ont la même philosophie de vie, les mêmes valeurs et ont pourtant souffert chacun de leur côté, ont tiré des leçons du passé et sont déterminés à être parfaitement heureux ensemble, aujourd'hui. J'ai eu l'immense plaisir de l'entendre me dire que j'avais raison et que c'est vraiment simple une véritable histoire d'amour. Et elle n'est pas la seule dans mon entourage à avoir fait cette découverte. Ce qui m'amusait et surprenait mes amis, c'est que j'étais encore célibataire alors que je leur décrivais ce que pouvait être le bonheur à deux et que c'est exactement ce qu'ils vivent aujourd'hui et ce que je vis aussi !

Vous êtes-vous demandé pourquoi vous avez aimé quelqu'un que vous n'aimez plus aujourd'hui ? À mon sens, il est impossible d'aimer et de « désaimer » ; d'ailleurs, ce mot n'existe pas. Quand je regarde Jules et Jim, je me demande ce que j'ai bien pu leur trouver et cette question m'a longtemps hantée : pourquoi ai-je cru les aimer, pourquoi ai-je tant souffert alors qu'aujourd'hui je n'éprouve plus rien pour eux? Que s'est-il passé? Les gens qui s'aiment, ils s'aiment pour la vie et c'est pareil en amitié. Pour les autres, ce ne sont que des attachements névrotiques qui fluctuent au gré de votre faculté à régler vos névroses et quand elles sont réglées, vous vous détachez. Quand les deux règlent en même temps, ils se quittent bons amis et passent à autre chose. Si l'un des deux ouvre les yeux, la séparation tourne à la foire d'empoigne, finissant en règlement de comptes parce que celui qui reste ne se sent pas «désaimé», mais dépossédé et trahi. Parce que, une fois de plus, ce qui le nourrissait lui est arraché: le voilà en manque et désorienté.

Que pensez-vous d'opter pour la simplicité dans une rencontre? Car si les choses sont compliquées dès le début, méfiez-vous: c'est le signe avant-coureur d'abcès qui vont grossir pour devenir tumeurs et vous éclater au nez!

11.

À mort les Sacrifices, Concessions et autres Compromis ! (SCC)

Je ne vous parle pas d'un monde parfait. J'attire simplement votre attention sur la signification de chacun de ces mots pour vous. J'ai l'air d'une utopiste, n'est-ce pas, en vous affirmant que l'équilibre d'un couple exclut systématiquement ces trois concepts ? Que faites-vous dans une situation de sacrifice, de concession ou de compromis ? Vous concédez un point à l'autre, point sur lequel vous n'êtes pourtant pas d'accord, alors vous êtes perdant. En fait, vous ne vous respectez pas dans cette décision et, du coup, vous forcez l'autre à ne pas vous respecter non plus. Un exemple : quand vous avez rencontré Charles, il jouait au hockey tous les week-ends. Maintenant que vous vivez ensemble, vous lui avez demandé de passer ses fins de semaine avec vous. Rusée, vous avez joué sur la corde sensible en lui disant que s'il préfère jouer au hockey, c'est qu'il ne vous aime pas. Que fait Charles ? Un sacrifice ! Il ne se respecte pas en vous cédant, alors que jouer au hockey fait partie de son équilibre, et vous ne le respectez pas non plus dans ce qui est important pour lui.

N'est-il pas paradoxal de clamer que vous êtes une femme indépendante et de pleurnicher dès que votre homme est au hockey ? La bonne idée serait peut-être d'avoir vos propres activités. Je sais, il y a les enfants mais il peut s'en occuper à son tour pendant que vous sortez. Il va falloir trouver un autre prétexte pour l'obliger à rester à vos pieds, à la maison !

Cherchez plutôt votre zone de confort, celle où chacun se retrouve dans une relation gagnant/gagnante et non dans un match dont le score est 1 à 0 !

Vous préférez parler d'ajustement ? C'est un vocabulaire qui me plaît. Dans un ajustement, personne ne cède : chacun fait sa part du chemin pour rejoindre l'autre en bonne intelligence. Vous avez cette possibilité de discuter avec votre conjoint afin de trouver la meilleure solution: celle qui respecte les deux et dans laquelle vous êtes confortables. Vous constatez alors que personne ne fait de sacrifice, ni de compromis, ni de concession: vous travaillez au quotidien à votre harmonie, pas à compter les points pour savoir qui gagne du terrain.

Et puis, je n'ai jamais entendu quelqu'un demander à son conjoint: «Sacrifie-toi pour moi, s'il te plaît!» Quand il y a sacrifice, c'est de votre propre chef, même si vous êtes prompt à le reprocher à l'autre à la moindre occasion.

Dans mes deux relations névrotiques, j'ai au moins découvert une chose: je sais laisser de l'espace à l'autre, surtout celui qui est nécessaire à son équilibre. Jules travaillait énormément parce que son métier le passionnait, se levant chaque jour à 5 heures, samedi et dimanche inclus, ne prenant que très peu de vacances. Quant à Jim, il jouait au soccer très souvent et partait en forêt avec ses chiens. J'étais à l'aise dans chacune des situations puisque je passais moi-même beaucoup de temps à cheval. Et personne ne m'en aurait empêchée car, comme eux, cela contribuait à mon équilibre. Lorsque l'un empêche l'autre d'avoir une activité, c'est la plupart du temps parce qu'il s'ennuie quand son conjoint est parti. Souvenez-vous qu'un couple, c'est 1 + 1 = 2. Vous en aimez d'autant la personne avec laquelle vous vivez qu'elle vous laisse choisir ce qui vous fait plaisir. Et de vous-même vous répartissez votre temps entre activité et conjoint, ce qui signifie que chacun fonctionne de façon autonome. Sinon, vous tombez irrémédiablement dans le 1 + 1 = 1 et dans la dépendance. Dans ce cas précis, ce n'est pas l'activité du conjoint qui vous dérange, c'est plutôt ce que vous interprétez comme de l'indifférence à votre sujet et ça vous blesse.

C'est vrai qu'une vie de couple est bien différente d'une vie de célibataire. Simplement, si vous voyez des inconvénients à vivre à deux, vous avez commis une erreur en vous mettant en couple. Cette nouvelle étape doit vous apporter autant de confort et de joie de vivre que votre vie de célibat, et non les contraintes et les désagréments du SCC. Mieux vaut vous séparer que d'en baver et d'en faire baver à l'autre.

Parce que se soumettre au SCC, c'est faire rentrer la pièce du puzzle là où elle ne rentre pas. Où vous ne rentrez pas ! Vous voyez ce que je veux dire : quand vous avez une image avec un beau ciel bleu et de nombreuses pièces presque identiques. Vous finissez par craquer et vous en placez une de force. Pensez-vous pouvoir terminer votre puzzle correctement ? Au lieu de passer votre chemin, vous vous obstinez, invoquant les sacrifices, compromis et concessions. Ils vous reviennent dans le nez, au fil des jours, des mois et des années, en grossissant avec le temps comme une boule de neige qui dévale une pente, pour terminer en avalanche et vous écraser. Ce vocabulaire était valable du temps de nos aïeux parce que, à cette époque, point de divorce. Heureux celui qui tombait sur la bonne personne ! Quelle horreur, quand j'y pense : j'aurais été obligée de continuer à vivre avec un homme dont je n'aurais plus nourri les névroses et qui n'aurait plus nourri les miennes. Il serait donc allé se nourrir ailleurs. C'est d'ailleurs ce qu'il a fait, mais j'ai eu le choix de divorcer.

Quel que soit le sujet, si vous en parlez en termes de sacrifice, de concession ou de compromis, vous venez de semer la graine de la frustration qui grandit au fur et à mesure que les jours s'écoulent. C'est comme manger un plat à contrecœur, vous ne le digérez pas : il vous reste sur l'estomac. Trouvez une bonne motivation pour prendre ou accepter une décision et c'est avec plaisir que vous le ferez. En ce qui me concerne, j'ai banni à jamais ces trois mots car si je dis oui, c'est que je suis parfaitement à l'aise avec ce qui m'est proposé. Sinon, c'est non !

D'ailleurs, le Trou noir affectif ne fait pas ou que peu de concessions, de sacrifices ou de compromis, car c'est lui qui exige, alors que le Desperado accepte tout, sans condition !

Jules et Jim présentaient dès le début les signes avant-coureurs du névrosé à éviter.

Jules, à 37 ans, vivait une situation matrimoniale pour le moins éclectique, dont je tairai les circonstances, par respect pour sa vie privée. Ça aurait dû m'alerter. Cependant, cette découverte intervint une fois que je me crus amoureuse, pensant que je n'y pouvais plus rien. Par la suite, j'eus des informations sur son enfance, qui m'éclairent aujourd'hui sur sa programmation de dépendance affective. Si, à l'époque, je voulais le sauver, aujourd'hui, c'est en courant que je partirais !

Jim ne fut pas épargné non plus par son passé. Et comme je l'avais « cueilli » au tout début de sa vie d'adulte (il allait avoir 22 ans, j'en affichais déjà 37), il n'avait jamais vécu en couple et donc pas encore démontré les signes avant-coureurs ni les conséquences du passé. J'étais cependant aux premières loges pour les découvrir. C'est amusant car aujourd'hui, je ne me retournerais même pas sur lui dans la rue : trop jeune et trop névrosé.

Je peux vous assurer qu'au fur et à mesure que vous lisez, vous développez un radar pour détecter les dépendants affectifs. Vous verrez ! Le mien est très au point et extrêmement sophistiqué.

Vous comprenez que, par respect pour Jules et Jim, je ne dévoile pas leur passé. Cependant, à leur décharge, surtout Jim, je dois bien avouer qu'ils ont de sérieuses circonstances atténuantes et des plaies béantes. Le simple fait de comprendre leurs programmations m'a facilité la tâche au niveau du pardon. Sinon, j'aurais passé le reste de ma vie à penser que j'avais vécu avec deux monstres, alors qu'ils ont tous deux de belles qualités mais de mauvaises programmations. J'aimais croire que ce que j'ai vécu avec Jules l'aura remis en selle, suffisamment pour continuer sa route avec sa conjointe et une chance de bonheur. Mais il l'a trompée, comme il l'a fait avec toutes les suivantes... Quant à Jim, je ne suis pas certaine de lui avoir apporté quoi que ce soit. Mais ce qui est sûr, c'est que je ne peux pas l'aider. Il est le seul à pouvoir faire quelque chose pour lui-même.

Le plus amusant, c'est que Jim me disait qu'il n'était pas « aussi pourri » que Jules, car lui, il ne tromperait jamais sa femme enceinte. Il avait raison, il n'était pas « aussi pourri », mais bien pire... Voici ce que me raconta sa conjointe : il eut un premier enfant avec elle, tomba dans la violence conjugale, ils en firent un deuxième et, à quatre mois de la naissance, il partit avec sa maîtresse qui accoucha pratiquement en même temps qu'elle...

Quand une personne vous raconte son histoire et que vous découvrez un manque d'amour et de reconnaissance dans l'enfance, surtout chez les garçons auxquels l'affection maternelle a beaucoup manqué, cela annonce une dépendance affective, à moins que ce soit réglé. Pour vous en rendre compte, soyez attentif aux mots employés quand elle évoquera ses parents: si c'est du venin qui sort de sa bouche à l'évocation de papa/maman, ça risque d'être bien compliqué.

12.

Vous essayez désespérément de rendre heureux quelqu'un qui ne peut désespérément pas l'être

N'hésitez pas à vous transformer en Sherlock Holmes: enquêtez courtoisement sur son passé. Quand je suis tombée sur Jules puis Jim, de nombreux éléments auraient dû m'alerter, mais Super Pascale réussirait à chasser les fantômes du passé. Souvenez-vous, en bon Desperado, vous choisissez quelqu'un qui souffre pour pouvoir le sauver: vous pensez faire son bonheur malgré lui. Cela ne marche pas: vous ne pourrez JAMAIS faire le bonheur d'une personne contre son gré et encore moins quand elle est sous le contrôle de Tarzan.

J'en sais quelque chose, car j'ai désespérément essayé de les rendre tous les deux heureux, sans succès, pire, plus je construisais notre bonheur, plus ils angoissaient!

Après avoir sorti Jules de sa relation éclectique, le 27 août 1993 nous devenons propriétaires d'une jolie maison, le 21 septembre 1993 nous nous marions, le 22 septembre 1993 au matin, je tombe enceinte et six mois plus tard, nous sommes trois. Et je ne parle pas du bébé! Mon mari a pensé que «les chaînes du mariage sont si lourdes à porter qu'il faut être trois», comme le disait si bien Sacha Guitry. Pourtant, il avait, à mes yeux et aux yeux de tous, tout pour être heureux: je m'occupais de tout et il ne s'occupait que de son métier qui le passionnait. Il voulait même avoir un bébé avant qu'on se marie. Mais à l'annonce de ma grossesse, ses mauvaises programmations l'ont rattrapé… et sa maîtresse aussi!

Avec Jim, j'ai réalisé tous ses rêves: j'ai payé toutes ses dettes en France, environ 20000$, à 24 ans quand même! Il y a là une autre mauvaise programmation qui touche à l'argent. Je lui avais offert les deux chiens qu'il voulait (deux énormes molosses!), qui ont suivi quand j'ai emmené Jim au Québec (c'était son rêve). J'ai alors acheté une immense propriété pour qu'il puisse monter son propre élevage de Malamutes (chiens de traîneaux) qu'il n'a, Dieu merci, jamais monté. Logé, nourri et blanchi pendant neuf mois, il ne trouvait pas de travail mais n'entretenait pas la propriété non plus. Et tout ça pour me faire dire, froidement, un beau jour: « J'ai tiré un trait sur nous. Je ne t'aime plus. » Il avait tout ce qu'il voulait mais ce n'était pas encore assez. Il restait prisonnier de ses angoisses qui éclataient, telles des bombes à retardement, placées au plus profond de lui par les souffrances du passé.

Les mauvaises programmations sont effectivement des mines de fond ancrées dans le subconscient, qui remontent à la surface pour exploser, quand ni vous ni l'autre ne vous y attendez. Quand vous vous sentez angoissé, un beau jour, sans aucune raison apparente et que cela persiste, cherchez ce qui est nouveau dans votre vie: une mauvaise programmation est en train de se réveiller. N'attendez pas la catastrophe, faites-vous aider.

C'est un petit trait bleu sur un test de grossesse qui a fait disjoncter le nouveau marié. Quant au second, c'est quand tout allait bien qu'il se mettait à aller mal. Il m'avait déjà fait le coup en France et voilà qu'il recommençait au Québec. Je n'ai pas attendu la troisième fois, d'autant que plus il allait mal, plus il me rappelait l'ex-mari.

Je voulais tellement qu'ils reconnaissent que j'étais quelqu'un de bien et de généreux, qu'aucune des horreurs qu'ils me faisaient subir ne pouvait m'arrêter. Même après la séparation, je continuais à donner pour leur faire regretter ce qu'ils avaient fait et ce qu'ils avaient perdu. Le plus fort, c'est que ni celui qui avait une maîtresse, ni celui qui avait tiré un trait sur nous ne voulait quitter ma maison !

L'explication est simple: leurs programmations les poussaient à n'être bien ni avec moi ni sans moi. Incapables de partir, ils n'étaient pourtant pas heureux de rester. Vous voyez une solution, vous ? Leurs situations étaient bien sans issue positive, pour eux. Pas pour moi: j'ai fini par appuyer, dans les deux cas, sur le siège éjectable, rassemblant tout mon courage et ce qui me restait de dignité pour les mettre dehors. Mais ça m'a pris du temps, beaucoup de temps et de souffrance. Et même s'ils débarrassèrent le plancher, je n'avais pas fermé la porte pour autant et ils continuèrent, chacun leur tour, à m'ennuyer.

Jules fit une descente chez moi, deux ans après le divorce, pour me faire une scène de jalousie digne des films de série noire. Il venait de découvrir, furieux, que j'avais un copain et de quinze ans mon cadet. Quand je lui rappelai que sa maîtresse en avait dix-sept de moins que lui, désarmé, il sortit en claquant la porte. Il me téléphona le lendemain pour me dire: «Ça y est, j'ai tout perdu, c'est ça, il ne me reste plus rien!» Imaginez ma surprise: pour moi, il avait tout perdu depuis bien longtemps, d'ailleurs, depuis le début! Il venait de réaliser que je ne le reprendrais pas; un autre était dans la place, SA place!

Jules était persuadé que je n'existais que lorsqu'il venait voir notre fille et que je m'éteignais après son départ, telle une bougie. Il avait l'impression de revenir dans sa maison, avec sa femme et sa fille. Il me rappela même que j'avais dit «que les hommes pouvaient crever la bouche ouverte dans le caniveau, je n'en voulais plus». Fallait-il que je sois fâchée pour tenir de tels propos! «C'est vrai, je l'ai dit, lui répondis-je, parce que j'étais très en colère contre toi. Aujourd'hui, je ne le suis plus.» Si je n'avais pas eu un enfant avec lui, je l'aurais définitivement rayé de ma vie.

Jim, lui, continua à me demander de l'argent, que je lui donnais (Ah! Tarzan, quand tu nous prends, tu ne nous lâches pas facilement!), et des services que je lui rendais aussi. Il m'implora de lui acheter une voiture et de lui prêter tout mon matériel informatique. Ce que je fis. La voiture finit écrasée contre un rocher, je payai la location d'une autre le temps qu'il trouve un nouveau véhicule, que je réglai aussi, et le matériel informatique, m'affirma-t-il, lui fut volé. Il alla jusqu'à réclamer, au passage, quelques petits câlins, qu'il aurait fort appréciés! Là, le vase déborda: mon temps, mon argent, O.K., mais plus mon corps! C'était de la reconnaissance que je revendiquais, pas du sexe. Il m'a fallu du temps pour comprendre qu'il me prenait pour le génie de la lampe d'Aladin: dès qu'il demandait, j'exauçais, en bon distributeur automatique que j'étais. Je pris donc la décision de couper toute communication avec lui, car par n'importe quel moyen, il continuait à réclamer. Il alla même jusqu'à créer une adresse courriel avec un faux nom et me contacta, se faisant passer pour un père de famille qui s'était pris d'amitié pour Jim, et il essaya de plaider sa propre cause avec ce pseudonyme. Je découvris la supercherie. Puis, tous les prétextes furent bons pour me contacter, surtout celui de me demander de lui pardonner, ce que, naïve, j'ai dû faire quatre ou cinq fois. Il ne pouvait se détacher de moi. Et chaque fois, il me demandait un service ou de l'argent. Pourquoi aurait-il arrêté ? J'avais donné sans condition pendant quatre années. Monsieur Pavlov m'aurait tout expliqué !

En revanche, ce garçon avait raison sur un point : il n'était pas logique que j'accepte de lui rendre service dans un premier temps, pour le lui reprocher dans un deuxième temps. Poussée par Tarzan, j'acceptais néanmoins d'être la solution à tous ses problèmes et comme il ne m'en était jamais reconnaissant, je m'en prenais à lui au lieu de m'en prendre à moi.

Je dois bien reconnaître, avec le recul, que j'éprouvais un malin plaisir à ce qu'il ait besoin de moi, parce que je croyais pouvoir le forcer à reconnaître ma générosité. Ce qu'il ne fit jamais. Pas même pour 20 000 $! Comprenez-vous comment il est si facile de s'inscrire dans un cercle vicieux aux relents de masochisme quand vous êtes dépendant de Tarzan ?

Peut-être connaissez-vous des gens qui, lorsqu'ils vous rendent un service et même si vous les remerciez, vous rappellent souvent qu'ils vous ont aidé ou vous le reprochent. Vous finissez par regretter de leur avoir demandé quelque chose, car vous risquez d'en entendre parler toute votre vie. Ou alors c'est vous qui, lorsque vous donnez un coup de main, vous sentez très frustré quand vous avez l'impression de ne pas avoir été remercié à la hauteur de ce que vous avez fait.

Le Desperado est ainsi : il a besoin d'aider ou de sauver pour exister, même s'il s'agit de son tortionnaire. Alors que le Trou noir affectif ne fait pas de sentiment : il demande, vous donnez, il prend et ne vous donne rien ou peu en échange.

N'ayant pas eu d'enfant avec Jim, je me propulsai hors du cercle vicieux en le rayant de ma vie, malgré la dette qu'il n'a jamais remboursée. Cependant, il a pris ce prétexte pour me recontacter (tous les prétextes sont bons !), proposant de me verser 50 $ par mois, ce qui aurait fait à peu près trente-trois ans pour le remboursement. Comme je pratiquais le silence radio, je ne répondis pas par des mots, mais par les coordonnées d'un compte en banque ouvert au nom de ma fille. Il envoya 50 $ et ma réponse fut laconique : « Versement effectué ». Puis il envoya un autre virement de 50 $ et comme je ne répondis rien, je ne reçus plus rien... Ce qui prouve bien qu'il avait saisi ce prétexte pour rétablir le contact et me redemander de l'argent, faisant croire qu'il allait m'en donner. Ce qu'il fut assez gonflé de faire quelque temps plus tard ! Il essaya de m'en soutirer, faisant valoir qu'il en avait besoin pour ses enfants. Mais comme j'étais « aux Desperados absents », il fit chou blanc ! Les bonnes vieilles cordes sensibles de la Desperado que j'étais avaient toutes disparues : il eut beau me jouer du violon, je restai sourde à ses supplications. J'étais libérée de mes lianes ! Qui a dit que la paix n'a pas de prix ? Il m'a fallu raccrocher quand il appelait, effacer ses messages sur le répondeur sans les écouter et détruire ses courriels sans les lire pendant trois ans. Pour en terminer définitivement, j'ai dû demander à un membre de sa famille de lui expliquer que si j'entendais encore parler de lui, autant pour sa dette que pour le harcèlement, les tribunaux s'en chargeraient. Trois ans et demi après la séparation, la paix revenait enfin dans ma vie.

Gardez bien présent à l'esprit que l'adepte de Tarzan protège, coûte que coûte, le lien qui existe entre lui et vous. Il a besoin d'un contact, quel qu'il soit, parce qu'il sait qu'il peut toujours toucher vos cordes sensibles. Même si vous l'appelez pour l'insulter, c'est pour lui une forme de communication qui entretient le lien. Croyez-en mon expérience, le silence reste le meilleur moyen.

13.

Vous n'êtes pas responsable de ceux que vous apprivoisez !

Je me sentais responsable de Jules et de Jim, même après la séparation, et c'est souvent le cas pour une personne en dépendance affective : vous vous sentez le garant du bonheur de l'autre, même quand il est parti. Je me souviens d'un jour où mon mari (là, je dis « mon » car à l'époque, il était à moi ou presque !) était tracassé et je savais que c'était à cause de sa maîtresse. Je me surpris à lui en vouloir, à elle, de le faire souffrir, lui. Voyez jusqu'où ça peut aller ! Le renard dit au petit Prince : « *Tu es responsable de ce que tu as apprivoisé* » (Saint-Exupéry), mais vous n'êtes pas responsable des névrosés que vous nourrissez !

Étrangement, Jules faisait crise d'asthme sur crise d'asthme dès que je parlais de divorce, réussissant ainsi à faire traîner la procédure pendant deux ans. Jim était également passé maître dans l'art des rebondissements : j'avais fixé la date à laquelle il devait quitter ma maison et ma vie, mais il fut terrassé, ce jour-là, par une fièvre de cheval. Je déterminai un autre jour qu'il choisit pour avoir un accident de moto. Après la séparation, il fut viré de son emploi, la police lui enleva sa voiture car il n'était pas en règle, puis l'arrêta trois fois pour excès de vitesse, dont deux fois dans la même journée, il perdit son permis de conduire, fut mis à la porte de son logement car il ne payait pas, la SPCA prit ses chiens et j'en oublie sûrement. Il accumulait les catastrophes, inconsciemment, pour que je vole de nouveau à son secours. J'avais dit à mes amis que même s'il m'appelait de l'hôpital, de la prison ou de la morgue, je ne lui répondrais pas ! Vous vous sentez tellement responsable de l'autre, vous, le Desperado, que vous vous laissez manipuler en permanence. J'ai dû travailler fort pour me rentrer dans la tête et dans le muscle que je n'étais pas responsable de lui. Quelle délivrance, le jour où j'ai réussi ! Souvenez-vous que vous n'êtes responsable de personne et que vous ne pouvez sauver personne d'autre... que vous !

Jules, alors qu'il avait quitté ma maison, vint un jour s'affaler sur mon tapis, en pleine crise d'asthme, laissant sa voiture en plein milieu de la rue, la portière ouverte. Pourquoi chez moi et pas chez sa maîtresse ? Il fallut que j'aille garer la voiture et que j'appelle un médecin. Une fois de plus, il appuyait sur le bon bouton, mais si le syndrome de Tarzan me poussait à m'occuper de lui, il ne me poussa pas jusqu'à lui faire le bouche à bouche ! Jules, côté sexe, n'eut jamais l'audace de me relancer et, de toute façon, ce qu'il avait fait me dégoûtait.

Quant à me sentir responsable de lui, j'ai battu là aussi un record : pendant les deux années du mariage, c'est moi qui payais les traites de la maison et les factures. Et le jour du divorce, je dus lui racheter sa part de la maison en lui remboursant sa mise de fonds mais également les traites qu'il n'avait pas payées pendant ces deux années. C'est la loi française qui veut ça. Quand il est enfin parti de la maison, avec plus de 60000$ en poche, me laissant dans les dettes et ne payant pas la pension, je me sentis obligée d'acheter pour lui tous les accessoires de cuisine et de salle de bain pour équiper son appartement. Bien qu'il n'ait participé à aucun achat de meubles pendant notre union, je me sentais coupable de le mettre dehors sans rien. Tarzan, quand tu nous tiens !

Chacun est responsable de sa propre vie, névrosé ou pas. Si vous retournez toujours vers la personne qui vous fait du mal, c'est que vous avez encore quelque chose à apprendre de cette relation et c'est un choix que votre entourage se doit de respecter. Si quelqu'un se couche devant les roues de votre voiture pour vous en empêcher, vous lui roulez dessus sans hésiter ! Vous avez également compris que si votre ex fait les quatre cents coups, c'est pour réveiller votre syndrome du sauveur. Aucun adulte n'est responsable d'un autre adulte en matière de relations intimes. J'ai « coaché » une femme qui souhaitait échapper à un homme qui lui nuisait. Elle réussit à le quitter, pour y retourner quelques semaines plus tard. Croyez-vous que j'étais fâchée ? Pas du tout. Tant va la cruche à l'eau qu'elle se brise... Elle est juste parfois très très longue à briser ! Et elle n'est pas « cruche », elle est en dépendance… J'étais là pour l'accompagner, pas pour la juger; et je comprenais qu'elle n'avait pas encore suffisamment regonflé son estime et sa confiance pour être capable de cesser de le voir. Vous avez besoin de toucher le fond de l'horreur pour être capable de réagir, et votre seuil de tolérance est aussi élevé que votre estime et votre confiance en vous sont bas.

Si vous trouvez un gros animal blessé dans la forêt, un sanglier ou un ours, il ne vous vient jamais à l'idée de vous en approcher pour le soigner. Trop risqué ! Vous faites appel à des personnes compétentes dont c'est le métier. La différence, avec les humains, c'est que vous ne voyez pas leurs profondes blessures, les trous béants qu'ils ont dans le cœur dus à leur passé. En parfait Desperado, vous vous en approchez si près que vous vous y attachez, pensant pouvoir les sauver et… vous vous faites bouffer !

14.

Une nouvelle relation, c'est comme le tableau de bord d'un avion

Comment se fait-il que vous n'ayez rien vu venir? Mais parce qu'on vous a fait croire que l'amour rend aveugle. Faux! Ce sont les névroses qui vous font perdre de vue la réalité. Elles vous poussent, les yeux bandés, vers ceux qui vont les nourrir. Quelqu'un m'a dit un jour, après son divorce, que l'amour est aveugle mais que le mariage rend la vue. Beau discours aux relents de Tarzan!

Pour évaluer vos chances d'être heureux avec celui ou celle que vous venez de rencontrer, considérez votre nouvelle relation comme le tableau de bord d'un avion, avant le décollage. Vérifiez, avant de décoller, qu'aucun voyant lumineux rouge n'est allumé. Certains clignotent mais vous refusez de les considérer: vous souhaitez tellement convoler! Il se peut que ce soit juste pour vous signaler un manque de carburant ou d'huile, ce qui peut se régler. Il se peut également qu'ils vous indiquent un problème majeur comme les moteurs qui pourraient tomber en panne en plein vol. Au lieu de sortir de l'avion en courant, vous choisissez de décoller... les yeux fermés!

Pour ma part, Jules avait «oublié» de me dire qu'il vivait une relation éclectique avec une maîtresse depuis de nombreuses années. Ça commençait à clignoter, non? Il a ensuite rompu avec moi plusieurs fois, autant que j'ai pu rompre avec lui, puis, pour finir, m'a trompée avec son ex-maîtresse qui se fit un plaisir de m'en informer. Le coup du yoyo est classique dans les couples en dépendance affective. Chez les gens équilibrés, s'il y a séparation, il n'y a qu'un seul joker: une seule nouvelle tentative est acceptée. Chez les autres, c'est un abonnement au mois, voire à l'année. Pour en revenir à mon tableau de bord: c'était un véritable «flipper»! (machine à boules). J'aurais dû attraper le premier parachute et sauter. Mais je considérais que j'étais tombée amoureuse de lui, que je n'y pouvais plus rien (balivernes !) et que j'allais le remettre sur le droit chemin. Le rendre heureux malgré lui. Belle utopie !

C'est quand même fou de décoller les yeux fermés, de rester ainsi pendant tout le voyage, même quand vous êtes en train de vous écraser. Plusieurs années après le crash, vous êtes encore capable de refuser de les ouvrir, parlant avec nostalgie de celui qui vous a broyé.

Avec Jim, le tableau de bord ressemblait à un sapin de Noël : ça clignotait de tous les côtés ! À 22 ans, son père voulait le mettre à la porte (je comprends maintenant pourquoi !) quand je l'ai récupéré. Il était également sur le point de perdre son emploi, plus tout un tas de détails que je vous épargnerai. Mais Super Pascale allait le sauver ! Le résultat, vous le connaissez.

Je me suis amusée à tester mon fameux tableau de bord sur tous les garçons que j'ai bibliquement croisés et j'ai été sidérée de constater qu'ils clignotaient tous. Pendant près de vingt-cinq ans, je n'ai pratiquement fréquenté que des névrosés et comme j'étais certaine que les extrêmes s'attirent (ça, c'est uniquement dans le monde des aimants !), j'étais persuadée que c'était mon grand équilibre que ces gars recherchaient. Les hommes équilibrés ont dû passer tout droit et ils ont bien fait. Si vous ne rencontrez que des personnes qui ont un problème, c'est parce que vous les attirez.

Depuis, j'ai une théorie : regardez tous vos ex et vous comprendrez vos névroses. Ça marche aussi pour la personne que vous venez de rencontrer : étudiez les siens. Et puis, quel est le dénominateur commun entre tous les névrosés que vous avez fréquentés ? Vous, bien sûr ! Ça y est, vous venez de comprendre.

J'ai un autre truc pour vous aider à identifier les pirates de l'air : comparez la nouvelle personne à vos ex et regardez si vous trouvez des points communs. Ou encore, comparez-vous à ses ex et faites le même exercice. Et si vous n'avez pas le recul nécessaire pour l'estimer, demandez à vos meilleurs amis ; ils ont souvent l'œil pour remarquer que le nouveau ressemble comme deux gouttes d'eau à l'ancien. Une de mes meilleures amies, après avoir rencontré Jim, me prévint du danger. Comment pouvais-je accepter cette mise en garde, convaincue que j'étais d'avoir trouvé l'homme idéal?! J'ai envoyé promener mon amie, qui a patiemment attendu que je me rende compte, par moi-même, que je redoublais ma classe.

Au sujet des ex de votre nouvelle conquête, permettez-moi de vous démontrer que, lorsque vous tombez sur une personne touchée par le syndrome de Tarzan, il y a de fortes chances pour que celui ou celle qui vous a précédé soit atteint aussi. Pire encore s'ils ne sont pas séparés parce que vous mettez le doigt dans un engrenage vraiment infernal: le conjoint quitté ne vous lâchera pas et s'acharnera sur vous comme un chien enragé, croyez-moi!

L'ex-relation éclectique de Jules s'acharna sur moi pendant neuf ans: du moment où elle découvrit notre relation (s'il avait simplement oublié de me parler d'elle, il lui avait malheureusement parlé de moi!), jusqu'à ce que je le jette à la porte. Il faut le vivre pour croire ce qu'un dépendant en manque est capable de faire. Rien ne pouvait l'arrêter, tous les coups étaient permis et surtout les plus bas. Un exemple? Jules et moi vivions ensemble depuis six mois et elle nous annonça qu'elle était enceinte de lui de... six mois. Plutôt ronde, pas facile de vérifier à l'œil nu. Jules resta sans réaction. Elle m'appela donc pour me dire que ce serait un garçon et qu'elle allait faire vérifier le «liquide ammoniacal», car elle avait plus de 45 ans. Une femme enceinte, imprégnée du vocabulaire lié à la grossesse, ne se trompe pas de liquide! Je compris de suite qu'il s'agissait encore d'une manœuvre désespérée pour récupérer Jules, son «dealer» d'affection. Avant de raccrocher, je lui proposais d'appeler son fils Ajax. Le lendemain, elle appela le présumé père pour lui dire que l'enfant était mal formé à cause de lui et qu'elle avait été obligée d'avorter. Étrange car elle ne mit jamais les pieds dans un hôpital. Puis vinrent les messages sur le répondeur, plus grossiers les uns que les autres. Surtout celui où elle essaya, dans un langage très cru, de me convaincre de trouver un autre homme, argumentant qu'elle avait un certain appétit sexuel et qu'à son âge elle aurait du mal à en trouver un autre. Parlez-moi d'amour! Elle alla jusqu'à me proposer de payer le loyer d'un magnifique appartement dans lequel nous vivrions, lui et moi, et pendant que je serais au bureau, elle viendrait se « rassasier » !

Les attaques redoublèrent après le mariage et comme sa rage grimpa en flèche quand elle apprit que j'étais enceinte, elle proféra des menaces de mort sur l'enfant que je portais, puis me pourchassa jusqu'à la maternité. Je finis par porter plainte, apportant les kilomètres de bandes enregistrées de messages savoureux qu'elle me laissait, pornographiques à souhait, et toutes les preuves que j'avais pu réunir contre elle. La police en fut sidérée. Elle reconnut tout ce dont je l'accusais mais ne lâcha pas prise pour autant. Aux premiers signes d'adultère, je prévenais Jules que, s'il faisait un faux pas, je savais qui m'en informerait. Elle m'envoya une télécopie, qu'elle croyait anonyme parce qu'elle ne l'avait pas signée, ignorant que les seuls détails qui n'y figuraient pas étaient ses mensurations, pour m'annoncer qu'il me trompait et avec qui. Après la naissance de ma fille, je continuais à être harcelée par l'ex-maîtresse mais également par la nouvelle, puisque la vérité ayant enfin éclaté, elle revendiquait son butin. Et lui refusait de quitter la maison, laissant la précédente et la suivante s'acharner sur moi. Vous comprenez ma joie, le jour où il fut dehors : ce n'est pas d'une seule personne dont je me débarrassais, mais de trois ! En fait, ce fut de quatre. Parce que l'ex-maîtresse avait un conjoint qui avait béni leur relation pour avoir la paix. Paix qui avait volé en éclats depuis que j'étais entrée dans le tableau. Alors, lui aussi s'en prit à moi. Quand je vous dis de faire attention où vous mettez les pieds !

Deux ans plus tard, je faisais entrer un autre loup dans la bergerie.

Je ne vous le recommanderai jamais assez : quand vous rencontrez quelqu'un, assurez-vous que ses relations sont correctes avec ses parents, vérifiez comment ça s'est passé avec l'ex ou les ex. Si la personne est déjà en couple, soyez bien certain qu'il s'agit d'une véritable histoire d'amour et non une autre histoire de névrosés, parce que vous aurez affaire, en plus, au conjoint ! Cependant, trouvez-vous normal qu'une personne déjà en couple en fréquente une autre ?... Tarzan ne serait-il pas caché dans un recoin ?

15.

Vous avez convolé avec un Desperado

Considérons maintenant la situation en couple. Vous avez fait le grand saut avec un Desperado et vous êtes donc pendu à votre liane. Vous vivez ensemble pour le meilleur (votre conjoint est votre tout dévoué !), mais le pire est à venir. Vous avez vérifié votre tableau de bord, à forte prédominance de clignotants rouges, mais vous en avez déduit que vous allez être choyé, dorloté. Et même si le moteur a quelques ratés, car il y a malgré tout des choses chez votre partenaire qui vous agacent, vous pensez que le décollage s'est plutôt bien passé. Puis, au fil du temps et des événements, le vernis commence à craquer, vos névroses respectives font surface et les turbulences commencent à secouer.

Cela peut mettre du temps avant de commencer à se dégrader, cependant je vous rassure : si vous avez considéré honnêtement votre tableau de bord et qu'il ne s'est jamais allumé ou que très peu, aucune raison que quoi que ce soit ne se produise plus tard. Vous pouvez être heureux et (con)voler en paix !

Il est donc temps d'attacher vos ceintures, ça va brasser : vous consommez l'affection et tout ce qu'un Desperado peut vous donner, bien que parfois, ce ne soit pas assez. Il vous fatigue avec ses attentes et ses plaintes, vous donnant toujours le mauvais rôle : celui du méchant. En plus, votre conjoint est toujours après vous, à réclamer de l'attention, comme un bébé, à vous demander si vous l'aimez, parce qu'il a besoin d'être rassuré. Et ce n'est pas en lui faisant comprendre peu aimablement qu'il dérange que vous y parviendrez. Vous commencez à le couvrir de reproches en réponse à ceux qu'il vous fait. Mais s'il croit que vous allez changer, il peut toujours rêver ! Cependant, il a beau se plaindre, il se plie toujours à vos quatre volontés alors que vous lui menez parfois la vie dure, surtout avec votre jalousie. C'est vous qui tenez les rênes, voire les cordons de la bourse, et l'autre est là pour exécuter et veiller sur votre bien-être.

Vous reconnaissez-vous dans ce portrait sans complaisance du Trou noir affectif ? Non ? Que signifie alors ce petit sourire en coin ? Je sais, vous avez peut-être reconnu votre conjoint !

16.

Vous voilà lié à un Trou noir affectif

Que dit votre tableau de bord ? Vous lui tournez le dos. Parce que, croyez-moi sur parole, il en a des problèmes à vous signaler ! Inutile de le considérer puisque vous avez trouvé la personne idéale, que vous allez chouchouter et sauver. Vous voilà plein d'égards et d'affection, et si l'autre n'y répond pas, c'est parce qu'il n'a pas fait attention, mais ça viendra... D'accord votre relation est unilatérale, mais vous allez le faire changer. Avec le temps, votre Trou noir affectif, au lieu de se radoucir, en demande toujours plus et devient grincheux. Il ne vous dit jamais qu'il vous aime, pas de petites surprises ni de petits cadeaux ou rarement, et encore moins de mercis. Alors pour lui montrer votre attachement, vous redoublez d'effort, pensant qu'il finira par comprendre, mais il ne fait que prendre. Vous lui trouvez donc des excuses : le stress, la fatigue, il n'a pas été élevé dans l'affection mais il va s'y faire, etc. Et tranquillement, votre vie devient un enfer, parce que trop de SCC, qui vous paraissaient justifiés au début de votre relation, sont devenus insupportables. La folie des premiers temps s'étant dissipée rapidement, le quotidien prend le dessus, et le sexe, la clef des champs. Au lieu de prendre vos jambes à votre cou pour fuir le champ de bataille, vous vous acharnez.

Autre point que j'aimerais aborder : quand vous êtes en couple par attachement névrotique, il se peut qu'un jour, ayant évolué, vous rencontriez la bonne personne, célibataire ou mariée. Si elle est également mariée et a travaillé sur son épanouissement personnel, elle ne sera plus non plus une adepte de Tarzan. Vous êtes vraisemblablement faits l'un pour l'autre et il faut beaucoup de courage pour briser un, voire deux ménages et vous donner droit au bonheur. Ceux qui sont quittés le prennent très mal et vous savez maintenant pourquoi. Attention aux retombées, mais ça ne doit pas vous arrêter.

Quand mon mari m'avoua enfin, avec notre fille d'un mois dans les bras, qu'il « avait plus de sentiment pour sa maîtresse que pour moi », inutile de vous dire que *le Ciel me tomba sur la tête*, comme disent les irréductibles Gaulois. Pourtant, je lui répondis que le fait que nous soyons mariés et que nous ayons une petite fille ne le protégeait pas de tomber amoureux de quelqu'un d'autre. La seule chose à faire était donc de divorcer, puisqu'il disait en aimer une autre. Je quittai la pièce, parée de toute ma dignité, et montai dans la chambre pour hurler toute la souffrance que j'éprouvais. Malgré le choc et la douleur, jusqu'ici, je pouvais comprendre la situation. Mais le lendemain, quand il vint me dire que d'elle il n'avait rien à faire, tout bascula. Parce que ça, je ne pouvais pas l'accepter : qu'il m'ait fait mener une vie infernale pendant toute ma grossesse et même après, pour une simple histoire de fesses et non pour une histoire d'amour, n'était pas supportable. J'entrai dans une colère noire parce que j'eus, dès lors, l'impression d'être la cible de deux désaxés sans foi ni loi, et non de faire obstacle à une belle histoire d'amour. Parce que, si tel avait été le cas, ma décision de divorcer aurait dû faire cesser les combats entre sa maîtresse et moi. Au lieu de cela, ses attaques redoublèrent. Il refusait de quitter la maison et refusait aussi de dormir sur le canapé, prétextant que le lit était aussi à lui. C'était à moi de dormir ailleurs ! Je fis appel à la police qui m'expliqua que tant que le divorce n'était pas définitivement prononcé, il avait le droit de rester là. Et pendant ce temps-là, ma colère nourrissait ma violence...

Son incapacité à quitter la maison démontre bien que le père de ma fille était incapable de sentiments et ne fonctionnait que par attachement : je le dégoûtais parce que je portais son enfant, alors il avait pris ailleurs le plaisir sexuel qu'une autre lui offrait. Puis, quand je parlai divorce, alors que notre fille était parfaitement normale (son ex l'avait convaincu qu'il aurait un enfant anormal) et que j'avais retrouvé ma taille de guêpe, il préféra la sécurité du foyer. Son instinct de survie, en bon Trou noir affectif qu'il était, le poussait vers la solution de facilité. Il me reprocha même de ne pas l'avoir obligé à quitter sa maîtresse. Dans mon monde à moi, c'était à lui de prendre cette décision et non à moi. Et puis, après étude de ses comportements et de la personne avec laquelle il m'avait trompée, après avoir fait le tour de toutes les souffrances que j'avais endurées, je compris que nous n'avions pas d'avenir en commun. Je m'étais obstinée à croire pendant neuf longues et horribles années que Jules pouvait encore m'apporter ce que je recherchais. Le soir où j'ai posé les yeux sur le couteau et que j'ai failli le tuer, j'ai su qu'il me fallait réagir. C'est pour couper la liane que je m'en suis servi, au lieu de trucider mon mari. Je vous raconterai ça plus tard.

Il y a plusieurs degrés dans la dépendance, ce qui définit votre seuil de tolérance à la souffrance. Plus vous avez eu de carences dues à votre enfance, plus vous reculez votre seuil de tolérance, plus l'échec vous rend agressif. En ce qui me concerne, j'avais suffisamment manqué d'affection et de reconnaissance pour tomber dans les bras de Tarzan, mais pas au point de souffrir éternellement. Si, à un moment donné, vous réalisez que l'autre vous montre des extraits d'un film d'horreur, réagissez !

Malgré l'enfer que j'avais déjà connu avec Jules, je n'ai pas réagi : j'ai persisté et j'ai signé, épousant le Dr Jekyll et me retrouvant à vivre avec Mister Hyde. Le monstre qu'il était devenu, je ne le reconnaissais plus. Les livres de grossesse vous préviennent au sujet des bonheurs, mais n'indiquent rien au sujet des futurs papas qui, névrosés, peuvent se sauver ou se saborder. Personnellement, j'aurais préféré qu'il se sauve, j'aurais au moins eu une grossesse paisible : agressif et cruel le peu de temps qu'il passait avec moi, absent le reste du temps, même la veille de l'accouchement. Je ne le reconnaissais plus, il devenait un étranger doublé d'un tortionnaire et je me taisais, pensant que le jour où il tiendrait son enfant dans ses bras, il saurait où il en était. Le miracle ne se produisit pas, ses névroses étant trop bien implantées. Il continua ses escapades et je dus donc aviser.

Il faut bien comprendre, encore une fois, que son objectif n'était pas de me détruire. Il essayait vainement de ne pas souffrir : ses angoisses l'étreignaient tellement qu'il passait ses nuits dehors, à boire et à me tromper. Vous avez certainement dans votre entourage une personne qui, du jour au lendemain, bascule complètement, sans raison apparente, et détruit sa vie. Des raisons elle en a, elle peut parfois les expliquer et parfois pas. Au lieu de se faire aider, elle se laisse couler, faisant beaucoup de dégâts autour d'elle. Souvenez-vous qu'elle ne veut pas noyer le maître-nageur, elle cherche juste à respirer. Mais seul un professionnel peut intervenir.

Avec Jim, j'ai également connu l'enfer. Tout heureux dans les débuts de se mettre sous l'aile protectrice d'une femme plus âgée, flatté aussi, ayant retrouvé une matrice, il fut adorable les premiers temps. Puis les choses se gâtèrent rapidement, au moment où la santé de mon père déclinait et que je laissais Jim me gâcher les derniers jours avant son décès. Il sortait tous les soirs (lui aussi !) parce qu'il se demandait si son avenir était vraiment avec une mère de famille de quinze ans son aînée. Ce que je comprenais, une fois de plus. Je refusais néanmoins ce qu'il exigea : que des filles puissent l'appeler chez moi, puisque nous faisions chambre à part. Lui n'eut pas le choix que de dormir sur le canapé. Une fois de plus, je ne reconnaissais pas le monstre qu'il était devenu. Jusqu'au jour où j'ai atteint mon seuil de résistance et décidé de m'en débarrasser. C'est bien là que la fièvre entra en scène, réveillant mon virus de Tarzan : chic alors, il était malade et avait besoin de moi, digne émule de Mère Teresa. Puis, il y eut l'accident de moto. Au lieu de me rendormir paisiblement quand la police m'appela en pleine nuit, le laissant à son triste sort, j'enfilai ma tenue de Super Pascale et volai, de nouveau, au secours. L'accident lui avait soi-disant remis les idées en place et j'étais de nouveau la femme de sa vie. Que croyez-vous que je fis ? Je le crus ! Ça m'arrangeait tellement. Et je décidai donc de l'emmener avec nous au Canada, payai ses dettes et son émigration. Et Tarzan était heureux, il jubilait ; cramponné à sa liane, il avait repris du service !

Avouez que je battais des records : si je n'ai jamais eu la cravache d'or décernée au meilleur jockey de l'année, j'avais largement mérité l'Oscar de la dépendance affective ! Je me faisais tromper, plumer, tondre, détrousser, bafouer, molester et j'en redemandais !

Ai-je manqué de courage ? Non, je répondais seulement à ma mauvaise programmation : entre émigrer seule pour commencer une nouvelle vie et emmener avec moi mes névroses et celui qui les nourrit, j'ai choisi. De toute façon, rien ne sert de culpabiliser. Vous avez tout à gagner à vous pardonner. Je n'ai pas été plus brillante que quiconque dans ma dépendance affective et si j'ai commis bien des actes dans lesquels je ne me suis pas reconnue, je n'en rougis pas. Je préfère en rire et je vous promets que, quelle que soit votre situation, si vous prenez les bonnes décisions, vous en rirez un jour aussi.

Comprenez-vous maintenant pourquoi je parle d'attachement névrotique et non de sentiments ? Quand j'accompagne une personne en dépendance affective et que je lui explique que ce n'est pas de l'amour qu'elle éprouve, elle est toujours surprise car elle croit vraiment aimer. Bien sûr, elle a gobé tout cru qu'aimer, c'est souffrir ! Alors comme elle souffre beaucoup, elle croit qu'elle aime beaucoup. C'est ainsi que ses parents l'ont programmée : ils ne l'ont pas aimée, donc c'est ainsi qu'elle n'aime pas non plus. En revanche, c'est ainsi qu'elle s'attache, se lie à Tarzan. Comment saurait-elle d'ailleurs ce qu'est aimer ? Personne ne le lui a montré. L'amour, c'est tout sauf la souffrance, car il nourrit le bonheur, pas la douleur. Et comme l'être humain a peur de ce qu'il ne connaît pas, eh bien l'amour, le vrai, peut l'effrayer. En ce qui me concerne, je l'ai rencontré et comme j'y étais prête, ayant été une célibataire heureuse, j'ai accueilli cet homme dans ma vie tout naturellement. Comme je m'aime, je comprends ce qu'il apprécie chez moi et vice versa. Ai-je été exposée à d'autres petites mines de fond issues de mon passé dans ma nouvelle relation ? Vous le saurez bientôt... Cependant, je suis bien placée pour savoir les gérer. Quand une immense vague de bonheur vous arrive dessus, il faut savoir surfer et, au pire, vous vous noyez... dans l'amour et la volupté ! C'est ce que je fais : j'en jouis chaque jour, surtout après onze années de célibat...

17.

Vous ne pouvez pas être le psychothérapeute de votre (futur) conjoint

Si vous comprenez que vous n'êtes pas responsable des autres, et surtout pas de votre conjoint, à part vos enfants et encore jusqu'à la majorité, vous avez fait un grand pas en avant.

Me sentant responsable de Jules et de Jim et de quelques autres, je les laissais me faire les quatre cents coups, même après la séparation, entretenant leurs névroses puisque je cédais encore sur tout. J'ai beaucoup supporté du premier après le divorce, parce que je voulais conserver un père à ma fille, bien qu'il ne paya pas la pension et rechigna à venir la voir. Aujourd'hui, je suis une ex-femme inexistante, car je ne communique avec lui que très rarement, et s'il me parlait toujours sur un ton sec pendant sa relation qui dura quatorze ans avec celle qui fut sa maîtresse sous mon règne, il est devenu beaucoup plus courtois depuis qu'il n'est plus avec elle. Ce que Jules m'a fait vivre après le divorce m'a convaincue de ne garder aucun contact avec Jim.

Quand vous découvrez que la personne que vous fréquentez présente des névroses dignes de professionnels – dépression, jalousie excessive, comportement maniaco-dépressif, alcoolisme, drogue ou tout autre dysfonctionnement –, la sagesse veut que vous vous en éloigniez. Vérifiez que ce sont ses qualités qui vous attirent, et non ses faiblesses et ses défauts. Regardez-y à deux fois avant de vous lancer, sinon, un beau jour, ça risque d'être très lourd à porter. Si vous vous investissez, malgré tout, dans cette relation, c'est que Tarzan vient de se réveiller : vous voulez sauver cette personne à tout prix. Et une fois engagé, vous vous en sentez responsable, d'autant que l'autre met tout en œuvre pour jouer du violon sur vos cordes sensibles et vous êtes coincé : le piège s'est refermé.

Le malheur ne se partage pas : si vous êtes malheureux, soyez-le seul dans votre coin le temps de le régler. Le bonheur, lui, vous pouvez en faire profiter tout votre entourage et, surtout, votre conjoint !

Les psychothérapeutes eux-mêmes (pas si fous !) ne suivent pas leur propre conjoint, les envoyant chez des confrères. D'ailleurs, vous ne pouvez être le thérapeute ni de votre conjoint, ni d'un ami, ni d'un membre de votre famille. Le Docteur Milton H. Erickson, éminent psychiatre à l'origine de la PNL et créateur de l'hypnose éricksonienne, disait d'emblée aux personnes qui le consultaient : « Je ne suis pas votre ami, car vos amis n'ont rien pu faire pour vous, sinon vous ne seriez pas ici. » Et même si vous êtes persuadé que l'amour est plus fort que tout, je peux vous dire, d'expérience, qu'il n'est pas plus fort que les mauvaises programmations. En revanche, il est capable de réparer les petits manques de confiance en soi, issus du passé.

Il faut bien reconnaître qu'entre 20 ans et 35 ans, vous n'êtes pas équipé pour détecter une névrose chez l'autre. Vous foncez dans la vie comme un jeune chiot, tout feu tout flamme, vous faisant les dents sur les premiers qui passent, le temps de faire votre apprentissage. Surtout si aucun aîné ne peut vous éclairer. Et même s'il y en a un qui le fait, l'écoutez-vous ? Mon père connaissait Jules et surtout ses problèmes. « Tu sais qui il est et tu sais ce que tu fais ? » m'avait-il demandé. « Oui », ai-je répondu, pensant « moi, je vais le sauver » ! Il avait flairé les problèmes, pour le deuxième aussi. Mes parents eurent la sagesse de ne pas insister et d'attendre avec la pelle et la balayette en main pour ramasser les morceaux, une fois que je serais brisée. Je devais faire ma propre expérience puisque je résistais aux conseils qu'ils essayaient de me donner. Insister m'aurait séparée d'eux. Vous apprenez beaucoup de vos victoires et encore plus de ce qui a mal tourné.

Et si je vous disais que la dépendance affective influence également les comportements dans les relations sexuelles et que c'est également un domaine que vous pouvez parfaitement améliorer ?

18.

Madame Desperado est prédisposée à la simulation et Monsieur Desperado, à l'abolition du sexe

Votre programmation, Madame Desperado, vous pousse à vouloir faire plaisir et vous êtes prête à tout, enfin du moins à beaucoup, pour satisfaire votre conjoint et surtout au lit. Vous souriez, Monsieur Trou noir affectif, car vous en saisissez les avantages. Mais devinez ce qui va se passer si vous n'êtes pas à la hauteur et qu'elle ne veut pas vous faire de peine? Elle va simuler! Vous ne souriez plus? Elle flatte votre ego, vous conduit à l'extase, où elle ne vous suit pas.

Mais à vous, Monsieur, on ne vous la fait pas. Vous savez parfaitement quand Madame simule ou pas. Vous pariez? Il y a beaucoup plus de Sally que vous l'imaginez, capable de chanter toute la gamme sans que vous ne vous doutiez qu'elle y met toute sa voix, mais pas son corps, pour que vous en finissiez.

L'ai-je fait? Bien sûr! Surtout quand le petit-déjeuner n'était pas compris. En Desperado accomplie, je préférais flatter son ego et le renvoyer rapidement dans ses quartiers, satisfait. Que celle qui n'a jamais simulé me jette la première pierre!

Que celui qui pense ne jamais avoir été dupé en mette sa tête à couper. Toute vérité n'est pas bonne à dire et encore moins à entendre, n'est-ce pas?

Pourtant, Monsieur, il y a une façon très simple de vérifier. Encore faut-il que votre ego vous le permette. Voici le secret: quand vous jouissez, homme ou femme, le rythme cardiaque s'accélère. Si celui de Madame, juste après l'orgasme, bat au rythme de l'horloge à balancier de votre grand-mère, soit elle est une athlète de très haut niveau (il n'y a que ça pour vous sauver), soit elle ne jouit pas. Et je ne parle même pas des contractions vaginales, j'imagine que vous êtes déjà au courant. Mieux vaut parfois allumer une cigarette, après l'amour, plutôt que poser amoureusement sa tête sur le cœur lymphatique de Madame...

Quant à vous, Madame, sachez qu'un homme peut envoyer à l'assaut son armée de fiers combattants sans avoir joui pour autant. Il se peut que la sensation locale n'ait pas eu le temps de monter jusqu'au cerveau, ne s'exprimant que mécaniquement. Vous pensez que tous les hommes jouissent de la même façon et avec la même intensité? Regardez donc plus loin que le bout de votre ego, vous aussi.

Revenons à Madame Desperado. Ce n'est pas facile pour vous de jouir parce que, dès les premières relations sexuelles, vous préférez simuler pour lui faire plaisir plutôt que lui expliquer qu'il ne s'y prend pas bien. Du coup, vous ne connaissez pas le plaisir sexuel ou juste un peu et pas forcément les deux (vaginal ou clitoridien), car vous n'avez jamais poussé l'expérience assez loin. Et quand le Trou noir affectif s'assied sur le bord du lit, rassasié, et qu'il vous dit, sûr de lui: «Alors, heureuse?» vous lui répondez «Oui».

Quant à vous, Monsieur Desperado, suivez le conseil de Candide en cultivant votre jardin. Et si vous tirez plus vite que votre ombre quand il est temps de l'arroser, apprenez à quel moment arrive l'eau dans le tuyau. Il vous faut le dérouler et jouer avec le robinet pour apprendre à bien l'utiliser. Abolir le sexe dans votre vie n'est pas la solution. Mettez de côté la pudeur et travaillez à un avenir meilleur au lieu de vous replier. Si, par ailleurs, vous éprouvez quelques difficultés à atteindre la jouissance, c'est normal car vous êtes trop concentré sur le plaisir de Madame et vous en oubliez le vôtre. Ne jouissant que peu ou pas, vous pouvez pilonner pendant des heures entières, si tant est que le pilonnage intéresse la dame. Quoi qu'il en soit, ne laissez pas tomber votre tuyau, même si vous n'avez rien à arroser: restez en contact avec votre libido, et profitez de ces temps morts pour expérimenter de nouvelles voies et laisser galoper votre imagination.

Madame Desperado, vous devez aussi découvrir votre corps, ce que vous n'avez peut-être pas fait avant de débuter l'expérience à deux. Une fois que vous avez votre propre mode d'emploi, vous pouvez joyeusement guider votre partenaire qui est alors sur la bonne piste pour vous faire découvrir d'autres fonctions et d'autres horizons.

Le corps est comme la nouvelle machine qu'on vient de livrer au bureau. Elle a le télécopieur, le photocopieur et le scanner incorporés, mais vous ne vous en servez que pour téléphoner. Tout simplement parce que vous n'avez pas été attentif au mode d'emploi, ni exploré toutes ses possibilités…

Bonne nouvelle : il n'est jamais trop tard !

Encore une fois, tous les Desperados ne sont pas ainsi, ils sont seulement prédisposés. Et puis n'allez pas imaginer que vous êtes le ou la seule à avoir des difficultés. Il y en a bien plus que vous ne le pensez, mais ils ne s'en vantent pas.

19.

Madame Trou noir affectif contrôle par le sexe, pendant que Monsieur Trou noir affectif se croit dans un libre-service

Vous, Madame Trou noir affectif, soit vous jouissez la première et tant pis pour lui, soit vous ne jouissez pas ; dans les deux cas, il n'a rien en retour et c'est bien ainsi que vous le tenez, ce bon Desperado, à votre service. Car vous êtes, en règle générale, une dominatrice. Et si un amant de passage ne vous envoie pas au septième ciel, vous le congédiez sur-le-champ, sans autre forme de procès. Vous contrôlez les hommes de toutes les façons possibles, allant jusqu'à déclarer un problème sexuel (ex. : frigidité ou saignements). Ainsi, vous faites l'amour le moins souvent possible, mettant le conjoint sur les dents et le culpabilisant en lui faisant comprendre que vous souffrez pour son propre plaisir. Imaginez ce que peut ressentir Monsieur Desperado ! Attention, cette sorte de manipulation sexuelle n'est pas consciente : si vous ne jouissez pas, c'est parce qu'on vous a programmée à penser que c'est sale ou dangereux et parce que c'est la stratégie de survie que vous avez mise au point pour obtenir des autres ce que vos parents vous ont refusé. Vous naviguiez en plein inconscient, mais plus maintenant car le voile est levé.

Avec vous, pas de simulation, sauf pour appâter votre victime (la bande-annonce du film) ; sinon, lassé, Monsieur pourrait bien se retirer...

Ou alors, en bon Trou noir affectif, vous dévorez tous les plaisirs que l'autre vous offre et, avant qu'il ait repris son souffle pour passer aux siens, vous êtes déjà dans l'escalier. Et chaque homme que vous rencontrez s'évertue à obtenir de vous ce que vous ne lui abandonnerez jamais.

Monsieur Trou noir affectif, vous êtes peut-être moins calculateur : vous arrivez à table, vous mangez et, une fois repu, vous repartez. Vous êtes venu pour prendre, dans tous les sens du terme. Et si d'aventure Madame Desperado se plaint de ne pas jouir, vous lui faites croire que c'est elle qui a des problèmes, alors que vous la prenez « à la hussarde », sans aucun préliminaire ! Et si elle éprouve quelques plaisirs, c'est juste pour l'appâter et la garder.

Le sexe est un monde parallèle dans lequel vous changez souvent totalement de comportement : le dictateur au bureau se fait fouetter les fesses dans l'intimité et la secrétaire timide se transforme en tigresse. Eh bien, le Trou noir affectif peut devenir un Desperado et le Desperado peut devenir un Trou noir affectif, dans la vie comme au lit.

Les problèmes sexuels se règlent quand vous cherchez la solution : la franchise et l'honnêteté sont de mise et vous pouvez jouer au jeu du chaud ou froid avec sincérité. Si Monsieur refroidit dans son exploration, Madame le lui dit et quand il chauffe, elle le crie ! Toute la mécanique est là, donc il suffit de trouver le bon bouton. Et ce que le subconscient bloque, il peut le débloquer. Travaillez sur vous et sur l'autre et vous serez, tous deux, récompensés.

Que pensez-vous, Madame, de parler franchement ? Et même si vous simulez depuis dix ans, Monsieur ne s'en offensera pas, car il sait maintenant pourquoi vous l'avez fait. Il est temps à présent de découvrir à deux le paradis perdu, où il allait tout seul jusque-là. Soyez compréhensifs des deux côtés, l'objectif n'étant pas de savoir qui a eu tort, mais plutôt comment rejoindre à deux les rivages du plaisir.

Il s'agit parfois d'un simple manque d'imagination. C'est pourtant l'imagination qui fait monter le désir; et quand le désir monte, le plaisir pointe. Si l'un des deux partenaires fait preuve de créativité, voire les deux, il entraîne l'autre sur le sentier secret de l'orgasme. La recette ? Un sevrage, par exemple, car les adultes, comme les enfants, marchent aux interdictions ou à une mise en scène pleine d'imagination. Donnez dans les fantasmes à fond! Et quand la crème fouettée est montée, il ne reste qu'à poser la cerise sur le gâteau!

S'il existe d'autres causes aux troubles sexuels que ceux générés par la dépendance affective, peut-être venez-vous de découvrir la solution aux vôtres...

Vous êtes maintenant conscient que, si vous lâchez Tarzan et ses lianes, vos comportements dans l'intimité ont toutes les chances de se modifier, voire même de se bonifier, et vous partez pour de grandes découvertes sur vous d'abord, puis sur votre prochain partenaire qui sera, cette fois, équilibré.

Quant à vos enfants, expliquez-leur le plus tôt possible qu'ils sont invités à explorer leurs propres jouets dans l'intimité, sinon ils ne connaîtront pas leur corps et ne sauront pas expliquer à leur partenaire ce qui leur fait plaisir.

Adepte de Tarzan ou non, quand vous êtes en pénurie de partenaire, profitez-en pour découvrir votre corps et développer votre imagination, grâce aux fantasmes qui nourriront votre prochaine relation. Ce sont les vertus et les avantages du sevrage. Personnellement, j'ai eu beaucoup d'imagination pendant ma longue période de célibat et celui qui en profite aujourd'hui ne s'en plaint pas! D'ailleurs, maintenant que l'amour fait partie de ma vie, j'ai découvert sur moi des informations que je ne possédais pas: quand je vous dis que la névrose bloque bien des choses! Mais vous me permettrez de rester discrète sur ce sujet...

20.

Devinez qui vous dénigrez en critiquant votre conjoint ?

Si vous avez une piètre opinion du sexe opposé, j'espère que vous êtes célibataire, sinon j'en conclus que la personne que vous avez attirée n'est pas très brillante, puisque vous la dénigrez. Pourquoi vivre avec un être aussi inférieur? Ne dit-on pas que votre conjoint est votre reflet? Pourquoi critiquer la personne avec laquelle vous vivez si c'est pour retourner chaque soir vous coucher auprès d'elle ?

Quand j'ai senti que mon mari me trompait, je n'ai rien dit à personne. Ni famille ni amis. J'ai joué la parfaite nouvelle épouse heureuse, car si je m'aventurais à décrire les souffrances qu'il m'infligeait, qui aurait encore pu le côtoyer? J'espérais qu'il retrouve ses esprits après la naissance de notre bébé et décide de quitter de lui-même sa maîtresse. Il ne l'a pas fait, alors j'ai décidé de divorcer, à la surprise générale, puisque nous semblions être (surtout moi !) le couple parfait.

Quand j'entends aujourd'hui le témoignage d'une personne qui souffre à cause de son conjoint, qu'elle dénigre auprès de sa famille et de son entourage, pour exiger finalement de tous qu'ils le respectent, je sais que ça ne peut pas fonctionner et je le lui explique. En fait, il existe deux personnes dont vous n'avez pas le droit de vous plaindre puisque vous pouvez vous en débarrasser: votre conjoint et votre patron.

Si vous critiquez la personne avec laquelle vous vivez, n'attendez aucune clémence de la part de votre entourage à son égard. Quels parents ou amis seraient-ils s'ils étaient capables de respecter celui ou celle qui vous fait du mal? Le mieux ne serait-il pas de vous séparer au lieu de leur faire porter ce que vous ne réussissez pas à régler?

Quant à vous, dans l'entourage, inutile de mettre la charrue avant les bœufs: tant que la personne n'est pas prête à quitter son conjoint, vous ne pouvez rien faire. Attendez patiemment qu'elle mûrisse et tenez-vous prêt à l'aider et à la soutenir, voire même à la ramasser en petits morceaux quand sa décision sera prise.

J'ai eu plusieurs amis dans cette situation et je n'abordais pas le sujet si eux ne le faisaient pas. Je me contentais de les écouter, sans juger. Ceux qui s'en sont sortis ont appris de leurs erreurs et la vie les a réparés: ils sont très heureux, en couple, aujourd'hui.

21.

Tu ne me fais plus souffrir, je te quitte !

La séparation est le premier pas que vous faites sur le chemin de votre futur bonheur. C'est également le premier geste pour entamer votre préparation à recevoir la personne qui est vraiment faite pour vous et vous pour elle.

Je connais tous les arguments avancés pour éviter de vous séparer, pour les avoir entendus de la bouche de ceux que j'accompagne et pour les avoir utilisés moi-même : entre autres, que vous avez beaucoup de points en commun, c'est pourquoi vous vous acharnez à sauver une relation qui, pourtant, vous fait souffrir, imaginant que l'autre va changer. Savez-vous qu'il existe des personnes équilibrées avec lesquelles vous avez autant, sinon plus, de choses à partager ? Et peut-être que c'est une bonne idée de commencer par être heureux seul, plutôt que souffrir à deux...

La décision de la séparation n'est pas facile. Elle génère beaucoup de peurs, de deuils, puis viennent les questions logistiques et matérielles. Je me souviens de la réponse de mon grand-père quand je lui ai parlé de ma difficulté à prendre une décision au sujet du divorce. Il m'a répondu : *Pose-toi trois questions :*

1. *Pourras-tu faire à nouveau confiance à ton mari ?*
   La réponse était non.

2. *Te vois-tu refaire l'amour avec ton mari ?*
   Pas du tout.

3. *Te vois-tu finir tes jours avec ton mari ?*
   Sûrement pas !

Il me regarda droit dans les yeux et dit : « Tu as ta réponse. » J'ai divorcé sans hésiter. J'utilise beaucoup ces trois fameuses questions pour aider ceux qui hésitent à se décider.

C'est une réflexion sur le long terme que mon grand-père me conseillait. Bien souvent, vous prenez des décisions à court terme pour ne pas souffrir dans l'immédiat, refusant d'en considérer les conséquences à long terme. C'est comme enlever un pansement: si vous tirez d'un coup sec, ça fait mal sur le moment, puis c'est réglé. Quand un héros reçoit une flèche qui lui traverse la poitrine, il faut bien l'arracher afin qu'il cicatrise. Vous n'êtes pas prêt à passer par une séparation parce qu'elle va rouvrir de vieilles plaies, celles liées au fameux type en costume tacheté qui traverse la jungle en hurlant. Certains attendent même que ce soit l'autre qui craque et s'en aille. Si c'est un Trou noir affectif, il est résistant et, je le sais d'expérience, vous allez attendre longtemps!

Personne, cependant, n'a le droit de vous dire quoi faire. Vous savez ce qui est bon pour vous et si vous refusez d'écouter votre instinct, c'est parce que vous ne pouvez pas aller plus vite que la musique: il est nécessaire d'être prêt à le faire. Peut-être ne souffrez-vous pas encore suffisamment pour accepter de regarder la situation en face? Prenez votre temps afin d'être solide sur vos bases le jour où vous vous déciderez. Il vaut mieux y mettre le temps et se séparer définitivement plutôt que se séparer tous les six mois et recommencer.

J'ai vu aussi bon nombre de personnes rester accrochées au souvenir des débuts de leur mariage. Votre conjoint était adorable pendant les premiers mois, puis ça s'est dégradé, et aujourd'hui c'est invivable. Mais vous attendez, passivement, que l'autre redevienne ce qu'il était au début. Au bout de quinze ans, c'est toujours le même refrain; et vous vous laissez détruire à petit feu, tombant dans une maladie grave ou une dépression. Est-ce que la peur de la solitude et de la précarité financière est plus forte que la peur de détruire votre santé? Il faut croire que oui: vous préférez être malade plutôt que détaché de votre liane.

Tout le monde souffre après une séparation, adeptes de Tarzan ou non, à cause du rejet, de l'abandon, du stress de vivre seul à nouveau, de ne plus être touché. Ce qui vous distingue ensuite, c'est la rapidité à vous raisonner pour faire le deuil de cette relation ou la faculté à refuser la réalité et à vous accrocher à l'autre, quitte à le reprendre plusieurs fois. Vous recommencez sans cesse la même chose qui ne marche pas. Je précise plusieurs fois car, ainsi que je l'ai déjà signalé, une séparation peut avoir du bon. Une, pas plusieurs et de façon chronique. Le syndrome de Tarzan vous fait souffrir démesurément parce qu'il y a dépendance et sevrage violent. La panique vous prend parce que le fait de couper avec l'autre vous coupe également votre oxygène. Il a fallu que je choisisse de rester en apnée plutôt que respirer au travers de Jules et de Jim, jusqu'à ce que je comprenne ma dépendance et que je la règle. Mais pendant tout ce temps, le sentiment d'injustice et les sensations d'étouffement et de grand vide étaient terriblement présents en moi.

En effet, l'émule de Tarzan est incapable de faire le deuil d'une relation et vous restez plus ou moins attaché à l'autre, en fonction de votre degré de dépendance. Pourtant heureux en couple aujourd'hui, il se peut que vous n'ayez pas chassé de votre esprit la précédente relation névrotique, qui fut souffrante bien que réparatrice : cette mésaventure vous a permis de comprendre ce que vous ne voulez plus vivre. Cependant, vous ne pouvez pas vous empêcher d'y penser. Maintenant, vous savez pourquoi, et il est temps de vous libérer de votre sentiment de culpabilité et de déception en le laissant partir avec vos mauvais souvenirs. L'autre ne vous a pas reconnu parce qu'il ne le pouvait pas, quoi que vous fassiez.

Qui dit dépendance dit sevrage. Sevrage d'affection et de toucher. Tant que ma colère me rongeait, j'en voulais à tous les hommes, à cause de ce que deux névrosés m'avaient fait, et il valait mieux ne pas m'approcher. Pendant le cauchemar avec le père de ma fille, je fus invitée à une soirée d'anniversaire à laquelle j'allais par amitié et tentais d'y faire bonne figure. Le lendemain, une amie m'appela pour me raconter qu'un des garçons avait eu un coup de foudre en me voyant entrer dans la pièce, mais n'avait pas osé m'approcher. Il lui avait demandé s'il avait une chance de me séduire, ce à quoi elle répondit qu'il valait mieux pour lui rester à distance, car j'étais bien capable de le mettre en pièces ! C'est effectivement ce que j'aurais fait. Les seuls contacts physiques que j'entretenais avec des hommes à cette époque n'avaient rien de romantique : je les frappais, je les jetais au sol et ils me le rendaient bien, pendant les cours de Ninjutsu.

Le temps apaise les plaies et, la colère passant, mon corps revendiqua ses droits : le manque commença à se faire sentir, se transformant peu à peu en douleur physique. Vous la connaissez cette souffrance qui vous tord les tripes et vous jette dans ce sentiment d'injustice : pourquoi mon ex-Desperado ou Trou noir affectif a-t-il retrouvé quelqu'un et pas vous ? Vous pensez que vous ne valez rien puisque toujours célibataire et vous l'imaginez s'ébattant joyeusement avec sa ou ses nouvelles conquêtes. À ce sujet, chaque fois que ces mauvaises émotions s'installaient, je me raisonnais immédiatement, sachant que c'est leur dépendance qui les jetait sur n'importe qui alors que, moi, je préférais attendre quelqu'un de bien. Et mon attente a été largement récompensée !

C'est dans cette période que les petits jeunes s'intéressèrent à moi et je passais beaucoup de temps à flirter plutôt qu'à coucher avec eux. J'avais plus besoin d'hommages que de sexe. Pendant mon célibat, j'avais des désirs mais pas des besoins en tant que tels, car je savais que plus j'attendrais, plus je gagnerais en sérénité et je me plaisais à croire que lui aussi. Et c'était vrai ! Ma motivation était la qualité de ma future relation et non l'apaisement de la souffrance due au manque affectif.

Et chaque seconde qui passait me rapprochait de lui...

Vous remarquerez que, lorsque l'autre vous quitte, c'est souvent vous qui créez un lien, une sorte de tuyau dans lequel passent votre déception (après tout ce que j'ai fait pour lui, il m'a laissé tomber), votre culpabilité (je n'en ai pas fait assez) et votre espoir qu'il revienne. C'est vous qui alimentez ce qui vous rattache à l'autre. Et vous pensez à lui sans arrêt. En fait, vous déformez la réalité jusqu'à ce qu'elle vous fasse souffrir, pas par masochisme, mais par programmation : votre conjoint est parti ou vous l'avez mis à la porte parce que vous ne pouviez plus vivre ensemble. Voilà la vérité. Coupez donc ce tuyau et cessez d'imaginer que c'est lui qui l'a créé. C'est vous, et vous pouvez le couper. Lui a le sien qui le relie à vous, qu'il se débrouille !

Quand vous pensez à votre conjoint et que les seules images qui vous viennent à l'esprit sont celles de la désolation et de la souffrance, n'avez-vous pas une décision à prendre? Et quand, après la séparation, vous ne pensez qu'aux bons souvenirs, alors qu'il vous a fait vivre un enfer, seriez-vous en train d'attendre qu'il revienne? En revanche, si votre mémoire n'a retenu que le plus noir, la porte est définitivement fermée pour lui. L'amour ne s'efface pas; l'attachement, oui. Cela signifie simplement que les mauvais souvenirs vous servent de bouclier pour vous protéger de l'envie de reprendre cette personne. Gardez bien à l'esprit les difficultés que vous avez eues à vous en débarrasser!

Dans une histoire de névrose, un clou chasse l'autre. Vous croyez mourir après la séparation et le suivant vous fait oublier le précédent. Pas dans une histoire d'amour. Parce que lorsque vous aimez, c'est pour la vie; seule la mort peut vous séparer ou des circonstances indépendantes de votre volonté.

Celui qui refuse de refaire sa vie après un veuvage est lui aussi atteint par le syndrome de Tarzan, car il reste désespérément accroché à une mémoire. Dans ma philosophie de vie, quand vous passez de l'autre côté, vous devenez meilleur, donc capable de comprendre que celui qui reste a le droit d'être heureux avec quelqu'un d'autre. Au lieu de cela, vous vous enfermez dans votre culpabilité, refusant d'être heureux sans l'autre, qui, assis sur son nuage, essaie de vous faire comprendre par mille messages que votre vie vous appartient et que votre devoir est d'être bien à nouveau, seul ou à deux.

Votre couple tient parce que vous avez tous deux peur de perdre votre confort et peur de la solitude. Cela signifie simplement que votre liberté a moins de valeur à vos yeux que la sécurité matérielle. C'est votre droit le plus absolu. Au début, vous êtes restés ensemble soi-disant pour les enfants, puis par habitude, puis par peur de l'inconnu et de la solitude. Et plus vous avancez en âge, moins vous avez d'élan pour vous envoler vers votre liberté et vers la chance d'être enfin véritablement heureux à deux.

Vous camoufler derrière les enfants pour cautionner votre lâcheté est un artifice souvent employé. Je sais, vous allez me dire que pour l'équilibre des enfants, même si vous ne vous aimez plus, c'est mieux de rester ensemble. Pourquoi? Pour qui? Pour eux ou pour vous? Quel message transmettez-vous à vos enfants en agissant ainsi? Surtout pour leur jeter à la figure plus tard: «Si je suis resté avec ta mère, c'est à cause de toi!» «Eh bien, il fallait divorcer», répondra immanquablement l'enfant. Vous me direz que se séparer est de l'égoïsme; moi, je réponds que c'est le respect de la liberté que vous enseignez à vos enfants. La liberté, ça n'a pas de prix. Quand votre attachement à l'autre s'est dissout et que vous restez par confort, pour les enfants et pour bien d'autres raisons relevant du «qu'en dira-t-on», faites-vous preuve de courage? Que protégez-vous? Quelle est votre intention positive dans ce choix qui vous rend malheureux?

Faut-il être trompé, bafoué, frappé pour mettre un terme à une relation? Ne plus être attaché à l'autre constitue également une bonne raison. D'autant que si vous n'êtes plus lié, c'est que vous avez évolué et qu'une névrose vient de se régler. Aussi bien en retirer tous les bénéfices! Si vous restez, la frustration et la souffrance prennent vite le dessus et le malaise s'installe. On le voit même chez ces couples modernes qui vivent dans la même maison avec leurs enfants et ont chacun maîtresse et amant. C'est un piège qui se referme lentement parce qu'un beau jour l'un des éléments rapportés revendique sa légitimité ou l'un des conjoints de nouveau seul finit par être jaloux du bonheur de l'autre. Quant à l'image du couple transmise aux enfants, plutôt que l'équilibre et l'harmonie, ne reflète-t-elle pas le marché de dupes? Si un couple se dit suffisamment intelligent pour vivre cette situation, pourquoi ne le serait-il pas plutôt pour divorcer proprement?

Pour avoir subi vos disputes, vos enfants comprennent que vous ne vous entendez plus. Si vous vous séparez, même s'ils en souffrent, cela reste tout de même logique dans leur tête. Rester ensemble et continuer à se crier après les fait grandir dans une situation de stress. Ils finissent par être désabusés et avoir une bien mauvaise image du couple. Que pensez-vous de leur expliquer que vous n'êtes pas faits l'un pour l'autre, même si vous avez mis plusieurs «enfants» à vous en rendre compte, et que vous reprenez votre liberté pour rencontrer la bonne personne un jour?

Vous avez des aventures mais ne trompez pas votre femme, puisqu'elle est au courant et consentante, à ce qu'elle dit, mais peut-être pas à ce qu'elle pense, ni à ce qu'elle souffre. Pour des raisons diverses, elle n'est pas portée sur le sexe ou vous n'êtes plus attirés l'un par l'autre. Si vous, Madame, n'aimez pas le sexe, pourquoi ne pas rendre sa liberté à votre mari ? Parce que chaque fois qu'il est dans les bras d'une autre, ne le niez pas, ça vous fait souffrir. D'autant qu'un jour il risque bien d'y rester, dans ces bras-là. Et si vous, Monsieur, avez besoin de sexe, pourquoi n'avez-vous pas le courage de la quitter ? Parce que c'est confortable, n'est-ce pas ? Peut-être vous êtes-vous fourvoyés en vous mariant, peut-être êtes-vous faits pour être amis et non amants ? C'est votre instinct possessif qui refuse à l'autre sa liberté. Si tu ne peux être à moi, tu ne seras à personne d'autre. Et Tarzan voltige au-dessus de vos têtes...

L'être humain, quand il se sent bien avec quelqu'un, ne pense qu'à copuler, alors qu'il vient peut-être de rencontrer l'ami(e) idéal(e) et non l'âme sœur. Pensez-y. Ce n'est pas parce que vous avez l'impression de le connaître depuis longtemps et que vous vous sentez bien qu'il faut fêter ça en sortant l'artillerie. Ce sont ces couples qui se quittent bon amis, parce que c'est ce à quoi ils étaient destinés et qu'ils se sont fourvoyés. J'ai rencontré un homme avec lequel je me suis sentie instantanément en confiance et lui aussi. Mais je n'ai pas sauté dans ses bras (pourtant j'avais faim !) parce que j'ai réfléchi à notre relation et nous nous sommes quittés bons amis. Peut-être que l'être humain voyage de vie en vie et retrouve des gens qu'il a déjà connus dans les précédentes et comme il est en manque affectif, il interprète de travers le confort et le bien-être que l'autre lui apporte.

Et si Monsieur ou Madame n'a plus envie de faire l'amour, c'est à cause d'un accident ou d'un blocage psychologique, ou parce que vous n'êtes plus suffisamment attaché à l'autre pour les plaisirs sexuels. Mais encore assez dépendant affectif pour reculer devant la séparation. C'est dommage de ne pas faire l'amour, non ? Et il y a ceux qui ne prennent plus soin d'eux ni de l'autre...

22.

Comment vous débarrasser d'un fan de Tarzan ?

Que vous soyez Trou noir affectif ou Desperado, lorsque l'un s'en va, l'autre s'agrippe désespérément à celui qui le nourrissait. Essayez donc d'enlever un biberon à un bébé ou, pire, un os à un chien ! En revanche, si le Desperado reste assis à attendre, l'oreille basse et l'air suppliant, que vous lui rendiez son os, le Trou noir affectif s'en cherche un autre immédiatement. Mais attention, ce n'est pas pour autant qu'il va vous lâcher car, si vous l'avez quitté, vous restez néanmoins celui qui lui a échappé.

Une fois dehors, le père de ma fille, bien qu'il prit un appartement, continua sa relation avec sa maîtresse, pensant que la crise passée, je le reprendrais. D'ailleurs, pendant quatorze années de relation, il la trompa et il en fut ainsi pour toutes les suivantes. Non seulement incapable de rester seul et à deux, il a, en plus, besoin de picorer ! Jim, lui, s'agrippa à toutes celles qui passaient, multipliant les aventures dans l'objectif d'en trouver une qui le garderait, voire plusieurs : abondance de bien ne nuit pas ! Abondance de Desperados non plus... Ce qui ne l'empêcha jamais de venir gratter à ma porte, mais ses comportements me dégoûtaient. Ma dépendance affective était assez ancrée pour en supporter beaucoup, mais Jules et Jim ne franchirent la limite qu'une fois et si je continuais à m'en sentir responsable, côté sexe, ils ne m'attiraient plus parce que je ne les respectais plus : c'est moi que je respectais à la place.

Desperado, il n'est pas rare que vous tombiez dans le panneau, quand l'ex vient chercher les enfants, par exemple, et bien qu'il soit avec quelqu'un d'autre, vous êtes prêt à avoir des relations sexuelles pour grappiller quelque affection ou, tout simplement, pour vous venger de votre rival. Vous, Trou noir affectif, vous êtes comblé : vous jouez sur tous les tableaux. Je sais : avec votre ex, c'est pas pareil. En souvenir du bon vieux temps ! Si c'est vous qui êtes quitté, votre Desperado d'ex est bien capable, si vous avez du chagrin, de vous faire quelques câlins pour vous réconforter. Bref, vous n'en finissez plus de vous faire des câlins l'un l'autre, parce que les liens sont là et bien difficiles à trancher.

Difficile pour un fan de Tarzan de se débarrasser d'un autre fan de Tarzan puisque le Desperado est fait pour donner et non pour retirer et le Trou noir affectif, lui, est fait pour prendre et il prend jusqu'au dernier moment. Souvenez-vous de Jules et de Jim : ils ne m'aimaient plus mais ne partaient pas. Souvent, vous décidez de mettre le Trou noir affectif à la porte quand celui-ci est allé trop loin, sachant que trop loin, c'est vraiment très très loin pour n'importe quelle autre personne équilibrée. Vous laissez famille et amis dans la perplexité avec ce que vous êtes capable d'endurer. Le syndrome de Tarzan oblige à supporter des actes épouvantables qu'aucune autre personne en froid avec Tarzan n'accepterait, entre autres, la violence physique et morale. Car il n'y a pas que les coups au corps qui blessent, les coups à l'âme aussi. Votre Trou noir affectif continue, la plupart du temps, le travail de sape de vos parents, remettant en question votre valeur, détruisant le peu de confiance et d'estime que vous aviez préservé.

Encore une fois, votre objectif de Trou noir affectif est de rester dans la place, coûte que coûte. J'ai essayé d'avoir le père de ma fille à l'usure en lui menant une vie impossible dès qu'il franchissait le seuil de la porte, mais rien n'y fit. Il prétextait qu'il attendait de trouver l'appartement qui lui conviendrait et, deux mois après le jugement de divorce définitif, il était toujours à la maison. Là, j'aurais pu faire appel à la police pour le déloger de chez moi, puisqu'en plus j'avais racheté ses parts de la maison et nous étions divorcés. Mais j'en étais bien incapable. Ma crainte était que les choses s'enveniment entre lui et moi et qu'il ne vienne plus voir sa fille. Et puis, c'est quelque chose que de faire appel à des représentants de la loi : cela implique mettre le doigt dans un engrenage dont on ne connaît pas l'issue. Pourtant, c'est souvent préférable plutôt que commettre l'irréparable.

Là encore, je dois faire un mea-culpa, car c'était non seulement ma volonté de préserver une relation entre ma fille et son père mais également ma dépendance affective qui m'empêchaient de mettre Jules à la porte: je persistais à vouloir qu'il reconnaisse ma générosité!

Si, Desperado, vous essayez de mener une vie infernale à votre Trou noir affectif pour qu'il s'en aille, je vous l'ai déjà dit: ça ne fonctionnera pas, parce qu'il est programmé pour rester là, accroché comme une sangsue. Et si vous arrêtez d'être généreux, vous restez néanmoins incapable de faire de la peine. Surtout si l'autre vous fait un chantage au suicide. Il peut vous dire qu'il va partir, un jour ou l'autre, pour gagner du temps parce que, pour lui, partir c'est mourir: n'attendez pas de lui qu'il fasse tranquillement sa valise et qu'il referme calmement la porte derrière lui. S'il essaie le chantage au suicide, là, vous ne marchez pas: vous galopez! Ça peut durer des années, le temps file et vous prenez de l'âge. Si un miracle se produit, s'il trouve un autre adepte de Tarzan qu'il aura apitoyé sur son sort en vous faisant passer pour le méchant, vous aurez perdu beaucoup de temps et d'énergie, sans parler des enfants qui auront vécu cet enfer en même temps que vous.

Ma fille ne souffrit ni de ma vie avec son père ni de la séparation, car elle ne le voyait jamais à la maison: il arrivait et repartait quand elle dormait. Nous avions donc tout loisir de nous disputer pendant ses heures de sommeil.

Quand j'ai rencontré Jim, ma fille était plus grande puisqu'elle avait quatre ans, et huit ans lors de la séparation. Elle avait remarqué nos disputes et nos tensions, et nous avait vus nous déchirer et, pire, nous «bousculer». De ce dernier point, elle parla longtemps. Voir sa mère et son beau-père, c'est-à-dire ses parents, en venir aux mains est un souvenir qui marque un enfant, surtout à un endroit où il ne devrait voir que de l'amour et du respect. Elle a même vu le second se colleter avec son père qui avait débarqué soûl à la maison. Ce sont des images que nous avons déprogrammées ensemble et l'humour nous a beaucoup aidées. En fait, si les événements restent les mêmes, vous avez, en revanche, la possibilité de changer les émotions qui y sont rattachées. C'est le travail que j'ai effectué avec ma fille, et elle est aujourd'hui une adulte autonome et accomplie.

Après lui avoir montré, par deux fois, ce que ne doit pas être un couple, je lui ai promis de lui faire un jour la belle démonstration de ce que ça doit être. Elle le voit maintenant et a de quoi comparer mes relations d'avant à celle d'aujourd'hui : elle est une fan de son beau-papa ! Elle sait également que Tarzan et moi étions extrêmement liés et elle connaît enfin le formidable beau-père que j'ai promis pendant onze années. Que je m'étais promis aussi...

Un enfant comprend que vous vous soyez mis dans de sales draps, par dépendance affective. Ce qu'il aura plus de mal à comprendre, c'est pourquoi vous ne faites rien pour en sortir. Vous avez là un beau message à lui transmettre : *Tu as le droit de te tromper et le pouvoir de réparer.* J'ai réparé !

23.

« Y m'fout des coups, mais je l'aime »

Et pendant que vous cherchez le moyen d'expulser l'autre ou que vous continuez à être prêt à tout subir pour qu'il ne parte pas, vos nerfs s'effilochent, la fatigue et le dégoût vous gagnent et la violence augmente. Quant à votre famille et à vos amis, ils s'usent aussi. Ils en ont assez d'entendre toujours les mêmes rengaines. Ils ne rêvent que d'une chose : mettre dehors votre Trou noir affectif ou votre Desperado. Mais ils savent qu'ils ne peuvent pas le faire. La bonne nouvelle, c'est que le jour où vous vous décidez, vous pouvez compter sur eux pour vous aider à faire ses paquets.

Une de mes meilleures amies était battue par son conjoint et me demanda de les héberger tous les deux chez moi, pendant un court séjour. Elle me supplia de faire comme si je n'étais au courant de rien. Ce que je fis avec difficulté, mais je vous prie de croire que s'il avait eu le moindre geste déplacé devant moi, je ne l'aurais pas loupé. Il n'en fit rien car il me craignait. Ce qui est comique, c'est que si l'une de mes amies tombe sur un Trou noir affectif, celui-ci me déteste instantanément : intuitivement, il sait qu'il ne pourra pas faire le vide autour de sa nouvelle victime, ni casser l'amitié qui nous lie, elle et moi. Si les choses tournent mal, c'est vers moi qu'elle se tournera. Dans ce cas de figure, j'ai tendance à mettre mon Yang en avant, parce que, pour moi, c'est masculin de protéger une femme. En revanche, si le conjoint d'une amie est du style Desperado, il m'apprécie car avec lui, c'est mon instinct maternel qui se réveille.

À moins qu'un incident se produise devant l'entourage, personne ne peut intervenir. Encore une fois, c'est votre choix que de vivre avec l'autre et cela signifie que vous avez encore quelque chose à apprendre de ce personnage. Il vous faut aller jusqu'au bout de l'horreur afin de comprendre que vous devez changer.

Et si votre entourage insiste pour que vous le quittiez, vous coupez les ponts, vous vous isolez, alors qu'un jour vous pouvez avoir besoin d'aide pour terminer cette relation. Faites comprendre à votre entourage que c'est votre choix et pour que tous le respectent, cessez de leur rebattre les oreilles avec tout ce que vous subissez. Puis, quand vous êtes prêt à rompre, votre famille et vos amis sont présents.

Pourquoi croyez-vous que les Trous noirs affectifs font souvent le vide autour de leur Desperado, le coupant de sa famille et de ses amis ? Pour qu'il soit tout à lui.

D'ailleurs, quand vous disparaissez, négligeant vos amis et vos parents, quels signaux pensez-vous envoyer ? Est-il logique de vous couper de tous ceux que vous aimez parce que vous venez de rencontrer une personne qui devient le centre de votre univers ?

En ce qui me concerne, je gardais le contact avec ma famille et mes amis, bien qu'ils aient tous rêvé d'étrangler Jules, puis Jim. Mes parents et mes grands-parents se firent beaucoup de souci, me sachant aux prises avec deux brutes qu'ils n'estimaient guère. Et pour cause ! Cependant, j'étais bien la seule à pouvoir faire quelque chose pour moi et ma famille l'avait bien compris. En revanche, j'en ai lassé plus d'un dans mon entourage, surtout avec l'ex-mari que j'avais quitté une multitude de fois pour le reprendre aussitôt. Avec Jim, ils ne comprenaient pas pourquoi je continuais à m'occuper de lui. D'ailleurs, un ami se fâcha contre moi, car il ne pouvait concevoir que je fréquente encore celui qu'il considérait comme un vautour de la pire espèce. Il faut dire qu'il avait assisté à quelques faits édifiants et son intention positive était de me protéger. Comment aurais-je pu lui expliquer pourquoi je continuais à aider Jim, puisque je ne le comprenais pas moi-même ? Cependant, je n'étais pas d'humeur à me faire dicter ma conduite et je le lui signifiai. Le ton monta quand je constatai qu'il ne désarmait pas et je lui demandai de m'accepter telle que j'étais ou de passer son chemin. C'est ainsi que je réalisai l'ampleur de son amitié : il décida de rester à mes côtés bien qu'étant en total désaccord et incapable de comprendre ce qui se passait entre Jim et moi. Ce geste, je ne l'oublierai jamais, parce que je sais ce qu'il en coûte de voir une personne à laquelle vous tenez être maltraitée et ne pas intervenir, tant qu'elle ne vous le demande pas.

Que se serait-il passé si mon ami avait insisté ? Premier cas de figure, je coupais les ponts avec lui. Deuxième cas de figure, je suivais son conseil et coupais toutes relations avec Jim, mais je n'aurais pas compris le mécanisme dans lequel j'étais piégée. J'avais besoin d'aller jusqu'au bout de l'horreur pour être en mesure de réagir de moi-même et non sur les conseils avisés et protecteurs d'une tierce personne. D'ailleurs, si j'avais rompu cette relation en cours de route, que me serait-il arrivé ? Je serais tombée ensuite sur pire que lui ! Si une personne que vous aimez est dans cette situation, ne la bousculez pas : elle est la seule à pouvoir faire quelque chose pour elle et il faut la laisser évoluer à son rythme. Soyez à ses côtés et attendez qu'un jour elle décide d'elle-même de mettre un terme à cette relation. Quant à vous qui êtes mal accompagné, ne laissez personne vous dicter votre conduite. Car si vous quittez celui qui vous maltraite sans être convaincu du bien-fondé de votre décision, vous vous inscrivez au grand jeu du yoyo ou vous tombez immédiatement sur pire que lui. Allez jusqu'au bout de votre histoire pour comprendre une bonne fois pour toutes ce que vous avez à régler. Malheureusement, l'être humain est ainsi fait : il ne décide de changer que lorsque la souffrance est telle que ça devient une question de survie. L'adepte de Tarzan sacrifie tous ceux qui se mettent entre son « dealer » d'affection et lui parce qu'il est totalement dépendant.

Desperado, vous vous éloignez de vos amis, car vous finissez par avoir honte de vous plaindre de l'autre au lieu de le quitter et de raconter ruptures et réconciliations. Seul au bout du compte, vous n'aurez plus qu'à vous raccrocher à votre Trou noir affectif, comme à un radeau au milieu de l'océan de solitude dans lequel vous coulez irrémédiablement.

Trou noir affectif, vous avez peu ou pas d'amis. Pas question de partager votre pourvoyeur d'affection avec qui que ce soit, car vous agissez en enfant unique despotique et exigeant. Et puis, vous sentez bien que l'entourage de votre Desperado se ligue contre vous parce que ces gens ne vous aiment pas. Vous allez jusqu'à exiger parfois que votre Desperado choisisse entre sa famille, ses amis et vous. Et s'il vous choisit, il est cuit !

Il faut également signaler que, Trou noir affectif, vous avez le don de faire passer l'autre pour un hystérique, le poussant à bout et l'accusant ensuite de ne pas se contrôler. Si soudain votre jalousie excessive vous pousse à faire une scène, vous accusez immédiatement votre conjoint de l'avoir provoquée et vous lui ferez tranquillement porter le chapeau. Et comme le Desperado a une tête à chapeaux, il portera tous les torts, allant jusqu'à présenter ses excuses !

Et pendant ce temps-là, les choses s'enveniment et commencent à dégénérer pour finir en violence conjugale. C'est ce que j'ai traversé ; les deux fois, s'il vous plaît !

Mon mariage venait de voler en éclat, mon mari refusait de quitter la maison, son ex-maîtresse m'insultait régulièrement au téléphone (je changeais de numéro, mais Jules lui donnait systématiquement le nouveau), la nouvelle me harcelait continuellement parce qu'il ne me quittait pas. Et ce n'était pas faute de l'y avoir encouragé ! Dans ce chaos complet, j'élevais ma fille qui venait de naître. Un soir, le vase a débordé. J'ai attrapé le mari par le col, je l'ai soulevé de terre, en furie, plaqué sur la cuisinière, et un couteau à viande se trouvait à portée de ma main. J'ai fixé le couteau et je me suis vue transformer cet homme, avec délectation, en passoire. À chaque coup porté, la sensation de bien-être et d'apaisement grandissait comme si toute cette souffrance allait disparaître avec lui. Imaginez comme c'était tentant ! À ce moment précis, il a dit : « Vas-y, fais-le ! » car il avait vu que je louchais sur le couteau. Je ne sais toujours pas ce qui m'a retenue ce jour-là, mais je l'ai lâché et je me suis enfuie au fond du jardin, terrifiée. Ce n'était pas la première fois que nous en venions aux mains, mais ce fut bien la dernière, en tous cas avec lui. J'ai eu très peur de ce que j'avais bien failli faire. Me considérant comme une meurtrière en puissance, j'hésitai entre le psychiatre et les arts martiaux pour exorciser toute la colère et la tristesse qui m'habitaient. J'optai pour les arts martiaux, le Ninjutsu, un des plus violents, car j'avais vraiment besoin de frapper. Il faut dire qu'au début je fis bien rire mes adversaires : une femme de

35 ans, la seule d'ailleurs, de la taille d'un jockey, qui venait les affronter. Mais j'avais tant de rage à sortir qu'après quelques coups bien sentis, ils me respectèrent. Et des coups, j'en pris aussi, mais cette fois, sur un tatami !

Je canalisais ainsi toute la haine que j'éprouvais à l'égard du trio infernal : Jules et ses deux groupies. Pendant de longs mois, chaque matin au réveil, j'étais persuadée que toute cette histoire n'était qu'un mauvais cauchemar, pour revenir brutalement à la réalité. Et puis, ils étaient présents chaque jour, s'acharnant sur moi, d'autant que nous habitions tous la même petite ville et je les croisais souvent. Comment aurais-je pu les oublier ? Pas facile de se calmer ! Je rêvais souvent que je frappais la nouvelle maîtresse à mains nues et qu'elle riait. Imaginez dans quel état je me réveillais.

Ce fut pareil avec Jim, qui me poussa à bout et, de nouveau, je disjonctai. Comment s'était-il débrouillé ? Il eut la bonne idée d'entrer dans ma maison par une fenêtre, alors que nous étions définitivement séparés. Le premier choc fut de le retrouver au milieu de mon salon. Puis, utilisant sa grande taille et sa force pour s'imposer, il voulut m'obliger à l'écouter. J'en avais déjà assez entendu et supporté. Une fois de plus, j'ai perdu le contrôle et je lui ai sauté dessus, le poing en avant, droit sur son nez. Nous nous étions déjà battus plusieurs fois. Ce jour-là, je récoltai un magnifique œil au beurre noir et la paupière ouverte. Puis, lors du dernier affrontement, j'eus la sensation épouvantable que l'un des deux allait y passer. Alors qu'il venait de m'ouvrir la lèvre, au lieu de céder à la rage et de riposter, j'appelai calmement la police pour le faire embarquer. Comprenez bien que ce n'était pas de lui dont j'avais peur, mais bien de moi.

Quand ça va jusque-là, aucun des deux n'est coupable. Celui qui pousse l'autre à bout répond toujours à sa programmation, comme celui qui finit par disjoncter. Ça peut être le Trou noir affectif qui disjoncte, comme le Desperado. Dans ces cas-là, les deux risquent leur vie. Soit l'un frappe et tue l'autre, soit l'autre se révolte et finit par riposter et l'achever. Les faits divers regorgent de ce style de drames. Mourir ou tuer au nom de Tarzan : est-ce que ça en vaut la peine ?

Plus le syndrome de Tarzan vous pousse à tout encaisser de la part du Trou noir affectif ou du Desperado avec lequel vous vivez, plus sa réaction et la vôtre augmentent en violence le jour où l'un quitte l'autre : le Trou noir affectif voit partir son pourvoyeur d'affection ; et le Desperado, l'espoir de recevoir enfin un jour ce pour quoi il a tant investi. Plus vous attendez pour vous séparer, plus vous devenez dépendant, plus la frustration est grande et le sevrage, violent.

Si le fait de comprendre que Jules, Jim et moi-même répondions à nos mauvaises programmations constitue une explication, ce n'est pas une excuse pour autant. Nous n'avions pas le droit de nous taper dessus. Au premier échange de coups, j'aurais dû réagir et réaliser que je devais suivre une thérapie et eux aussi. Une thérapie individuelle pour comprendre d'abord pourquoi j'en venais à exprimer une telle violence. J'aurais alors accepté ma névrose et compris que mon manque d'estime et de confiance en moi en étaient l'origine. Maintenant que vous en saisissez le mécanisme, n'êtes-vous pas soulagé de comprendre pourquoi vous êtes comme ça et d'apprendre que vous pouvez déprogrammer votre penchant pour Tarzan ?

Malheureusement, la violence n'est pas uniquement présente dans le cadre d'une séparation. Un couple peut également devenir coutumier du fait et en venir aux mains. L'incapacité à communiquer s'installe alors, la colère monte, la frustration et le ton aussi et, au bout du compte, l'un des deux agresse l'autre physiquement. Chaque violence, physique ou verbale, est une brèche dans la relation et, souvenez-vous, tant va la cruche à l'eau qu'à la fin elle se « casse ». Ce sont souvent vos peurs qui vous poussent dans cette impasse et vous ferment aux arguments de l'autre. Desperado ou Trou noir affectif, les femmes frappent autant que les hommes. Une fois le calme revenu, chacun se sent mal, s'en veut de sa brutalité ou de sa lâcheté et tombe dans la culpabilité. Et si l'un jure que ça n'arrivera plus, l'autre le croit. Mais la seule façon d'arrêter cette escalade, c'est de vous faire aider, tous les deux, avant que l'irréparable ne se produise.

Vous ne pouvez pas dialoguer avec une personne que ses peurs et sa violence sont en train de contrôler : elle est dans un état second et ne maîtrise plus rien. C'est comme si vous, Madame, ayant la phobie des araignées, je vous en dépose une sur les genoux avant de vous parler. Ou vous, Monsieur, si vous avez peur en avion, est-ce au décollage le meilleur moment pour une discussion ? Vous devenez sourd, agressif et si j'insiste, vous disjonctez, et c'est humain. Et si vous alliez consulter ? Ce n'est peut-être pas grand-chose ou c'est l'arbre qui cache la forêt. Vérifiez donc si Tarzan n'est pas pendu au lustre de votre salle à manger. Si vous vous aimez, vous trouverez la solution, encore une fois, grâce à un professionnel. Réagissez rapidement, car il vaut mieux prévenir que guérir ; et il y a des actes que vous ne pouvez pas oublier, même si vous affirmez avoir pardonné.

Frapper n'est ni aimer ni communiquer, c'est démontrer que quelque chose est déséquilibré. Ça ne vaut ni le coup ni les coups. Dans un couple, quand une main se lève, il est préférable de partir avant qu'elle ne redescende, et suivre une thérapie. Une chanteuse de l'époque d'Edith Piaf, dont j'ai oublié le nom, clamait dans une chanson : *« Y m'fout des coups, mais je l'aime ! »* La deuxième partie de la phrase aurait dû être : « *mais j'y suis attachée* ».

Les amis qui avaient connu Jim à Paris le trouvaient formidable malgré son jeune âge et comprenaient que j'aie pu m'y attacher. Quand il s'est mis à déraper, poussé par ses névroses, plus personne ne le reconnaissait. Effectivement, Trou noir affectif, vous n'êtes plus la même personne parce que soudain gouverné par vos angoisses ; et vous êtes prêt à tout pour survivre, jusqu'à devenir égoïste et sans foi ni loi.

Et quand vous êtes dans cet état, vous mettez tout à votre sauce à tel point que l'autre, devant tant de mauvaise foi, sort de ses gonds. Il adopte alors des comportements que sa bonne éducation lui interdit, mais dans le feu de l'action il n'est plus lui.

Je vais vous en donner un exemple et, de ce qui va suivre, je ne rougis pas, espérant que vous en rirez, comme moi maintenant. Au mois d'août, un vendredi soir, alors que Jim occupait encore ma maison (je n'y revenais que le week-end, vivant à Montréal la semaine), je la découvris dans un état lamentable : les ordures débordaient de la poubelle, jusque sur le comptoir, l'évier était rempli de vaisselle sale, la chasse d'eau n'était même pas tirée et, pour couronner le tout, la terrasse était recouverte de crottes puisque ses deux gros chiens y étaient attachés. Je vous laisse imaginer l'odeur en plein été ! Il m'avait laissé un message me disant qu'il passerait le week-end ailleurs, m'ordonnant de m'occuper des chiens. Là, deux solutions : ou j'entrais dans une colère noire ou j'éclatais de rire devant l'énormité de la situation. J'ai éclaté de rire : je venais de me rendre compte de la façon dont je le laissais me traiter afin qu'il reconnaisse ma générosité. J'avais passé des heures à essayer de lui faire comprendre le respect et j'en constatais les résultats ; mais là, il avait largement dépassé les bornes.

Ayant travaillé en publicité, je sais qu'une image vaut mille mots. À bout d'arguments, je décidai de me taire et d'agir : je pris donc sa valise, disposai ses affaires dedans, puis je posai celle-ci sur la terrasse et ramassai consciencieusement chaque crotte que je déposai délicatement sur ses vêtements, sous l'œil étonné des deux molosses. Puis, je refermai la valise que je déposai devant la porte, à l'extérieur. Je vous laisse imaginer sa tête lorsqu'il la trouva et l'ouvrit. Il était blême. Je lui demandai : « Que ressens-tu en regardant ta valise ? » et sans attendre de réponse (pour une fois, il restait sans voix !), je rajoutai : « Eh bien, tu vois, je pense que tu ressens exactement ce que j'ai ressenti en rentrant chez moi, vendredi soir, et ce n'est pas une valise mais une maison entière que j'ai retrouvée dans cet état. » Et je le laissai méditer là-dessus. Il faut dire que j'avais eu l'opportunité de rajouter le son et les odeurs à l'image qui devait valoir mille mots. Œil pour œil, dent pour dent, saletés pour saletés !

Mais ce n'était plus moi. Il m'entraînait sur son terrain glissant où mes réactions défiaient ma bonne éducation.

Comme je vous l'ai dit, il tira sur la corde jusqu'à ce qu'elle casse : il me demanda à deux reprises de laver son linge (si, si !), alors qu'il n'habitait plus chez moi. La première fois, je répondis « pas de problème » et, discrètement, je partis le déverser sur sa voiture ; la deuxième fois, je le déposai, toujours sale, dans sa boîte aux lettres. Ce que le Trou noir affectif retient de la Bible, c'est : « Demandez et vous recevrez. » Il peut essuyer plusieurs refus et demander encore et encore, puisqu'il est programmé. Chaque fois qu'il avait le moindre problème, c'est moi qu'il appelait : quand ses chiens se battaient, quand il se faisait virer par une fille, quand sa voiture était enlevée par la police, quand il était expulsé de son logement, etc. Il me rendait folle, à tel point que je n'osais plus décrocher quand le téléphone sonnait. Même avec l'afficheur, il connaissait la technique pour que l'appareil indique « numéro inconnu ». Je pouvais lui raccrocher au nez cinq fois consécutives, soulevant juste le combiné pour le laisser retomber, puis comme je ne décrochais plus, il laissait un message sur le répondeur, long comme le bras, que je détruisais sans l'écouter.

Il me revient en mémoire une histoire qui me fut racontée par une femme adorable et de bonne éducation, qui avait pour patron un Trou noir affectif, dictateur et grossier. Elle ne le quittait pas parce qu'elle élevait seule trois enfants et avait peur de ne pas retrouver d'emploi, étant d'origine étrangère. Le despote exigeait tous les matins son litre de café dans un thermos. Il l'insulta plus que les autres fois et, poussée à bout, elle cracha dans le café qu'il sirota toute la journée. Voilà le style de comportement que vous pousse à adopter un Trou noir affectif, même quand vous êtes très bien élevé.

Vous avez une secrétaire et des employés ? Et vous avez des doutes, maintenant, sur votre café ?

En dehors de vos comportements inadmissibles de Trou noir affectif, vous êtes capable de discours totalement décalés de la réalité. Ou en tout cas, ils appartiennent à votre réalité qui n'est pas celle des autres. Je me souviens de la réflexion du père de ma fille, deux ans après notre divorce, quand il découvrit ma relation avec Jim : « Tu n'auras pas attendu longtemps après le divorce ! » me cracha-t-il à la figure. Gonflé, non ? Ce à quoi je répondis en riant : « Et toi, tu as attendu longtemps après le mariage ? Six mois, si mes souvenirs sont bons ! » Il m'avoua qu'il était malheureux d'avoir divorcé, ce à quoi je répondis que j'étais, moi, très heureuse de l'avoir fait. J'étais donc la cause de son malheur : plus confortable d'accuser l'autre que de se remettre en question. Jules ne s'est pas privé non plus de m'accuser de l'avoir obligé à se marier, à acheter une maison, à avoir un enfant et à divorcer. Ce que femme veut, Dieu le veut, c'est bien connu !

Les propos de Jim, après la séparation, m'ont bien fait rire aussi. Petit rappel des faits : je lui avais avancé 20000$ pour éponger ses dettes en France, j'avais payé les formalités pour l'émigration, son voyage, celui de ses chiens, je l'avais entretenu pendant neuf mois, je lui avais donné de l'argent pour sa voiture (qu'il avait écrasée contre un rocher, vous vous souvenez ?), il s'était fait voler mon matériel informatique et je venais de lui prêter l'argent pour acheter une seconde voiture, alors qu'il ne m'avait pas remboursé la première. Eh bien, voici ce qu'il me dit froidement : « J'ai vécu quatre ans avec toi, ce n'est pas normal que je parte sans rien. Tu me dois quelque chose. » Sans commentaire.

Pourquoi croyez-vous qu'il n'a jamais cherché à me rembourser, alors qu'il a signé une reconnaissance de dette en bonne et due forme ? N'importe quelle personne bien éduquée n'aurait eu de cesse que d'avoir remboursé. D'autant que je lui proposais de le faire par petits montants mensuels bien que, de cet argent, j'avais pourtant grand besoin. Sachant qu'il avait un job fixe dans un secteur payant depuis deux ans, donc ce n'était pas par manque de revenu. J'imagine qu'il considérait que ça lui était dû, en bon Trou noir affectif qu'il était. Je vous le dis, les Trous noirs affectifs n'en ont jamais assez. Comprenez-vous pourquoi je ne veux plus aucun contact avec lui ?

Autre chose : quand il y a une histoire d'argent dans votre couple de Tarzan (c'est souvent le Desperado qui a prêté au Trou noir affectif pour acheter la reconnaissance de ce dernier), ça provoque l'explosion des mines de fond. Vous risquez tous deux de mal le vivre, soit parce que le premier ne peut pas rembourser et l'autre le lui reproche, soit parce qu'il ne veut pas rembourser et l'autre lui en veut. Si vous avez prêté de l'argent à votre Desperado, vous vous en servirez pour l'asservir totalement ; et si c'est lui qui vous en a avancé, vous savez qu'il ne vous quittera pas tant que vous ne l'aurez pas remboursé. Le Desperado qui veut vous quitter y laisse souvent ses deniers ! L'argent constitue un lien de plus dans le mécanisme d'attachement névrotique chez les adorateurs de Tarzan.

Voyez-vous, quand vous constatez que vous n'êtes plus sur la même planète que l'autre, mieux vaut rompre tous les liens parce qu'un jour vous risquez de lui sauter à la gorge. Vous n'avez plus la même réalité. Jules est persuadé qu'il ne m'a rien fait, que j'ai décidé de divorcer par caprice. Il pensait bien qu'une fois calmée je le reprendrais. Jim, quant à lui, soutenait que c'était normal qu'il ait été moche avec moi parce que – c'est ce que lui avait dit son père – « une rupture ça ne peut pas bien se passer et tous les coups sont permis, surtout les plus moches ». Et cette simple phrase cautionnait à ses yeux tout ce qu'il m'avait fait et aurait continué à me faire si je ne l'avais pas arrêté. Avec un névrosé, croyez-moi, une rupture, c'est du sport ! Surtout parce que vous l'êtes aussi...

D'ailleurs, d'après vous, que raconte votre ex-Trou noir affectif à ceux ou celles qu'il rencontre, pour les gagner à sa cause ? Que vous êtes un monstre, bien sûr ! Que vous l'avez fait souffrir et qu'il a besoin d'aide parce que vous l'avez brisé. Jim me dit un jour que sa nouvelle copine voulait me parler : elle jugeait que je le faisais trop souffrir ! Je lui conseillai calmement de m'oublier et de ne jamais diffuser mon numéro de téléphone à qui que ce soit, sinon il aurait des ennuis !

Comprenez-vous également pourquoi vous attirez toujours le même type de personne ? Pourquoi croyez-vous que Jules et Jim, qui ne se connaissaient pas, étaient identiques dans leurs réactions, jusque dans leurs mots pour excuser leurs actes déplacés ? C'est moi qui les ai attirés, parce que la vie vous fait redoubler la classe, voire tripler, et même plus, tant que vous ne comprenez pas la leçon à en tirer. Vous remarquerez que je n'ai pas triplé. N'avez-vous jamais dit ou entendu : « Je tombe toujours sur les mêmes femmes ! » ou « Je suis abonnée aux gars jaloux ! » ? Maintenant, vous savez à quoi c'est lié.

Mais ce qu'il faut en retenir, c'est que vous allez de pire en pire... Plus votre confiance et votre estime diminuent à chaque relation, plus les prédateurs que vous attirez sont féroces. Votre vulnérabilité grandissante vous pousse dans les filets des pires Trous noirs affectifs que vous puissiez rencontrer.

Une personne équilibrée n'a pas besoin d'être aidée ou sauvée, elle a juste besoin d'être heureuse en partageant et en donnant pour recevoir. Si la personne que vous venez de rencontrer accumule les catastrophes, les ruptures, les dettes et les accidents, ce n'est pas par hasard : c'est dû à de mauvaises programmations. Courage… Fuyez !

24.

Enfin débarrassé !
Et maintenant, qu'est-ce qu'on fait ?

Vous venez de vous débarrasser d'un Trou noir affectif ou d'un Desperado. Deux raisons à votre succès: 1) vous avez fait un «coaching» ou une thérapie et vous avez suffisamment retrouvé votre estime et votre confiance en vous pour vous séparer; ou 2) l'autre est allé tellement loin que vous ne pouviez faire autrement que le virer, atteignant votre seuil de tolérance. Si vous êtes dans le premier cas, vous êtes sauvé. Sinon, il va falloir réfléchir sérieusement à votre situation, car vous allez retomber sur le même spécimen, mais pire: si celui-ci n'était pas le premier dans son genre, il ne sera pas non plus le dernier!

Les premiers niveaux à vérifier, si je puis dire, sont votre estime et votre confiance en vous. Elles ont probablement été mises à mal pendant votre/vos mésaventure(s), d'autant qu'elles avaient déjà subi des dommages par le passé. Sinon, vous n'en seriez pas là. Donc, prochaines étapes, déterminer si vous êtes un Trou noir affectif ou un Desperado; vous avez, je pense, suffisamment d'éléments pour savoir dans quelle catégorie vous vous placez. Partant de là, la procédure est la même: retrouver la confiance et l'estime de soi. Je vous donnerai quelques pistes plus tard, cependant le mieux serait de voir un professionnel qui pourra vous aider à estimer les dégâts. Peut-être qu'à la finale il n'y en aura pas tant que ça. Et puis, avec les thérapies brèves comme la PNL, vous n'en prendrez pas pour dix ans. J'ai vu des personnes changer en deux séances alors que le problème existait depuis des dizaines d'années. Et puis, peu importe, vous êtes prêt à changer, oui ou non?

Encore une fois, vous n'êtes pas responsable de vos mauvaises programmations et il est nécessaire de vous pardonner pour ce que vous avez fait ou subi et de pardonner aussi à ceux qui vous ont malmené, parents comme conjoints.

Si vous n’avez aucune estime pour vous-même et aucune confiance non plus, la vie et les personnes que vous allez croiser vont se charger de vous les faire travailler : vous recevrez des épreuves de plus en plus dures, jusqu’à ce que vous décidiez d’y remédier.

Sur une échelle de 0 à 10, où pensez-vous que je situais mon estime et ma confiance après le divorce ? Ma vie d’épouse avait été un fiasco complet (trompée au bout de six mois) ; ma grossesse, saccagée (il avait été épouvantable avec la future maman que j’étais) et ma féminité, broyée (je le dégoûtais parce que je portais son enfant). Je n’avais plus aucune estime pour moi : zéro ! Avais-je un autre choix à part la dépression ou le crime passionnel ? Oui, bien sûr : celui de comprendre que je n’étais pas la seule à avoir de sérieux problèmes. Il fallait sortir Jules de ma vie et le plus vite possible.

Deux ans après le divorce, je n’avais toujours pas eu d’aventure. J’étais complètement bloquée, ma féminité ayant volé en éclats. D’autant que depuis la nuit de noces, je n’avais plus jamais eu aucun contact physique avec Jules. Puis je me suis secouée, bien décidée à récupérer chaque petit bout de cette féminité, dussé-je y passer le reste de mes jours. C’est ainsi qu’à 37 ans je découvris que je plaisais aux garçons entre 20 et 25 ans. C’est dans leurs regards que j’ai récupéré les milliers de petits morceaux éparpillés. Et même s’ils étaient pour la plupart névrosés, je regonflais un peu mon estime et ma confiance. D’autant que je pensais que leur jeune âge me mettait à l’abri de tomber amoureuse ou, devrais-je dire maintenant, de m’attacher. Erreur, car étant devenue Desperado pour être tombée sur un Jules plus Trou noir affectif que moi, le premier grand névrosé que je croisai m’attira. Et comme je pêchais dans un vivier très jeune, les 22 ans tout récents de Jim ne m’arrêtèrent pas !

Cependant, je dois confesser que j’étais retombée dans l’équipe des Trous noirs affectifs, avec tous ces petits jeunes dont je ne faisais qu’une bouchée. C’était compulsif. Jusqu’au jour où je suis tombée sur Jim, plus Trou noir affectif que moi et je repartis pour un tour !

25.

Pardonner n'implique pas de garder contact : ce serait de la gourmandise !

Quand vous pardonnez, cela n'implique pas que vous gardiez cette personne dans votre entourage. Il est même recommandé, dans le cas de Tarzans très névrosés, de vous en éloigner définitivement. Souvenez-vous : ex-Trou noir affectif ou ex-Desperado, vous avez changé ; l'autre, pas. Il est temps de vous mettre à l'abri de ses manipulations.

Éliminer Jim de ma vie fut réellement épique, car il était coriace et je dus employer les grands moyens afin d'avoir la paix. J'avais pourtant été très claire à plusieurs reprises, en lui expliquant que je lui avais pardonné, mais que je ne voulais plus entendre parler de lui. J'ai d'ailleurs brûlé toutes ses photos pour l'éliminer définitivement de ma vie et de mes albums : inutile de conserver le portrait du tortionnaire, même si c'est moi qui l'avais attiré, d'autant que je me vois mal expliquer au futur homme de ma vie pourquoi je garde les souvenirs d'un passé de souffrance. Si Jules n'avait pas été le père de ma fille, ses photos seraient également parties en fumée !

Vous me trouvez radicale ? Si vous tombiez sur les photos de l'ex de votre nouvelle conquête, qui vous a raconté toutes les horreurs que l'autre lui a fait subir, que penseriez-vous ? Pourquoi garder ce genre de souvenirs ? Personnellement, je me poserais des questions et lui en poserais aussi, pour comprendre ce qui le pousse à conserver ces tristes témoignages. Attention, il ne s'agit pas de nier le passé, bien au contraire, il s'agit de s'appuyer sur cette expérience pour progresser. Mais de là à garder des traces dans l'album de famille, il ne faut pas exagérer. J'ai d'ailleurs eu besoin de détruire tout ce qui me le rappelait pour l'éliminer de ma vie à tous les niveaux.

En tant que Trou noir affectif, vous êtes capable de garder les photos comme des trophées, quant au Desperado, il se peut qu'il continue à pleurer dessus, longtemps après que vous l'avez quitté.

Et si je n'ai pas connu d'autres hommes après Jim, pendant onze années, ce n'est pas parce que j'étais bloquée, mais bien parce que je n'avais plus besoin de récupérer les morceaux: c'est en moi que je les ai retrouvés et je me suis reconstruite.

Vous vous demandez comment votre ex-Desperado ou ex-Trou noir affectif peut faire pour vivre avec les horreurs qu'il vous a faites. C'est simple, Trou noir affectif, vous évitez d'avoir des moments de lucidité et vous pensez que chacun de vos actes était justifié: il faut bien survivre. Quant à vous, Desperado, vous considérez innocemment que vous ne vouliez que le bien de l'autre, même si vous l'étouffiez. Aucun de vous ne doit se rendre compte de la souffrance qu'il a pu infliger au risque de déclarer une maladie grave ou de tomber en dépression. Je me souviens de l'histoire de ce militaire nazi qui avait ordonné l'exécution de milliers de personnes, dans le camp de concentration qu'il commandait. À cette époque, il trouvait justifié de tuer autant de gens. Après la guerre, quand il eut réalisé ce qu'il avait fait, incapable de vivre avec cette horreur, il tomba raide mort, foudroyé par une crise cardiaque. Il en va de même pour vous, vos parents, vos conjoints, tous ceux qui ont fait terriblement souffrir quelqu'un. Le jour du divorce, j'ai demandé à Jules s'il se rendait compte de ce qu'il m'avait fait subir. Ce à quoi il répondit, avec la plus grande innocence: «Moi? Mais je ne t'ai rien fait!»

Vous êtes ce que je nomme un «handicapé du bonheur», incapable, tel que vous êtes programmé, d'être heureux. Vous n'êtes pas quelqu'un de mauvais, vous avez de belles qualités, mais vos souffrances et vos traumatismes vous ont enfermé dans de mauvaises stratégies de survie. Et quand je dis survie, il s'agit bien pour vous de vie ou de mort, car arrêter de donner ou de prendre, pour vous, c'est mourir. Vous ne pouvez pas être fondamentalement méchant sans raison. Ce sont les souffrances et les peurs qui motivent vos comportements déplacés. D'ailleurs, quand vous réalisez ce que vous avez fait, avec le temps et la maturité, c'est à vous que vous ne réussissez pas à pardonner. Je sais également que vos rêves sont hantés par votre conscience et ce que vous repoussez dans la journée vient souvent vous chercher dans votre lit, la nuit.

Je me suis longtemps vantée d'avoir pardonné à ceux qui m'ont offensée jusqu'au jour où j'ai réalisé que je n'avais rien à leur pardonner: nous étions pris dans le même piège et chacun agissait comme il était programmé. J'ai également compris que si je pardonne, c'est que je considère avoir eu des bourreaux et si j'ai eu des bourreaux, je suis donc une victime, coincée dans le passé. Or, je ne suis la victime de personne: je suis responsable à 50% de tout ce qui s'est passé. Aujourd'hui, je suis en paix avec tous ces gens et, surtout, avec moi-même. Je comprends que, pour ceux qui réalisent ce qu'ils m'ont fait, ce soit difficile à croire. Comme pour la conjointe de Jules, qui fut sa maîtresse sous mon règne. Elle a eu un enfant avec lui et sa grossesse l'a obligée à comprendre mes souffrances, quand ils me trompèrent pendant ma maternité: elle l'a été dans les mêmes circonstances... Plus elle a compris ce qu'elle m'avait fait vivre, moins elle pouvait imaginer que je sois en paix avec elle. Elle m'a téléphoné un matin, après avoir quitté Jules, et ce fut plutôt étrange de consoler celle qui fut la maîtresse de mon mari et qui me détestait. Je dus lui expliquer de quoi elle souffrait et elle qui pensait que la voir malheureuse serait une douce vengeance pour moi fut surprise de constater que j'avais de la compassion pour elle et la soutenais. Et pour l'anecdote, elle fut la première lectrice en France du «Syndrome de Tarzan» qu'elle commanda au Canada, après notre discussion, alors qu'il venait tout juste de sortir.

Adieu Tarzan, adieu mon passé. À moi la liberté!

26.

Pousse ta brouette et tais-toi !

Étrangement, c'est la souffrance qui vous pousse à suivre un « coaching » plutôt que le bon sens ; vous attendez de ne plus pouvoir supporter la situation pour réagir. Je le sais parce que c'est ce que j'ai fait. Un jour de février 2002, je me suis retrouvée à genoux au milieu de mon salon, pliée en deux, la poitrine oppressée, respirant avec difficulté. Mon corps me lançait un ultimatum, car il ne pouvait plus avancer. Incapable de me relever seule ni de soulever ma brouette, j'eus recours à une thérapie et je choisis le Shiatsu. Psychiatres et psychologues ne me tentaient pas, sentant instinctivement que quelque chose d'autre existait. Un ami massothérapeute me parla d'une personne qui pratiquait le Shiatsu et en quatre séances seulement je reprenais le contrôle de ma vie. Cette même personne me parla de PNL. Il était temps pour moi de trouver ma voie.

Pourquoi je vous parle de brouette ? C'est ainsi que je vois la vie : depuis la naissance, vous poussez une brouette, vide au départ, dans laquelle vous placez toutes vos expériences, bonnes ou mauvaises. Mais celles qui ne vous appartiennent pas, que les autres vous font joyeusement porter, non seulement plaquent votre brouette au sol mais vous mettent également à genoux. Avez-vous essayé de pousser une brouette lourde dans cette position ?

Par exemple, vous prenez la décision de quitter votre conjoint qui vous trompe. Cependant, lui s'oppose au divorce dont il vous fait porter la responsabilité aux yeux des enfants : direct dans votre brouette !

Vos parents n'ont pas divorcé à cause de vous, disent-ils pour vous culpabiliser : direct dans votre brouette ! C'est ce que ma mère (l'ex-mère, devrais-je dire !) a essayé de faire : « Si je n'ai pas divorcé de ton père, c'est à cause de toi », me cracha-t-elle. Ce à quoi je répondis: «Tant pis pour toi et je ne le prends pas dans ma brouette!»

Vous avez voulu faire le bonheur d'un névrosé, sans succès. C'est vous qui êtes responsable de tout et non l'autre qui est incapable d'être heureux: direct dans votre brouette!

Une copine vous dit qu'elle a pris dix kilos à cause de vous, parce qu'une personne lui a rapporté que vous avez dit du mal d'elle: encore direct dans votre brouette. Dix kilos!

Quoi que fassent les autres, ils le mettent dans votre brouette et vous acceptez de la pousser, vous êtes si serviable et si culpabilisé.

Quand vous décidez de la vider, vous comprenez que vous avez bien fait de divorcer plutôt qu'être malheureux avec un conjoint volage; que si vos parents n'ont pas divorcé, tant pis pour eux; que si vous avez tout fait pour rendre quelqu'un heureux et qu'il est parti, tant pis pour lui aussi; quant à la copine, elle n'avait qu'à venir vous demander directement ce que vous pensez d'elle au lieu d'écouter les mauvaises langues. Et vous voilà avec une brouette bien plus légère dont vous vous débarrassez, gambadant juste avec vos propres affaires.

Il a fallu que ma brouette soit si chargée que je ne pouvais plus la décoller du sol, à genoux au milieu du salon. Et chaque fois que quelqu'un jetait quelque chose dedans, je me disais: «Ça me fait même pas mal!» J'ai longtemps eu la naïveté de croire que comme le temps apaise les souffrances, elles disparaissent. Eh bien non, elles s'accumulent si vous ne les traitez pas au fur et à mesure. Et quand j'ai enfin ouvert les yeux, j'ai découvert qu'il y avait du monde dans ma brouette: Jim assis sur les genoux de Jules et ma mère par-dessus!

Au fait, il n'y a pas que vos conjoints, qui ont parfois des complices que nous nommons «amant» ou «maîtresse», ou vos parents qui chargent la brouette. Vos faux amis, votre famille, votre patron, vos collègues peuvent facilement vous la remplir. Parfois au sens propre, comme au figuré. Pourquoi croyez-vous que vous grossissez? Un bon travail sur vous-même permet de faire le tri et de mettre au point votre propre technique pour dégager ce qui n'a rien à faire dans votre vie.

C'est ce que j'ai fait, rendant à César ce qui était à César ou à quelqu'un d'autre, du moment que ce n'était pas à moi. Il est certain que lorsque vous remettez aux autres, avec plus ou moins de délicatesse, ce qui leur appartient, cela crée un tourbillon qui peut tourner au règlement de comptes. Peu importe, chacun devant porter sa croix et pousser sa propre brouette, Desperado ou Trou noir affectif, occupez-vous de ce qui vous revient uniquement.

27.

Choisir la personne idéale, ce n'est pas une tombola. C'est une stratégie !

Prenons donc le problème à la racine. En dépendance affective ou non, comment sélectionner la personne que vous allez aimer. Je vous entends déjà me dire: «On ne choisit pas, ça tombe comme ça!» (Je l'ai longtemps cru aussi et ça a bien failli me mener en prison.) Eh bien, non! L'amour n'est pas une émotion: vous aimez ou vous n'aimez pas, libre à vous de tirer sur les rênes si vous souhaitez arrêter la relation, dès que plusieurs points du contrôle technique sont incorrects. Le contrôle technique? C'est cette vérification de plusieurs points essentiels que l'on fait passer aux voitures pour savoir si elles sont en bon état de fonctionnement. D'accord, le terme n'a rien de romantique, mais c'est efficace. Pourquoi ne pas établir une liste de critères raisonnables que vous souhaitez trouver chez votre futur conjoint? Dès que vous rencontrez quelqu'un, vous vérifiez. À vous d'être souple sur quelques critères (physiques?) et tout à fait rigide sur d'autres (vos valeurs). Et si vous constatez qu'il manque bon nombre d'éléments, passez votre chemin au lieu de sauter dans votre tenue tachetée et vous agripper à cette liane!

Je sais, c'est facile à dire; cependant, ça fait toujours mal de constater que quelque chose ne tourne pas rond dans cette nouvelle relation. Réfléchir sur le long terme est toujours la bonne idée, car si vous vous engagez dans cette voie, sachant que ça ne marchera pas, vous aurez un peu de plaisir au présent et beaucoup de souffrance à l'avenir, et ce, pour un bout de temps.

La personne en dépendance affective aura trois critères sur sa liste, qu'elle soit Desperado ou Trou noir affectif: affection, reconnaissance et protection. La seule différence est le sens du courant: le Trou noir affectif tombe sur une fontaine intarissable, et le Desperado, sur un puits sans fond.

Pensez à réfléchir à ce qui vous attire chez l'autre: ses points forts et qualités ou ses faiblesses? Si vous réalisez que c'est ce dernier point qui l'emporte, votre syndrome du sauveur est en train de pointer son nez... Gardez en mémoire que vous cherchez votre complémentaire, pas celui que vous devez sauver. Vos forces moins ses faiblesses et vous formez un couple 1–1. J'y reviendrai.

Choisir la bonne personne n'est pas un jeu de hasard, c'est un recrutement. En déséquilibre affectif, vous attirerez un autre déséquilibré (la loi de l'attraction). C'est pourquoi il faut travailler sur votre bonheur pour attirer une personne heureuse. Pendant onze ans, j'ai réfléchi à ma vie affective sans qu'aucun homme ne vienne interférer dans mes réflexions. Rassurez-vous, vous n'aurez pas à attendre tout ce temps: c'est mon histoire, pas la vôtre, et cette traversée du désert était nécessaire à ma formation de coach. Nombre de mes clients ont rencontré très vite la bonne personne une fois qu'ils eurent compris les règles pour gagner au jeu des échecs amoureux!

Au tout début, j'avais peur de prendre un autre névrosé dans mes filets, croyant que c'était un jeu de hasard. Donc, je restais célibataire. Puis, les années passant, je compris que j'étais capable de détecter les hommes déséquilibrés, ce que je raconte dans mon livre *Gagnez au jeu des échecs amoureux* (éditions Michel Lafon). Rassurée, je pris donc le temps d'observer pour bien choisir. Ce que j'ai compris, c'est que je voulais le même que moi: libre, travaillant à son compte, faisant de son activité une passion, fonceur, innovateur, heureux de vivre et dynamique. Et, surtout, viril. Je n'ai pas écrit «macho» ni «dominateur». Je voulais un homme, un vrai, selon mes propres perceptions. Chaque femme aura les siennes et c'est très bien comme ça.

Bien sûr, le public et les médias me taquinaient souvent en me disant que ce sont toujours les cordonniers les plus mal chaussés: je donnais des conseils pour choisir la bonne personne et j'étais toujours célibataire. Pendant onze ans, j'en ai entendu des réflexions! Et je répondais systématiquement que, sur ce laps de temps, aucun névrosé n'était entré dans ma vie ni dans mon lit, que je respectais donc les consignes de sécurité que j'enseignais et que, quand un cordonnier se chausse, c'est du sur-mesure et c'est pour la vie !

Il est temps de vous raconter comment j'ai trouvé chaussure à mon pied...

Une soirée avec un homme que je n'avais pas vu depuis deux ans et que j'avais rencontré à l'occasion de mes activités. Sortant d'une relation souffrante, il avait lu *Le syndrome de Tarzan* et l'avait aimé. Le métier que j'exerce me porte à rencontrer des gens de tous pays avec lesquels je sympathise, gardant contact par courriel. Bien sûr, je suis à leur disposition pour répondre aux questions qu'ils se/me posent sur la vie. Je gardais donc contact avec lui et, sporadiquement, il m'écrivait au fur et à mesure de ses avancées pour que j'éclaire ses pas. Un an après notre rencontre, nous devions nous revoir, mais nos agendas ne se croisèrent pas, nos vies non plus. Nous continuions à nous écrire pour les mêmes raisons. Souvent, je le rassurais en lui disant qu'une femme formidable existait pour lui, quand il doutait, et que plus il renforcerait sa confiance, plus il aurait de chances de la rencontrer.

Au fil du temps, il me racontait sa vie, ses pensées, son passé, ses blessures, connaissant également tout de moi puisque nous n'avions rien à nous cacher. D'autant que ma vie est racontée dans mes livres. Aucun des deux n'a jamais pensé que quelque chose pouvait se passer... Pour moi, il n'était pas éligible : quand je l'ai croisé la première fois, il commençait à se reconstruire. Pour lui, je ne l'étais pas non plus : installée dans ma vie de célibataire (pas du tout endurcie !), heureuse et prête au bonheur à deux. Jusqu'à cette soirée...

Nous avions plaisir à discuter, la conversation était agréable et la compagnie aussi. Puis vint le temps de nous séparer, il se faisait tard. J'ai pris une habitude que le Québec m'a enseignée : se saluer en se prenant dans les bras (le fameux « hug »). Dans ce geste, aucune arrière-pensée : il me prit dans ses bras pour me dire au revoir quand, soudain, je réalisai que je ne voulais plus en sortir et lui ne voulait plus me lâcher ! Puis, avec toute la douceur du monde, comme si c'était la suite logique, nos lèvres se sont scellées dans un geste tout à fait naturel, qui nous surprend encore. Nous n'avons vraiment rien vu venir. Étourdis par ce qui venait de se produire, sans trop nous parler, nous sommes partis chacun de notre côté.

Bien sûr, il savait que j'avais « regagné ma virginité » au bout de onze années d'abstinence et de célibat, et que je me réservais pour l'homme de ma vie. Je fus également surprise par ma réaction que je ne regrettais absolument pas. Jamais je n'avais été aussi bien dans les bras d'un homme. Le plus fort, c'est que sur toutes ces années, aucun d'entre eux n'avait réveillé du désir en moi. Le plus amusant, c'est que je ne me posais aucune question, baignant toujours dans le plaisir de la soirée, toute la soirée. En y réfléchissant, je me souvins que, lorsqu'il marchait derrière moi, ce fameux soir, j'avais le sentiment incroyable d'être protégée alors que je ne le voyais pas. Il m'avoua plus tard que, dans la même situation, il s'était surpris à éprouver l'envie de veiller sur moi. Mais, n'étant pas éligibles l'un pour l'autre, nous n'en avions tiré aucune conclusion. Il était temps d'en parler ensemble, une fois nos esprits retrouvés. Ayant regagné nos royaumes respectifs, le téléphone fut le moyen le plus pratique pour décortiquer ce qui venait d'arriver. C'est le bon côté des relations à distance : vous passez du temps à discuter. Pour ma part, je ne me posais toujours aucune question, pour la pure et simple raison que j'étais toujours aussi bien et j'en profitais. En fait, le corps vous fait savoir si vous êtes ou non à la bonne place (confort vs anxiété) : le mien confirmait que, quoi qu'il puisse se passer, j'étais à la bonne place. Quand vous atteignez un certain niveau de sérénité, la raison ne vient que confirmer ce que votre intuition vous a dicté. Attention : la névrose peut donner la même sensation puisque vous êtes dans le besoin. Personnellement, je ne l'étais pas : j'étais dans le plaisir !

Nous fûmes obligés de constater que nous étions attirés comme deux aimants et que nous nous ressemblions, ayant de nombreux points communs. Après moultes discussions au cours desquelles il m'exprima qu'il était prêt à s'engager avec moi, je le choisis pour entrer dans ma vie. Nous nous connaissions déjà, avions la même histoire, les mêmes valeurs fondamentales à nos yeux et nous étions attirés tant sur le plan intellectuel, spirituel que sexuel. Pour mettre toutes les chances de son côté afin d'être heureux à deux, il faut valider plusieurs points avant de se lancer : c'est un recrutement ! Je décidai donc de lui offrir ma « virginité », ce qu'il prit comme un hommage, après s'être bien assuré que j'étais certaine de mon choix. Je l'étais, je le sentais au fond de moi.

Ce n'est pas un jeu de hasard, car si nos corps se sont reconnus et aimantés, nous avons réfléchi pour être certains que nous étions faits l'un pour l'autre. Dans le cas contraire, nous aurions décidé de continuer dans l'amitié. Il faut juste savoir si c'est Tarzan qui choisit pour vous ou si c'est votre bon sens et votre équilibre.

Il correspond en tous points à l'homme que je voulais et je représente la femme qu'il souhaitait dans sa vie. Seule inconnue dans l'équation : la distance. Nous ne savons pas si elle renforcera le couple ou l'effilochera. Mais ce que nous savons, c'est que nous nous aimons et que ce que nous vivons est totalement différent des expériences passées. Et même si la distance avait raison un jour de notre relation de couple, elle ne fera que renforcer les sentiments profonds que nous éprouvons. L'amour se transformerait à nouveau en amitié, car nous serons toujours importants l'un pour l'autre. L'amitié, n'est-ce pas l'amour sans le sexe ?

C'est un choix que nous avons fait de profiter de ce qui nous arrive et de voir jusqu'où la relation nous emmènera. Nous sommes sereins l'un et l'autre face à l'avenir, car, quoi qu'il arrive, nous aurons découvert l'amour ensemble et c'est déjà un cadeau.

Nous savons maintenant que l'amour est serein et nourrissant : nous avons confiance l'un en l'autre à 100 % et nous savons que l'autre est bien là. Nous sommes partenaires de vie et non adversaires. La communication permet de se mettre dans les chaussures de l'autre quand il exprime un inconfort, et vice versa. Le respect est présent dans chaque geste, chaque mot. L'ingrédient magique pour la réussite d'un couple, c'est l'amour. Et que signifie l'amour ? Il signifie confiance, respect, complicité, loyauté, admiration, désir. Attention : l'aspect sexuel est aussi important que l'aspect intellectuel, spirituel et les sentiments.

J'ai toujours su que faire l'amour me ferait passer dans une autre dimension: pour faire l'amour, il faut s'aimer soi, aimer l'autre et s'aimer réciproquement. Quand un animateur de radio me demanda en ondes quel était mon fantasme, je lui répondis: « Faire l'amour avec un homme. » Il fut surpris, comme vous pouvez l'imaginer. Pourtant, j'étais sincère, n'ayant eu que des relations sexuelles avec des gros bébés névrosés ! Voilà, c'est fait, je sais ce qu'est faire l'amour avec l'homme que j'aime et qui m'aime. J'étais pourtant une bonne « technicienne du sexe », puisque c'est ainsi que je dominais quand j'étais Trou noir affectif, et que je croyais les garder quand j'étais Desperado, mais ce que j'ai découvert avec lui, avec les sentiments vs la dépendance, est au-delà de tout ce que j'avais imaginé... L'homme que j'ai choisi m'a entraînée dans des contrées que je ne connaissais pas et que nous avons découvertes ensemble. Il y avait tant de choses que j'ignorais de moi dans ce domaine et que je découvre dans nos échanges.

Il n'a pas besoin de moi, je n'ai pas besoin de lui: nous sommes, chacun de notre côté, parfaitement fonctionnels, et nous avons plaisir (vs besoin) à nous retrouver. Il est un « +1 » pour moi comme je le suis pour lui. Et nous vivons cette belle relation depuis un an déjà... Bien sûr, nous avons eu des discussions « musclées », ayant du caractère (et non pas sale caractère !) tous les deux, mais dans le plus profond respect: si le ton montait, les mots restaient respectueux. Des mines de fond sont remontées à la surface des deux côtés et nous avons eu à les gérer: le passé peut ressurgir dans la relation, il faut juste l'identifier et le gérer. Un couple qui s'entend bien va distinguer ce qui appartient au passé en disant à l'autre: ta réaction repose sur les situations avec les ex et je ne suis pas un(e) de tes ex. Cette phrase réenligne celui qui dérapait, poussé par d'anciennes blessures. Il ne faut pas confondre votre conjoint actuel et les précidents.

Notre relation est extraordinaire (au sens propre du terme) et plus elle l'est, plus il faut placer les choses au bon endroit. Il faut être très proches pour vivre une relation à distance... Mais aucun des deux n'a jamais cédé par peur de perdre l'autre: nous sommes restés sur un pied d'égalité et c'est ce qui fait la force de l'union. Pas de SCC (sacrifices, compromis, concessions) ! Nous trouvons notre zone de confort. Si nous devions reprendre chacun notre liberté, à cause de la distance ou autre, nous y sommes prêts, autonomes tous les deux au lieu d'être inféodés l'un à l'autre. Nous nous sommes promis que si un jour l'un des deux ou les deux devenait un « -1 » pour l'autre, il faudrait arrêter la relation de couple.

Je n'ai pas dit que nous n'aurions pas un deuil à faire, une peine à vivre, si le couple ne pouvait plus fonctionner. Mais nous avons déjà accepté que cela puisse arriver et nous sommes suffisamment forts et confiants pour vivre cette relation, en nous remplissant la mémoire des cellules de tout ce bonheur et en profitant intensément de tout ce que nous découvrons. Il faut vivre l'instant présent, sans hypothéquer l'avenir et assumer tout ce qui peut se produire.

Ce qui me marque le plus, c'est de ne plus avoir l'impression que la relation agit comme un calmant sur un mal de dents. En dépendance affective, l'autre est un anesthésiant et vous met dans cet état euphorique qui génère la fusion : après la douleur de la solitude, il vous donne l'impression que vous n'aurez plus jamais mal. Ce mal qui est juste endormi momentanément, car l'infection est toujours là... Dans ma relation, je ne vois pas mon conjoint comme un médicament : j'étais déjà heureuse en tant que célibataire, je suis heureuse aujourd'hui de partager mon bonheur avec lui et lui avec moi. Mais il n'y a plus cette notion de manque que le partenaire calme quand il est là. Nous vivons séparément et loin, mais aucun des deux ne ressent un vide. Nous sommes tout le temps comblés, seuls ou à deux, ce qui serait une réalité si nous vivions sous le même toit. En déséquilibre, quand l'autre s'éloigne quelque temps, vous ressentez une panique, un gouffre s'ouvre sous vos pieds. Et quand il revient, vous ressentez un soulagement immense qui vous fait croire que vous êtes heureux. Pourtant, c'est le même principe que lorsque votre dealer vient vous fournir en drogue : vous l'aimez ! Quand il s'en va, vous paniquez. Et quand il revient, c'est l'euphorie : votre bouteille d'oxygène est revenue et vous vous sentez soulagé.

En amour, cet effet n'existe pas: vous êtes serein en permanence, que votre partenaire soit à vos côtés ou au loin, car vous avez l'assurance qu'il vous aime et qu'il est bien là.

Relire ce livre a été pour moi un bond dans le passé: me remettre dans mes chaussures de célibataire, persuadée que je connaitrais l'amour un jour a été une expérience unique.

Si vous êtes célibataire ou sur le point de l'être, croyez à l'amour et en vous aussi. Vous le méritez. Soyez d'abord heureux par vous-même, puis suivez les consignes de sécurité et étudiez bien le curriculum vitae (le passé) de la personne que vous choisissez.

Quant à l'identité de l'homme que j'aime, nous avons décidé que, pour vivre heureux, il valait mieux vivre cachés. Voilà le secret que vous me permettrez de garder... Étant donné que je suis médiatisée, pas question de livrer en pâture ce bonheur si précieux à ceux qui sont affamés et qui remuent la boue et la saleté. C'est notre choix et les gens équilibrés le comprennent et le respectent tout à fait.

28.

Je te veux et je t'aurai !

Comment savoir qui vous voulez ? Une personne que je suivais en « coaching » avait beaucoup de mal à évaluer si elle était avec l'homme qu'il lui fallait, bien que celui-ci la fît souffrir : le poisson dans le bocal ne voit pas qu'il est dans l'eau. Comme je lui demandais d'établir la liste des qualités qu'elle souhaitait trouver chez un homme et qu'elle n'en fit rien, j'en établis une moi-même, y jetant toutes sortes de qualités, par ordre alphabétique. Le tableau est en deux parties : les qualités de l'homme ou la femme de vos rêves et les qualités de la personne avec laquelle vous vivez. À vous de mettre des croix dans la petite colonne de gauche puis dans celle de droite, et comparez :

QUALITÉS DE L'HOMME OU DE LA FEMME

DE VOS RÊVES		AVEC QUI VOUS VIVEZ
	a réglé son passé	
	adorable	
	affectueux/affectueuse	
	aimant les enfants	
	amoureux/amoureuse	
	attentionné(e)	
	autonome	
	aventurier(ère)	
	battant(e)	
	bel homme/belle femme	
	bon amant/expérimentée	
	bricoleur/bricoleuse	
	câlin(e)	

DE VOS RÊVES		AVEC QUI VOUS VIVEZ
	calme	
	capable d'initiatives	
	charismatique	
☎	communicant(e)	
	compétent(e) professionnellement	
	complimenteur/complimenteuse	
	compréhensif/compréhensive	
	courageux /courageuse	
	courtois(e)	
👓	cultivé(e)	
	curieux/curieuse	
	direct(e)	
	doux/douce	
	émotif/émotive	
	énergique	
	équilibré(e)	
	extraverti(e)	
	fiable	
	fidèle	
	fougueux/fougueuse	
	franc/franche	
	galant(e)	
	généreux/généreuse	
$$	gère son argent	
	heureux/heureuse d'être en couple	
	honnête	
☺	humoriste	
	imaginatif/imaginative	
	impliqué(e) dans la vie de couple	
	indulgent(e)	
	ingénieux/ingénieuse	
	innovant(e)	
🕮	instruit(e)	

DE VOS RÊVES		**AVEC QUI VOUS VIVEZ**
	irrésistible	
	joie de vivre	
☺	joyeux/joyeuse de vivre	
	mature	
	minutieux/minutieuse	
	musclé(e)	
	organisé(e)	
✞	ouvert(e) au mariage	
	participe aux tâches ménagères	
	passionné(e)	
	patient(e)	
☎	ponctuel(elle)	
	positif/positive	
	présent(e)	
	prévenant(e)	
	prêt(e) à s'engager	
	protecteur/protectrice	
	respectueux/respectueuse	
	romantique	
	sécurisant(e)	
	séducteur/séductrice (uniquement avec vous)	
	séduisant(e)	
	sensible	
	serein(e)	
	serviable	
	sociable	
	soigneux/soigneuse	
	solide	
	spontané(e)	
🚲 ⛳	sportif/sportive	
	stable de caractère	
	stable financièrement	

DE VOS RÊVES		AVEC QUI VOUS VIVEZ
	stable professionnellement	
	stimulant(e	
	structuré(e)	
	sûr de lui/sûre d'elle	
	surprenant(e)	
	sympathique	
	tendre	
	travaillant(e)	
	veut des enfants	
♥♥♥	vous dit qu'il/qu'elle vous aime	

Vous l'aurez compris, il s'agit de qualités qui ne sont que des propositions pour ceux qui n'ont pas d'idées précises. Vous pouvez tout à loisir dresser votre propre tableau. Attention, je n'ai jamais dit que la personne doit correspondre exactement à tout ce que vous aurez noté. Cependant, vous serez peut-être surpris de constater à quel point votre conjoint correspond à vos critères ou en est éloigné. L'intérêt de ce tableau est simplement de vous faire réaliser que vous êtes avec la bonne personne (les croix sont à peu près identiques dans les deux parties du tableau) ou que vous êtes totalement « à côté de la plaque ». Faites-en bon usage !

J'avais moi-même établi le profil de celui que j'attendaiss et peut-être, puisque vous et moi sommes devenus plus intimes à présent, êtes-vous curieux d'en prendre connaissance.

Je le voulais beau à l'intérieur comme à l'extérieur, ayant réglé son passé, étant en paix avec ses parents et ayant terminé sa relation avec sa dernière conjointe (deux ans de célibat avant notre rencontre). D'expérience, je sais qu'après une rupture il est nécessaire de laisser du temps pour le deuil, sinon l'ex risque de faire interférence. En revanche, je ne lui demandais pas l'abstinence et s'il a eu des aventures, l'un de nous deux avait au moins le mode d'emploi, parce qu'en ce qui me concerne, même si c'est comme le vélo (ça ne s'oublie pas !), il a fallu tout de même me laisser le temps de me remettre en selle. Il a trouvé sa propre sérénité et son équilibre, ce qui fait de lui un épicurien heureux et en harmonie avec lui-même. C'est un battant, généreux, ouvert, avec un sens de l'humour, un sportif, autonome et libre de suivre son étoile – car je suivrai la mienne –, galant et attentionné, qui n'a peur de rien, prêt à soulever des montagnes pour réaliser ses projets. Je souhaitais également me marier, car, par le mariage, il passerait le message que je lui appartiens. Eh oui, je rêvais d'appartenir à l'homme de ma vie, corps et âme, et je lui appartiens, sans pour autant avoir besoin de me marier. Je peux sentir, Madame la féministe, votre désapprobation. Nous en reparlerons dans la dernière partie du livre. D'autant qu'après avoir divorcé, vous ne pouvez comprendre que je souhaite me remarier : je ne me suis pas trompée d'acte, je me suis trompée d'acteur ! Et depuis que nous sommes ensemble, il a présent à l'esprit, à chaque seconde, que le bonheur est précieux et qu'il grandit, chaque jour, avec nous. Je voulais voir dans ses yeux la force, le respect et la même tendresse que celle qu'affiche King Kong quand il tient celle qu'il aime dans sa puissante main. J'y lis aussi le désir insatiable de se repaître de ma féminité et la promesse que sa masculinité comblera toutes mes attentes. Parce que, moi aussi, j'ai faim.

Nous aurons la même philosophie de vie, portés tous deux vers les autres, et il prendra merveilleusement soin de moi afin que je sois au maximum de mes ressources pour prendre soin des autres. Et je le lui rendrai au centuple !

Attention : ceci n'est pas un avis de recherche. Quoique...

Ce portrait me ressemble. Souvenez-vous : les extrêmes ne s'attirent que chez les personnes touchées par la dépendance affective.

Dans la quarantaine, j'aurais ajouté que je souhaitais avoir un bébé avec cet homme formidable, mais aujourd'hui, à 53 ans, il y a prescription ! Après ce que j'avais vécu avec Jules durant ma grossesse, la blessure était si profonde que j'avais décidé de ne plus jamais avoir d'enfant. Jim, lui aussi, voulait m'épouser et avoir un bébé et je m'y refusais catégoriquement. Jusqu'au jour où j'acceptais, pour le bébé, voulant fuir un job que je ne supportais plus. L'horrible excuse ! Il passa la nuit sur le canapé, traumatisé ! En bon Trou noir affectif qu'il était, il avait eu le réflexe de me ligoter par le mariage et l'enfant, mais au pied du mur, plus de maçon ! Ses névroses étaient bien là et commençaient à s'agiter. Heureusement qu'il fit sa crise avant la catastrophe, sinon, je repartais pour un tour. Avoir un autre enfant dans de bonnes conditions eut été une réparation. Puis, le temps passant, j'en ai fait le deuil et je n'ai plus d'attentes à ce niveau-là. Vous avez le droit de dire que vous ne vous remarierez plus jamais et n'aurez pas d'autre enfant. Je vous demande juste d'imaginer ces deux situations avec une personne qui vous aime et que vous aimez vraiment. J'en ai aussi dans mon entourage, des opposants au mariage qui ont eu l'intelligence de comprendre qu'ils étaient avec la bonne personne : il leur a paru tout à fait naturel de se marier.

Une phrase d'une femme m'a beaucoup touchée. Elle n'a jamais rencontré celui avec lequel elle aurait voulu un bébé et a toujours refusé d'en faire un toute seule. Elle m'a dit : « Je n'ai pas eu d'enfant, par amour pour l'enfant que je n'ai pas eu. »

Chaque femme est libre d'avoir un bébé toute seule. C'est cependant dommage de céder à la panique à cause de la fameuse horloge biologique. Parce qu'une grossesse est une merveilleuse expérience à deux et même si je ne l'ai pas vécue ainsi, je sais néanmoins ce que ça doit être. Quant à vous qui vivez seule pour l'instant, demandez-vous pour qui vous voulez un enfant. Pour lui ou pour vous ? Même si vous attendez le dernier moment, ça vaut le coup de le vivre à deux. Un jour, vous tombez sur un homme extraordinaire et, tout naturellement, vous avez un bébé : le fruit de votre amour, tout simplement. Et même si vos enfants sont parfois le fruit de l'attachement névrotique, il n'en reste pas moins que vous les aimez et que vous leur donnez tout ce dont vous avez manqué. Peut-être est-ce également une réparation...

29.

Le billard à trois bandes : plus facile dans la vie que sur une table !

Un autre phénomène qui brouille facilement les cartes et vous envoie régulièrement sur une personne névrosée, c'est jouer au billard à trois bandes dans une nouvelle relation. Et si vous y jouez, c'est que vous avez, vous aussi, quelque chose à régler.

Connaissez-vous ce jeu ? Il s'agit de toucher trois des quatre bandes de la table de billard, avant de percuter la boule visée, pour l'envoyer dans le trou. Croyez-moi, c'est plus facile à faire en relations humaines que sur la table de billard.

Dès la première rencontre, pourquoi ne pas agir simplement et honnêtement ? Ça vous permet de constater que la personne en face de vous est également simple et honnête si elle répond à vos sollicitations comme vous le souhaitez : vous êtes sur la même longueur d'onde.

Au lieu de cela, quand elle vous donne son numéro de téléphone, vous attendez trois jours avant de l'appeler. Les fameux trois jours ! Sinon, elle va croire que vous êtes intéressé. Mais vous l'êtes ! Et si vous êtes à ce point intéressé, appelez-la deux minutes après l'avoir quittée !

Ensuite, lors du premier rendez-vous, pourquoi ne pas dire que vous aviez hâte de la revoir ? Parce qu'il pourrait croire que vous êtes envahissante ou elle va penser que vous êtes possessif ? Et si cette personne pensait la même chose que vous, ravie qu'elle est de vous retrouver ?

Pourquoi lui parler d'un autre homme qui vous fait la cour ou d'une femme qui vous tourne autour, tout ça pour voir si elle est jalouse ou s'il tient un peu à vous ? Enfantillages !

C'est jouer au billard à trois bandes, c'est brouiller les pistes et, finalement, vous êtes perdant car soit la personne est aussi manipulatrice que vous et c'est parti pour un tour dans la dépendance affective, soit elle est simple et honnête, et votre attitude aura tôt fait de l'ennuyer : vous la perdez !

Soyez vous-même, soyez sincère et exprimez ce que vous ressentez afin de vous y retrouver. Les malentendus, les incompréhensions, tout ce qui pollue une belle relation, c'est vous qui les générez.

30.

Le célibat ou la sagesse d'attendre la bonne personne

Quand une personne est célibataire, parfois depuis un bon bout de temps, pourquoi pensez-vous qu'elle est homosexuelle ou qu'elle a un gros défaut à cacher ? Je vous vois bien rougir ! Et si elle avait simplement la sagesse d'attendre la bonne personne, refusant de se perdre dans des relations sexuelles sans lendemain ? Pourquoi est-ce que ça inquiète autant, quelqu'un qui n'a pas fait l'amour depuis longtemps ? Parce que vous ne pouvez pas vous en passer, vous imaginez que les autres non plus et que cette absence de sexe ne peut être générée que par un gros défaut caché. Ne seriez-vous pas dépendant ?

Tout est question de motivation : si vous prenez mon cas, j'étais motivée par le fait de rencontrer un homme exceptionnel et ce n'est qu'à cette condition que j'accepterais de faire l'amour. Ce jour-là a été beau et extraordinaire, et savez-vous pourquoi ? Parce que je l'ai choisi en mon âme et conscience, parce que je me suis donnée comme si j'étais vierge, comme si c'était la toute première fois. Et c'est bien ce que toute femme devrait faire à chaque début de relation. Ça valait vraiment le coup d'attendre ! En revanche, je n'envisageais pas une relation platonique car, pour moi, faire l'amour est le secret de la complicité entre deux personnes. Je me souviens de Jules qui m'avait demandé quelle part prenait le sexe dans un couple, à mes yeux. J'avais répondu 80 %. Il m'a ri au nez, pensant que c'était beaucoup moins, lui qui partit chercher son faible pourcentage de sexe ailleurs dès que, enceinte, je l'avais dégoûté. Il me demandait souvent ce que je faisais avec un homme de dix ans de plus que moi, m'exprimant sa peur que je le quitte pour un homme de mon âge. C'est lui qui est parti avec une plus jeune que moi ! Dans la tribu de Tarzan, l'âge ne compte pas, seule l'intensité des névroses est la référence.

Être capable de vivre seul et d'être heureux, en attendant sereinement de rencontrer la personne qui correspond à votre demande précise : voilà, à mon avis, le symptôme d'une vie équilibrée. Quoi de plus fantastique qu'être en parfaite harmonie avec soi-même et rencontrer quelqu'un dans le même cas ? Assis sur votre branche, vous pouvez regarder les autres virevolter de liane en liane, attendant sagement que quelqu'un vienne se poser à côté de vous.

Un homme m'avait conseillé de taire mes onze années d'abstinence, « parce que ça pouvait faire peur à celui que j'allais rencontrer ». Quand je vous dis que les commentaires que vous émettez parlent toujours de vous. Auriez-vous peur, cher Monsieur ? Pensez-vous vraiment que l'énergie sexuelle inutilisée pendant toutes ces années se stocke au fur et à mesure et que le jour J ou le soir S elle explose telle une bombe nucléaire dont la déflagration risque de souffler ce pauvre suicidaire ? Et je n'ai pas eu à lui faire signer une décharge, pour le cas où son cœur aurait lâché afin de ne pas être poursuivie par ses héritiers. Que pensez-vous qu'une femme sevrée ait de plus dangereux qu'une autre ? Rien, bien au contraire : elle est prête à faire l'amour encore et encore, savourant avec délice chacune de vos attentions.

Tous ces gestes qui vous paraissent anodins, vous qui avez un conjoint, embrasser, caresser, être touché, sentir son corps chaud dans la nuit, prendre dans vos bras, être pris dans les siens, tout ce qui fait votre quotidien et que vous ne remarquez même plus, c'est ce dont rêvent les célibataires. Mais pas à n'importe quel prix et pas avec Tarzan.

Personnellement, pour la chaleur dans le lit, je m'étais rabattue sur une couverture chauffante, mais je dois vous avouer que je ne suis pas fan de tout ce qui est électrique, parce que, pour moi, rien ne remplace l'humain…

Je me suis souvent surprise à envier les actrices, dans les scènes de baisers langoureux : elles embrassent de beaux garçons, même quand elles sont célibataires, et en plus elles sont payées pour ça. Il m'arrivait souvent de me demander si je me souviendrais comment on fait. Il n'y a rien de plus merveilleux que le premier baiser, échangé avec la personne que vous allez aimer. Et si parfois mon corps me rappelait à l'ordre car il s'ennuyait, je lui projetais ce que serait ce premier contact et les autres, et il se rendormait sagement, la tête pleine des plus belles promesses que je lui faisais : je lui avais promis l'élite et le paradis, et nous l'avons aujourd'hui !

La Saint-Valentin, au lieu de me déprimer, me faisait penser que c'était peut-être la dernière fois que je serais seule ce jour-là parce que l'année prochaine, ou la suivante, je la passerais avec un homme extraordinaire. La douzième année, mon Valentin m'a accompagnée. Cependant, chaque fois, je la passais quand même avec une personne qui m'aime sincèrement : moi ! Et quand je vous vois, malheureux en couple et faisant semblant ce soir-là, sorte de trêve dans la course à la souffrance, je suis heureuse d'être seule. J'en ai passé des soirées brinquebalantes et hypocrites et je ne le revivrai pas. Chaque personne célibataire qui a réfléchi sur sa vie a le droit de penser que l'année prochaine elle sera avec son Valentin ou sa Valentine, le ou la vraie, pas un ou une névrosée. Une année, ce jour précis, j'étais en formation et je me suis présentée avec un panneau dans le dos indiquant le style d'homme que je recherchais. Je fus surprise de la réaction de certaines qui m'avouèrent que jamais elles n'auraient osé afficher qu'elles étaient seules. Pourquoi ? Parce qu'encore une fois, ça inquiète, surtout dans la tribu de Tarzan.

Le pire, c'est lorsqu'une personne bien intentionnée vous dit : « Mais je ne comprends pas qu'une femme séduisante et intelligente comme toi soit seule. » Peut-être est-ce justement parce que je suis intelligente que je ne partais pas avec le premier névrosé !

Je déjeunais avec deux jolies femmes, une dans la trentaine et l'autre dans la quarantaine, adorables et célibataires, quand l'une d'entre elles affirma que tous les hommes bien, entre 30 et 40 ans, étaient déjà pris. Ce que je démentis sur-le-champ en leur répondant que les hommes pensaient la même chose des femmes alors que j'avais devant moi deux contre-exemples. Il est vrai que, comme je l'ai indiqué précédemment, c'est entre 20 et 35 ans que le choix d'un conjoint se fait, mais il se défait souvent aussi à partir de 35 ans. Il faut alors attendre la deuxième fournée, si je puis dire, car ceux qui se sont séparés sont de nouveau sur le marché, avec de plus ou moins grandes blessures. À vous de repérer celui ou celle qui correspond à ce que vous recherchez et, après la lecture de ce livre, vous ne pourrez plus vous tromper !

Je faisais partie de la deuxième fournée, ayant déjà vécu deux vies de couple, et j'étais consciente qu'il y avait de fortes chances pour que je rencontre un homme dans le même cas que moi, et tant mieux : ayant eu nos propres expériences et en ayant retiré la substantifique moelle, c'est ce qui nous permet d'être heureux ensemble. C'est tout le « mâle » que mes amis me souhaitent !

31.

Tarzan est partout !

Ainsi que je l'ai déjà expliqué, Tarzan ne sévit pas que dans les foyers. Il vient également s'immiscer dans la vie professionnelle et sociale. Qu'il s'agisse du conjoint, du patron ou de qui que ce soit d'autre, comme vous avez quelque chose à régler, ils viennent appuyer là où ça fait mal. Et je suis bien placée pour vous l'expliquer: écrasée par des employeurs et détroussée par des gens que j'ai aidés, je dois dire que là non plus je ne fus pas épargnée!

Dans la vie professionnelle

J'avais un tel besoin de reconnaissance que je jouais les Don Quichotte avec les patrons qui avaient des comportements dictatoriaux, voire illégaux. Je voulais à tout prix les remettre sur le droit chemin. Quand je vous disais que j'ai connu des aventures avec des garçons gratinés, certains patrons n'avaient rien à leur envier. L'un courait dans les couloirs en hurlant qu'il allait me tuer (il était suivi par un psychiatre et sa secrétaire était traitée pour des ulcères à l'estomac), l'autre me reprochait de ne pas mettre de jupes assez courtes ni de talons assez hauts, alors que sa femme travaillait dans son entreprise. Il y eut celui qui terrifiait et insultait ses employés et les virait en voulant me faire porter le chapeau, celui qui revenait ivre mort l'après-midi, celui qui racontait que j'étais sa maîtresse, et j'en ai certainement oubliés. Arrivée au Québec, persuadée que j'avais laissé les patrons déséquilibrés en France, je tombai sur une femme pour laquelle j'étais formidable la veille et qui me vira le lendemain, sans autre forme de procès. J'avais juste oublié que mes névroses avaient franchi l'océan avec moi. Croyez-vous que cette brochette de personnes névrosées étaient dans ma vie professionnelle par hasard? Je les ai, pour la plupart, affrontées vainement car un patron a toujours raison et ce n'est pas d'un employé révolté dont il a besoin, mais d'un bon psychothérapeute et vous ne pouvez pas être le psychothérapeute de votre patron, non plus ! Fort heureusement, au cours de ma carrière professionnelle, j'ai eu le plaisir de travailler avec trois hommes qui, parce qu'ils reconnaissaient mes qualités, ont eu le meilleur de moi-même, et je leur conserve toute mon amitié.

D'ailleurs, vous savez maintenant que vous pouvez passer de Trou noir affectif à Desperado selon les circonstances. Et que croyez-vous qu'il arrive quand votre chef hiérarchique est un tyran et qu'il ne porte pas la culotte à la maison ? Desperado chez lui, il peut devenir Trou noir affectif au boulot ! L'inverse est vrai aussi : Madame Trou noir affectif peut s'aplatir devant tout le monde au bureau.

Il est fort possible qu'un supérieur hiérarchique Trou noir affectif ne reconnaisse jamais le travail des autres, pour compenser le fait que l'on ne reconnaisse jamais le sien non plus. Alors qu'un Desperado passera son temps à reconnaître le travail des autres, essayant désespérément de faire reconnaître le sien.

Pourquoi certaines personnes sont détestables au bureau et adorables en société, ou adorables au travail et épouvantables à la maison ? Ce besoin de reconnaissance excessif ne se traduit pas de la même façon dans les deux situations. Et que pensez-vous d'une personne adorable au bureau, adorable à la maison et en société ?

Être reconnu pour ce que vous êtes est très valorisant ; cependant, si certains ne le font pas, passez votre chemin, ne vous « attachez » pas à ça. Demandez-vous si votre besoin de reconnaissance est légitime ou excessif. Dans votre milieu professionnel, si la hiérarchie ou les collègues ne reconnaissent pas votre travail à sa juste valeur, si ça vous fait souffrir, que pensez-vous de changer de job ou de suivre une thérapie ?

Et dans la vie sociale, aussi !

Pour se faire aimer de tout le monde (pas uniquement de son conjoint), le Desperado ne sait pas dire non et il donne facilement. J'ai dû apprendre à dire non et à devenir prudente, et non pas méfiante. Avant ça, j'ai souvent prêté de l'argent que j'ai inscrit dans la colonne des pertes jusqu'à aujourd'hui, cependant il paraît qu'un beau jour cela s'inscrit au centuple dans la colonne des profits ! Je parle de gens que je connaissais peu ou pas, dans le besoin, qui sont venus vers moi (au hasard !) pour me demander de l'aide et de l'argent, que je leur ai prêté en toute confiance. Je ne les ai jamais revus. La générosité est une belle qualité et même lorsque je ne peux avoir la preuve que la personne est sincère, dans le doute je ne m'abstiens pas : je prête.

Amusant de constater que Jules et Jim, qui m'ont pris beaucoup d'argent, m'en ont rapporté... Si une voyante m'avait prédit que les deux ex, la maîtresse de l'un et son ex, en plus de ma mère me rapporteraient de l'argent, j'en aurais été perplexe. Pourtant, *Le syndrome de Tarzan* est devenu un best-seller et me permet de faire des coachings, des conférences et des médias. Qui l'eût cru ?!

Les derniers à avoir profité de mon lien avec Tarzan ? Un couple, que j'ai nommé presque affectueusement Bonnie and Clyde : ils me firent croire que leur maison avait brûlé (ils n'ont jamais eu de maison) et je les recueillis donc chez moi, logés, nourris pendant deux mois. Un Desperado est incapable de laisser des gens dehors, en plein hiver, d'autant qu'il est tout heureux de se rendre utile. Pour me remercier, ils s'enfuirent avec mon tracteur à gazon tout neuf et tout l'argent que je leur avais avancé, ayant eu le temps d'essayer de me dénigrer auprès de mes voisins. Non contents de vivre à mes frais, ils montaient les gens contre moi. Mais le pire reste à venir : ayant signé des contrats de déneigement avec des commerçants du village voisin, ils encaissèrent les chèques et ne déneigèrent jamais. Mon adresse et mon numéro de téléphone figurant sur les fameux contrats, les victimes se retournèrent contre moi, pensant que j'étais leur associée. Heureusement, les deux acolytes eurent la bonne idée (ou pas d'autre choix et c'est tant mieux pour moi !) de rembourser le moins commode d'entre eux, qui n'était pas un ange et nous aurait fait vivre, à tous les trois, un enfer ! Par la suite, un homme débarqua chez moi, réclamant sa pelle mécanique, persuadé que son fils, qui la lui avait volée, me l'avait vendue. Bien sûr, il s'agissait de Clyde, et le père expliqua qu'il était violent et dangereux, qu'il fut condamné pour ça et que le gagne-pain du couple était l'escroquerie. Clyde, Trou noir affectif, était le meneur, bien déterminé à arracher coûte que coûte ce qu'il n'avait pas eu dans son enfance. Ce qu'ils m'avaient dit de leur passé, pour peu que ce fut vrai, me porte à croire qu'ils avaient été programmés à prendre leur revanche, Bonnie suivant Clyde aveuglément.

Avant eux, il y a eu celui qui avait besoin d'argent pour payer la pension de ses rejetons, celui qui sortait de prison, celle qui quêtait pour ses enfants car elle ne touchait pas le chômage et que je retrouvais l'année suivante au même endroit, avec le même discours (vous la trouverez au Vieux-Port, l'été !), celui dont on a volé la sacoche dans la voiture et qui n'a plus d'argent pour prendre un taxi (celui-là est tombé sur moi deux étés de suite. Pur hasard !), et j'en oublie sûrement ! Bref, tout cela pour vous expliquer que la dépendance affective vous expose à toutes sortes de prédateurs. Je vous encourage, encore une fois, à la prudence, pas à la méfiance. Les gens peuvent bénéficier de votre générosité et non en profiter !

Avez-vous remarqué comme vos actes de générosité vous poussent inconsciemment à contrôler la vie de celui auquel ils s'adressent ? Refusez-vous de donner de l'argent à un sans-abri sous prétexte qu'il va acheter de l'alcool ? Je comprends votre intention positive : vous voulez protéger sa santé, cependant où s'arrête la générosité et où commence le contrôle ? Vous acceptez de l'aider à condition qu'il fasse ce que vous voulez. Qui êtes-vous pour décider pour lui ? Dans ce cas, proposez-lui un job et un toit. Donnez-vous plus à ceux qui écrivent sur un carton qu'ils sont prêts à travailler ? Quand vous vous retrouvez dans la rue, sans personne pour vous soutenir, pensez-vous que vous avez besoin de manger pour vivre une vie de misère ou de boire pour l'oublier ? En quoi ça vous regarde, ce qu'il fera de l'argent que vous lui donnez. En ce qui me concerne, je donne pour donner, pas pour contrôler ; et s'il boit un coup parce que sa vie est trop moche pour garder le sens des réalités, que ce soit à ma santé ! Vous n'obligerez personne à se battre pour survivre, contre son gré. D'où vient ce besoin de faire reconnaître votre générosité ?

Tarzan pointerait-il son nez ? Mettez-vous cinq minutes dans les chaussures et le manteau troués de celui qui a tout perdu et dites-moi franchement ce que vous faites de l'argent que vous recevez.

Le besoin de reconnaissance étant très fort, Desperado ou Trou noir affectif, vous n'avez de cesse que les fautifs soient punis, seule façon pour vous d'être reconnu, ce qui peut vous entraîner dans la haine et la vengeance. Dans mon cas, peu m'importe ce que ce couple pense de moi, ça ne m'empêche pas de me reconnaître dans ma générosité et ça, ils ne peuvent pas me l'enlever. Je les remercie aussi car, grâce à eux, j'ai compris la leçon et s'ils seront les derniers à profiter de ma mauvaise programmation, ils ne seront pas les derniers à bénéficier de ma prudente générosité.

Et si je viens de consacrer un petit paragraphe à ceux qui ont profité de ma névrose, je pourrais consacrer un livre tout entier à ceux qui partagent mon amitié. Ce sont des personnes auxquelles j'ai tout donné sans les connaître et qui me l'ont rendu de la même façon, parce que nous étions au diapason. C'est une amitié coulée dans le béton.

Et en parlant de dépendance qui se propage, je me pose des questions au sujet de ceux qui ont un chien ou un chat qu'ils traitent comme un enfant ou, pire, comme un conjoint ! Quand je constate leur satisfaction à expliquer que cet animal dépend entièrement d'eux, qu'il rend tout l'amour prodigué sans compter, qu'il est toujours heureux, toujours en adoration devant son maître ou sa maîtresse, j'avoue que je m'interroge. Ce compagnon à quatre pattes, dans ce cas précis, nourrirait-il quelque névrose ? Car même si Monsieur remue la queue quand Madame rentre le soir (c'est une image !), il n'aura pas un quart de l'attention qu'elle donne à son chien. Desperado avec le chien et Trou noir affectif avec son conjoint... Mauvaise pioche !

La dépendance affective produit également des parents indifférents parce que Trous noirs affectifs ou manipulateurs, et envahissants parce que Desperados. Une mère qui ne pense qu'à sa carrière ou à sa vie affective a un comportement de Desperado et risque fort de délaisser ses enfants, devenant Trou noir affectif pour eux. Un père qui fait remarquer tous les jours à ses enfants qu'ils sont ingrats, s'il est injuste, que pensez-vous qu'il soit en essayant de les culpabiliser pour les manipuler?

Pourquoi avez-vous ce sourire en coin? Vous pensez à votre beau-père autoritaire qui exige sans donner ou à votre belle-mère qui ne sait pas quoi faire pour vous faire plaisir et vous attirer chez elle. Ou encore votre mère qui se plaint toujours, jouant les victimes pour vous agripper et vous culpabiliser, et votre père qui se laisse écraser pour avoir la paix. Que vous vous posiez la question pour votre entourage ou pour vous-même, si vous constatez un comportement excessif, regardez-y de plus près.

Petit test pour vérifier si vous suivez: à votre avis, à quelle catégorie appartiennent les gourous et les dirigeants de sectes? Desperado ou Trou noir affectif? Que recherchent-ils quand ils exigent d'être vénérés, entretenus et dorlotés par chaque membre? Sans parler de leurs exigences sexuelles. Vous avez deviné: Trou noir affectif, à bien plus de neuf sur notre fameuse échelle! Quant aux disciples, ils sont également hauts sur l'échelle, en tant que Desperados, pour donner leur argent, leur corps et leur vie en échange d'un peu d'affection et de reconnaissance. Mais en reçoivent-ils, au moins? Pas si sûr!

Dans un autre registre, si vous prenez le cas de Darth Vader, dans la grande saga de *La guerre des étoiles*, visionnez les films II et III et vous comprendrez pourquoi ce personnage a une telle soif de revanche et de puissance: il est séparé tout jeune de sa mère, il pense que son maître Jedi ne le reconnaît pas à sa juste valeur, qu'il est jaloux et l'empêche de progresser et, pour finir, Vader ne réussit pas à sauver sa mère, qui meurt dans ses bras, ni sa femme. Eh oui, je vous le dis, Darth Vader est un méchant Trou noir affectif!

Quand je vous dis que la dépendance affective est partout: même dans les autres galaxies!

32.

Ma vie après Tarzan

Si j'ai mis plus de quarante ans à me libérer de mes lianes, c'est parce que, suspendue au-dessus du vide, je suis remontée seule, à la force du poignet. Ce n'est qu'à l'âge de 41 ans, après la dernière séparation, que j'ai compris que j'avais une névrose à régler. Pas si simple à accepter. C'est l'humour qui m'a permis de reconnaître que tous ces Tarzans, dans ma vie professionnelle et privée, c'est la névrosée que j'étais qui les avaient attirés. L'idée de me faire aider m'avait traversé l'esprit, mais j'avais écarté la solution d'un psychiatre ou d'un psychologue parce que ce n'était pas assez proactif à mes yeux : je connaissais mes failles et je cherchais à me reconstruire, pas à comprendre pourquoi j'étais démolie. La croissance personnelle ajoutée à ma volonté de m'en sortir m'avaient suffisamment avancée dans ma démarche de changement pour que le Shiatsu soit efficace rapidement. Si vous êtes déterminé à changer, je peux vous assurer, pour l'avoir vécu moi-même et l'avoir constaté chez les personnes que j'ai accompagnées, que ça peut aller très vite. À condition de faire appel à un coach ou un psychothérapeute en lequel vous avez toute confiance.

Quand votre changement est enclenché, vous remarquez que le tri se fait dans votre entourage. Ceux qui étaient en interaction névrotique avec vous s'en vont. Bon débarras ! Parce que les vrais amis, vous les gardez toute votre vie : quand on aime, on ne peut pas « désaimer » ! Ceux que j'ai laissés en France sont toujours à mes côtés, malgré la distance et malgré mon profond changement. D'autres se sont détournés, et je sais pourquoi maintenant.

Finalement, je me sens comme une personne qui aurait monté à pied les cent douze étages d'une tour parce qu'elle ne savait pas qu'il y avait un ascenseur. Un « coaching » m'aurait rapidement téléportée au sommet. Cependant, je ne regrette pas chaque palier parce que j'ai eu le temps de décortiquer et de comprendre tout ce qui démolit et ce qui reconstruit. Et mon métier, aujourd'hui, c'est liftier !

C'est là toute la différence entre les psys et moi : ils sont académiques parce qu'ils ont appris sur les bancs de l'école, alors que je suis expérientielle, parce que j'ai appris sur les champs de bataille. Bien sûr, j'ai tous mes diplômes en PNL (programmation neuro linguistique), mais la dépendance affective n'a plus de secret pour moi, car je l'ai traversée et terrassée. D'autant que j'ai été Trou noir affectif et Desperado : je ne juge personne, pas plus que je ne juge qui j'ai été. Voilà pourquoi je suis devenue la spécialiste de la dépendance affective et, surtout, du bonheur !

Il m'a fallu comprendre, petit à petit, que je suis quelqu'un de bien, que j'ai le droit de vie ou de mort sur mon bonheur, et que j'ai laissé toutes ces personnes m'écraser, pendant de nombreuses années, les poussant moi-même toujours plus loin dans leurs propres névroses.

Je tiens encore à préciser que je ne les juge pas. Je me sers de leur cas et du mien pour vous expliquer la synergie entre les personnes en dépendance affective. Si elles étaient névrosées, je l'étais aussi, sinon, nous ne nous serions jamais rencontrées ! Souvenez-vous que vous attirez des personnes au même niveau de névrose que vous.

Je ne regrette rien de tout ce passé de souffrance puisqu'il m'a rendue plus forte. J'ai également appris ce que ressentent les personnes qui viennent me consulter, quels que soient leurs problèmes. Quand je leur raconte ce que j'ai fait lorsque Tarzan me tenait serrée dans ses bras musclés, elles me regardent avec des yeux ronds, car elles n'auraient jamais imaginé que je sois passée par là. Si vous avez un problème d'alcool, vous tournez-vous vers un ancien alcoolique ou vers quelqu'un qui n'a jamais bu ?

Ce n'est pas facile de comprendre le syndrome de Tarzan quand vous n'y êtes pas confronté. J'entends souvent des commentaires du style « c'est bien fait pour elle, elle n'a qu'à partir au lieu de se laisser frapper ! » ou encore « elle lui fait du mal et il reste, quel imbécile ! » Si c'était si facile, personne ne serait battu ni malmené. Regardez donc, je vous prie, plus loin que le bout de votre nez, car le syndrome de Tarzan n'est pas la seule programmation négative : il en existe des milliers. La vôtre est peut-être à un autre niveau. J'espère vraiment que vous comprenez mieux ceux que Tarzan a embobinés.

Quand une personne se moque des Desperados en les accusant d'aimer être maltraités, le tout sur un ton ironique et méprisant, je lui réponds simplement : « Si je vous emmène en haut du Grand Canyon et je vous propose soit de sauter dans le vide, soit de vous laisser frapper. Que faites-vous ? » L'autre répond, penaud : « Je me laisse frapper... » Voilà, vous avez compris : pour un dépendant, quitter ou être quitté, c'est se jeter dans le vide... affectif.

La peur d'être seul provoque une violente dépendance. Que celui qui n'a jamais eu peur ou été dépendant de quoi que ce soit lance la première pierre à ceux qui le sont. Ils ont un trou béant à la place du cœur et œuvrent à le combler par n'importe quel moyen. Tout est bon plutôt que le néant. La sensation est terrible : c'est sauter à l'élastique, sans élastique, c'est se jeter dans l'eau sans savoir nager, se lancer dans le vide sans savoir voler. Une femme que son conjoint bat, contrairement à ce que pensent certains, n'y trouve aucun plaisir. Elle préfère être battue plutôt que sauter dans le vide. Quand vous êtes bafoué, écrasé, insulté et frappé, vous n'êtes pas pour autant un adepte du masochisme mais bien de Tarzan. Mais vous ne le saviez pas. Vous tentez juste de calmer vos angoisses avec un conjoint dont les démons sont aussi terrifiants que les vôtres. Vous qui frappez souffrez parfois autant que vous qui êtes frappé : les deux culpabilisent et se sentent lâches.

Si vous ne supportez ni la dépersonnalisation ni les bontés excessives du Desperado, et encore moins l'insatiabilité et les exigences du Trou noir affectif, c'est bon signe. Si l'autre vous quitte et que vous ne vous y accrochez pas désespérément, c'est que vous n'avez pas vendu votre âme à Tarzan.

Cela dit, il ne faut pas pour autant tomber dans la généralisation qui explique que nous sommes tous névrosés. Vous avez, certes, des programmations (personne ne peut y échapper !), mais elles ne sont pas toutes, ni systématiquement, à condamner. Je connais des gens heureux, seuls ou en couple, qui ont une vie simple, simple dans le sens de « axée sur l'essentiel », et qui n'ont jamais suivi de thérapie. J'en connais également qui ont trouvé la paix depuis qu'ils se sont fait aider.

Aujourd'hui, grâce à une belle confiance et estime de moi, après onze ans de célibat, même si je regarde mon passé de dépendance affective avec affection, Tarzan et moi, c'est bien fini. Après l'étape où vous ne souffrez plus, il y a l'étape où vous êtes heureux seul puis, plus tard, à deux. Le bonheur est accessible et quand vous décidez de changer, vous vous apercevez qu'il peut être dans l'appartement d'à côté. Il est peut-être temps d'ouvrir les yeux ! Je connaissais déjà l'homme qui partage ma vie, mais je ne le voyais pas...

Autre précision : la vie se charge de vous tester pour voir si vous êtes solide dans votre nouvelle programmation. J'avais reçu les candidatures d'un garçon de 22 ans et d'un autre de 27 pour le poste d'amant, que j'ai rejetées en souriant car je savais que cinq ans plus tôt j'aurais, sans hésiter, pris leur dossier en priorité. Adieu, Tarzan tentateur !

Autre fait amusant : quand vous changez et que vous rencontrez la personne qu'il vous faut, gardez présent à l'esprit que votre ex peut revenir à la charge, sentant à distance que votre lien vient de se rompre. Dernier soubresaut de votre ancienne vie, il vient vous rappeler à quoi vous avez décidé d'échapper !

Je sais également aujourd'hui que je n'ai jamais aimé : j'ai eu des attachements névrotiques, donc, par ce fait, je n'ai jamais fait l'amour puisque je n'ai jamais aimé. Et je n'ai jamais connu d'homme, puisque je n'ai connu que de gros bébés névrosés. De plus, je m'étais appliqué la même règle que pour les casiers judiciaires : n'ayant pas eu de relations intimes pendant onze ans, j'estimais être redevenue… vierge ! Je repartais donc à la case départ, mais en sachant ce que je savais. Tout un monde à découvrir à l'âge que j'avais, quand j'ai rencontré mon Roi ! En effet, j'écris « Roi » en référence à mon deuxième livre *Gagnez au jeu des échecs amoureux*, parce que, en ce qui concerne les princes charmants, mon équilibre me demandait d'arrêter les petits jeunes !

N'allez pas croire que je suis un spécimen rare : il existe de nombreuses personnes, hommes et femmes, qui ont décidé d'arrêter de se disperser parce qu'elles ont réglé leur problème de dépendance et sont prêtes à attendre que la bonne personne se présente. Et vous ?

Et quand j'étais courtisée par une personne qui ne m'intéressait pas, je lui répondais simplement que j'étais très fidèle à l'homme que je n'avais pas encore rencontré. Croyez-vous que l'homme que j'aime ait des doutes sur ma fidélité ?

Cependant, et je vous le répète, vous n'aurez pas à attendre onze ans comme moi : c'est mon histoire, pas la vôtre.

33.

Un couple, c'est mathématique !

Une image vaut mille mots et une opération mathématique aussi. Pour moi, le couple équilibré, C'EST : 1 + 1 = 2.

Deux personnalités différentes et complémentaires qui unissent leurs expériences et leurs forces. Vous vous rejoignez tous deux, à peu de choses près, dans la même philosophie de vie, les mêmes valeurs, les mêmes croyances, la même éducation et parfois les mêmes passions. Si vous avez un passé de dépendance, vous l'avez en grande partie réglé. Dans votre couple, c'est l'harmonie : rares sont les luttes d'ego ou de territoire. Vos discussions baignent dans le respect et l'écoute, et vous veillez à ne pas vous prendre les pieds dans les fleurs du tapis pour des futilités. Parce que chacun de vous garde présent à l'esprit que le bonheur se construit chaque jour à deux et qu'il est très précieux.

Sur l'échelle du syndrome de Tarzan, vous vous situez entre 1 et 3.

Mais CE N'EST PAS : 1 + 1 = 1.

La fameuse fusion où vous vivez, Desperado, au travers de votre Trou noir affectif, jusqu'à vous oublier complètement, jusqu'à perdre votre propre identité. Vous allez jusqu'à adopter le même vocabulaire, avoir les mêmes gestes, les mêmes goûts musicaux, aimer la même nourriture que votre conjoint. Un passage de la chanson de Jacques Brel, « Ne me quitte pas », me revient en mémoire : « ... Laisse-moi devenir l'ombre de ta main, l'ombre de ton chien ».

Dans ma vision des relations humaines, il existe une distinction entre la fusion et la synchronisation. La fusion, c'est se fondre en l'autre et n'exister que pour lui et à travers lui. Alors que la synchronisation, c'est être sur la même longueur d'onde, au même diapason, à tel point que vous pensez la même chose en même temps. Dans la fusion, le Trou noir affectif pense le premier et le Desperado le copie parce qu'il ne pense tout simplement pas.

Cette situation est très confortable pour votre Trou noir affectif mégalo qui apprécie d'être adulé et de vous dominer. Quant à vous, c'est vital de vous sentir utile, donc vous vivez dans l'ombre, toujours aux petits soins, telle la Geisha ou le serviteur dévoué. Mais vous ne souffrez pas trop.

Sur l'échelle, vous vous situez entre 1 et 4.

C'EST ENCORE MOINS : 1 - 1 = 0.

Vous vous mettez dans des situations épouvantables afin que votre Desperado de conjoint vole à votre secours. Pire, vous êtes rude avec lui et parfois sans pitié, car vous sentez bien que vous le tenez, d'autant que plus vous lui en faites, plus il en supporte. C'est le style de couple que je formais. Jules et Jim s'évertuaient à s'enfoncer, et moi à essayer de les sortir de là. C'est ainsi que notre relation tenait. Vous devenez l'ange gardien de votre conjoint qui, s'il ne faisait pas les quatre cents coups, n'aurait plus besoin de vous. Et plus il souffre, plus il vous en fait voir et plus vous restez accroché.

Sur l'échelle du syndrome, vous gravitez entre 5 et plus de 10.

ÇA NE DEVRAIT JAMAIS ÊTRE : -1 - 1 = - 2.

Les chiffres parlent d'eux-mêmes : il n'y en a pas un pour rattraper l'autre parce que vous coulez à pic tous les deux, encaissant les pires névroses de l'autre et lui infligeant les vôtres. Dans ce cas extrême, il n'est pas rare que la violence règne. Au cours d'une dispute, vous risquez de frapper une fois de trop ou vous risquez de mettre fin à vos jours, réalisant votre incapacité à sortir de l'enfer dans lequel vous vivez.

Sur l'échelle, vous êtes à 5 et plus. C'est bien là que je m'étais rendue, insidieusement, frappant et étant frappée, finissant par accepter cette façon de communiquer, ainsi que cette souffrance dont je n'étais pas capable de m'extraire et les conjoints non plus.

Vous êtes-vous reconnu dans les additions ou dans les soustractions ? Vous venez de réaliser que vous êtes un couple heureux ou préférez-vous refermer ce satané livre, qui ne raconte que des âneries et dont les calculs sont faux ?

L'équation 1 + 1 = 2 est une réalité, pas une utopie. Regardez autour de vous et repérez les couples qui vont bien depuis plusieurs années (attention aux simulateurs : tout va bien en société, mais à la maison, les assiettes voltigent et les lits sont séparés !) et interrogez-les :

- Quel est le passé de chacun ?
- Que pensent-ils de la vie de couple ?
- Comment prennent-ils leurs décisions ?
- Qu'apprécient-ils chez l'autre ?
- Comment voient-ils leur avenir ?

Posez-leur toutes les questions qui vous passent par la tête pour comprendre comment ils font et s'ils vous parlent de sacrifices, de compromis ou de concessions, méfiez-vous, ce sont des imposteurs !

Un couple heureux, c'est facile à repérer : vous êtes tous deux épanouis, détendus et, surtout, complices. Vous vivez dans la douceur et vous dansez la vie comme un tango : avec volupté, à l'unisson, avec passion. Vous ne faites pas de commentaires négatifs sur l'autre parce que les ménages heureux ne font pas de bruit, ils rayonnent. Le couple que nous construisons chaque jour, mon homme et moi, repose sur la confiance, le respect, la complicité, la loyauté et l'admiration, saupoudré d'humour et de sensualité : nous sommes pareils. Bien sûr, notre relation a juste un an d'existence, me répondront les envieux... Qui vivra verra et pour le moment, ce que je vis et vois me plaît ! Deux de mes amis se sont rencontrés à 17 ans et, dans la trentaine aujourd'hui, mariés, ils sont toujours heureux. Ils vivent dans le respect, la douceur et l'intelligence. Et même s'il laisse toujours les placards ouverts, elle les referme chaque fois en souriant parce qu'elle sait que le jour où ils resteront tous bien fermés, c'est qu'il ne sera plus à la maison. Ce sont ces petites manies qui vous rendent différent et attachant, mais en aucun cas les névroses, qui vous rendent dépendant.

Dans ma vision du monde, il n'y a pas plus de disputes que de SCC entre conjoints équilibrés, quand vous gardez présent à l'esprit que l'autre est celui que vous aimez. L'objectif commun étant le bonheur, il n'y a plus de place pour les conflits. Chaque dispute, chaque signe d'agression est un acte qui émaille l'amour au lieu de le renforcer. Pas utile de vous disputer, pas même pour vous réconcilier sur l'oreiller. Je préfère la phrase des années 70 : « Faites l'amour, pas la guerre ! » S'il y a conflit, c'est que l'un des deux n'est pas respecté. Et quand je dis conflit, je ne parle pas des petites colères qui sont des réactions impulsives se terminant par un « excuse-moi, je suis un peu fatigué et je me suis emporté ». Même si vous êtes fâché parce que vous avez marché sur le râteau qui traînait dans l'allée et que vous l'avez reçu sur le nez. Si vous viviez seul, pas de râteau ; d'ailleurs, n'avez-vous jamais rien laissé traîner ? Gardez présent à l'esprit que vous l'aimez, même si pour le moment vous avez mal au nez !

J'aimerais également aborder la question des thérapies de couple. Je ne souhaite pas vous encourager à abandonner dès qu'une relation déraille (ne quittez pas votre tableau de bord des yeux !), cependant j'aimerais attirer votre attention sur cette réflexion : s'il y a thérapie de couple, c'est que ça ne tourne pas rond. Des névroses viennent de se réveiller. Elles peuvent venir de votre passé, de votre généalogie et de plus loin encore. C'est à ce moment-là, lors de la thérapie, que vous prenez conscience de votre histoire d'amour ou de votre attachement névrotique. C'est bien souvent vous qui traînez votre Trou noir affectif en thérapie de couple. Souvent il rechigne parce que soit la situation lui convient telle qu'elle est, facile de comprendre pourquoi, soit il sait qu'il ne va pas bien et a peur de ce qu'il va ou de ce que vous allez découvrir. D'ailleurs, ne dit-il pas que c'est vous, le Desperado, qui êtes déséquilibré et pas lui ? Si l'un des deux décide de se faire aider, il finit par s'en aller ou l'autre le quitte car ils ne se nourrissent plus. Alors que s'il s'agit d'une histoire d'amour, il réalise qu'il avait besoin d'aide et à quel point il aime son conjoint. La thérapie de couple n'est pas là pour faire rentrer une pièce du puzzle où elle ne rentre pas. Elle révèle si le plus sage est d'évoluer ensemble, soit vers le pire : la cassure, soit vers le meilleur : le bonheur !

Permettez-moi de vous présenter ma vision du coaching de couple : je considère le couple comme un avion parfaitement capable de décoller, mais ce sont les deux pilotes qui n'ont pas leur brevet ! Je les prends chacun en coaching individuel et nous travaillons à leur redonner leur autonomie (le brevet pour piloter leur propre vie !). Puis, je leur propose une séance ensemble afin de voir s'ils ont envie de remonter dans le même avion ou si l'un des deux ou les deux décident de descendre. La plupart du temps, ils vont réessayer, ne serait-ce que pour avoir la certitude que c'est bien la névrose qui les avait rassemblés. Ceux que la névrose rassemble, l'équilibre les sépare. Puis, il y a ceux qui se sont retrouvés parce que la vie les avait déconnectés l'un de l'autre. Ils repartent ensemble, s'envolant main dans la main vers le soleil couchant !

Pourquoi un couple s'entend-il pendant quelque temps puis se désagrège petit à petit ? SCC, attachement névrotique, relation polluée par votre propre histoire, celle de votre conjoint, de votre famille, vos blessures et vos mauvaises programmations. Ça fait beaucoup de matériel dans la boîte de Pandore ! C'est tout ce qu'il faut décortiquer et régler afin de mettre en évidence l'amour ou la névrose. Vos comportements négatifs déclenchent les névroses de l'autre et vice versa. Vous aurez à travailler chacun de votre côté, puis ensemble. De toute façon, quand l'amour est présent, vous franchissez tous les obstacles pour vous retrouver. Je dis bien quand l'amour est présent, mais vous confondez souvent la névrose avec les sentiments...

Vérifiez bien que vous êtes prêts, l'un et l'autre, à accepter ce que vous découvrirez au cours de la thérapie. Un homme entre un jour dans mon bureau pour avoir des renseignements sur mes activités et, séduit par la démarche, exprime le souhait d'avoir une consultation : son couple, me confie-t-il, tourne en rond. Je lui explique qu'une fois que nous commencerons à travailler sur cette question, il n'y a plus de retour possible : soit il découvrira qu'il aime sa femme, soit le couple sera sérieusement remis en question. Il n'est jamais revenu et il a bien fait, car il n'était pas prêt à accepter les conséquences du « coaching » qu'il demandait.

Souvent, cette question m'est posée : *Si Jules et Jim avaient suivi une thérapie, les aurais-je repris ?* Non, même libérés de leurs névroses, ils ne correspondraient pas à celui qu'attendait la nouvelle femme que j'étais devenue. D'ailleurs, maintenant que cet homme est dans ma vie, je peux constater qu'il est vraiment à l'opposé des deux derniers !

Si vous soupçonnez que Tarzan vous hante, voici ce qu'un coaching peut vous apporter :

1. Comprendre pourquoi vous avez ces comportements de dépendance affective ;
2. Vous pardonner et pardonner aux autres ;
3. Déprogrammer cette dépendance afin d'être enfin heureux et, si c'est votre souhait, rencontrer une personne équilibrée.

En ce qui concerne Jules, nous sommes allés au restaurant, lui et moi, à la demande de ma fille qui nous accompagnait : c'était la première fois qu'elle nous voyait ensemble et elle avait 17 ans. Lors de la conversation, Jules a soudain énoncé la confiance qu'il a toujours placée en moi pour élever notre enfant et les qualités qu'il me reconnaissait. J'ai eu une sensation de mea culpa sous-jacente et j'avoue que cela m'a touchée. La boucle était bouclée et la hache de guerre enterrée. Depuis, nous avons peu de contacts, mais lorsque cela arrive, c'est cordial. Quant à Jim, vous comprendrez que je n'aille pas lui poser la question : il trouverait le moyen de me redemander de l'argent !

34.

Amour ou dépendance affective ? Où est-ce que ça vous fait mal?

À quoi fait-on la différence entre l'amour et la dépendance? À la souffrance. Qu'est-ce qui vous fait mal, dans votre relation? Regardez donc votre tableau de bord honnêtement: pas le moindre petit voyant lumineux qui clignote? Vous êtes sûr? Alors pourquoi souffrez-vous? Auriez-vous cédé à l'appel du SCC? Le symptôme flagrant est le changement de comportement: sans raison apparente, vous ou votre conjoint devenez agressif, invivable. Et puis, vous allez dire: «Je le savais depuis le début que ça ne pouvait pas marcher entre nous», parce que quelques signaux vous ont alerté, que vous avez royalement niés. Je le sens bien, vous voulez un exemple: le père de ma fille voulait absolument que nous ayons un enfant, avant même de nous marier. Chaque fin de mois, il me disait: «Là, je suis sûr que tu es enceinte!» Au bout de quatre mois, je réveillai le futur père, à 5 heures du matin pour lui montrer fièrement le petit trait bleu sur le test de grossesse et il me répondit, avec une voix sinistre: «Ah, déjà...». Ça aurait dû m'alerter, moi qui attendais du futur père qu'il tente le saut périlleux arrière, tellement il serait heureux. Le fait qu'il prit une maîtresse me paraît logique aujourd'hui. Décider de divorcer aussi. Cela dit, ne me faites pas dire ce que je n'ai pas dit: ce n'est pas parce que votre conjoint vous trompe une fois qu'il faut prendre la décision de divorcer. Je suis très nuancée en la matière. Dans mon cas, je savais que mon mari me trompait de façon chronique et non épisodique, qu'il avait perdu les pédales et j'attendais qu'il retrouve la raison. Je fondais tous mes espoirs sur la naissance de notre enfant, espérant que lorsqu'il tiendrait son bébé dans les bras, il reviendrait sur les rails, ce qu'il ne fit pas. Et si je ne savais encore rien de ma névrose, j'avais tout de même compris qu'il n'y avait aucun amour entre lui et moi.

Les rencontres de névrose(s) à névrose(s) peuvent être satisfaisantes pour les deux tant que personne ne souffre. Quand c'est le cas pour l'un des deux, voire les deux, la solution passe souvent par le coaching – qui vous permettra d'y voir clair – et/ou par une séparation – qui réglera la question. Il existe des couples où, par exemple, victime et bourreau trouvent leur compte et je ne parle pas de sadomasochistes ! Parfois le Desperado en a assez et fait ses valises, stoppé dans son élan par son Trou noir affectif qui le supplie de rester. Quelqu'un m'a dit, alors que son conjoint, au bout du rouleau, faisait sa valise : « Mais s'il part, qui va vouloir de moi ? » Cette simple phrase ne parle pas d'amour, elle parle de dépendance. Son manque de confiance en elle dévorait cette femme à petit feu, faisant d'elle un véritable tyran domestique. Pourtant, même si sur le coup elle a eu peur de le perdre – que devient un bourreau sans sa victime – elle chassa le naturel qui, quelques jours plus tard, revint au galop : son manque de confiance était toujours là. Rappelez-vous que le Trou noir affectif tient le Desperado en étant dur avec lui, puisqu'il ne rend jamais ce que l'autre lui donne. Par peur de le perdre... Quel paradoxe !

Une de mes clientes me raconta la conversation qu'elle a eue avec son futur ex (elle avait décidé de le quitter) :

– Si tu me quittes, je ferais tout pour te récupérer, lui dit-elle.

– Alors pourquoi ne fais-tu pas tout pour me garder ?!

Comprenez-vous le fameux « Je te suis, tu me fuis, je te fuis, tu me suis » ? La dépendance affective est pleine de paradoxes que je passe des heures à expliquer à mes clients.

35.

Faites monter les enchères : vous valez mieux que ça !

Ma tante m'a beaucoup marquée le jour où elle m'a félicitée d'avoir eu le courage de divorcer rapidement. Elle m'expliqua qu'elle-même aurait dû le faire à 40 ans plutôt qu'à 50. Mais elle avait eu besoin de tout ce temps pour se « délier ». Vous valez mieux que ça ! Estimez-vous à votre juste valeur et faites monter les enchères. Que le plus équilibré gagne ! Il n'y a pas d'âge pour se séparer et il n'est jamais trop tard pour tout recommencer, surtout sur de meilleures bases et avec quelqu'un de bien.

En ce qui me concerne, je n'ai pas traîné pour divorcer et même si je me suis jetée sur le même modèle deux années plus tard, je suis aujourd'hui au sommet de ma forme et de mon équilibre : j'ai trouvé chaussure à mon pied à 53 ans. Il n'est jamais trop tard, car il n'y a pas d'âge pour aimer. Si un récent adultère vous a brisé le cœur, vous êtes encore dans la douleur de la trahison, de la frustration, de la jalousie, de la colère et de la haine. Cependant, relisez ce passage avec plus de recul et projetez-vous dans le futur : imaginez à vos côtés une personne qui vous rend tout ce que vous lui donnez, qui a autant d'attention pour vous que vous en avez pour elle, qui vous aime et que vous aimez. C'est pourtant bien ce que vous méritez : une belle personne aussi généreuse que vous l'êtes. Mais pour ça, il va falloir travailler un peu sur vous… Desperado, comme Trou noir affectif, vous êtes parfois maltraité et incapable d'imaginer ce qu'est un conjoint aimant, attentionné et affectueux. Si vous n'avez pas suffisamment d'imagination pour vous projeter dans un avenir souriant, allez voir quelqu'un qui vous y aidera. Quand vous vous serez imprégné de ce monde meilleur, tout votre être s'organisera pour vous le faire atteindre. Il faudra ensuite reconstruire votre estime de vous-même et votre confiance en vous.

J'ai cru pendant onze années à cet homme fait pour moi et je l'ai rencontré. Que diriez-vous d'arrêter d'être terrifié par l'idée que vous resterez seul : donnez-moi une seule bonne raison de croire cela. Allez-y, réfléchissez... Il n'y en a pas !

Cependant, sachez que si les névroses vous jettent dans de mauvais couples, elles vous empêchent également d'aller vers la bonne personne. En effet, vous pouvez rencontrer celui ou celle qui est fait pour vous, mais qui a des réticences devant certains de vos comportements. Ou alors c'est vous qui avez des hésitations, sans même comprendre pourquoi. Il suffira peut-être que vous ou cette personne preniez conscience de votre névrose et décidiez de faire appel à un professionnel pour régler cette question et être enfin heureux ensemble.

36.

Des envies de changement ? Les solutions sont en vous

Dans les pages qui suivent, vous aurez tout le loisir de choisir votre propre solution si vous êtes fermement déterminé à faire de Tarzan une ombre du passé. Mon intime conviction est que chaque personne peut changer, dans la mesure où elle est prête et décidée. Est-ce votre cas ?

La décision de changer représente 80 % de la réussite. Vous avez dès lors la puissance et le moteur pour aller vers la destination que vous avez choisie; cependant, vous n'en connaissez pas le chemin. C'est là que le coach intervient. Le coach ou les pages qui vont suivre.

Pourquoi pensez-vous que les statistiques démontrent que les psychothérapeutes débutants ont autant de réussite que ceux qui ont 20 ans de métier ? C'est celui qui est guidé qui fait toute la différence. Et puis, *aux âmes bien nées la valeur n'attend pas le nombre des années* ! Mettez dans la même course la cravache d'or des jockeys de plat sur un âne et un apprenti jockey sur un cheval. Devinez donc qui va gagner ? Les miracles, c'est le « coaché » qui les fait, pas le coach. Vous êtes capable de faire des merveilles et tout le monde peut changer. Tout le monde. Pour peu que vous le décidiez.

Nous allons chercher ensemble des solutions qui vous conviendront. Et si vous n'en trouvez aucune parmi mes propositions, vous avez toujours la ressource de vous faire aider par le professionnel de votre choix.

Voici un avant-goût de liberté !

37.

Comment vaincre Tarzan sur son propre terrain

Le roi fit venir un magicien qui prétendait
Disparaître quand Sa Majesté l'ordonnerait.
« On dit que votre audace **vous** *pousse à jurer*
Que vous **avez** *le don de disparaître selon ma volonté »,*
Dit **le** *roi au magicien, sceptique et amusé.*
« Ce **pouvoir***, je l'ai, sire », répondit l'interpellé.*
« Montrez-moi donc cela », exigea l'homme couronné.
« **De** *quelle manière serai-je récompensé ? »*
demanda-t-il, intéressé.
Le despote, agacé, s'exclama :
« La tête vous garderez ! »
« **Changez** *d'avis, Votre Altesse,*
ce n'est pas l'attitude d'un homme civilisé. »
« J'exige que vous obtempériez ! »
hurla l'autre, exaspéré.
« Sinon quoi ? » demanda l'effronté.
« Sinon vous disparaîtrez ! » répondit le roi, confronté.

P. P.

Tout d'abord, posez-vous les bonnes questions pour enclencher un travail sur vous-même, l'objectif étant de poser la première pierre de ce grand édifice qu'est le changement. Pour construire la grande muraille de Chine, il a bien fallu que quelqu'un pose une première pierre pour que les autres suivent. Le plus important, une fois que vous êtes décidé, c'est de créer le mouvement en commençant par un minuscule changement, peut-être dans votre environnement, vos comportements, vos croyances, juste pour bouger d'un petit millimètre. Pas plus. Une fois que la dynamique est enclenchée, vous ne retournez jamais en arrière : mettez une goutte de lait, aussi petite soit-elle, dans votre café et il ne sera plus jamais noir.

Considérez également que vous n'êtes pas obligé de souffrir pour accéder au changement. De toute façon, vous ne souffrirez jamais plus que ce que vous avez déjà enduré. Surtout pour ceux qui souhaitent s'éloigner d'un conjoint : souvenez-vous qu'il faut travailler lentement pour progresser vite. Chaque millimètre que vous parcourez et qui vous éloigne de lui est une bataille gagnée. Vous éloigner de lui, c'est vous rapprocher de vous. Personne n'exige que vous partiez en courant : prenez votre temps. Et si vous faites partie de ceux qui ne supportent pas la solitude, chaque soirée, chaque week-end que vous passez seul fait reculer vos peurs et grandir votre confiance, en vous emmenant tranquillement vers la liberté.

Prenez bien conscience également que vous avez un allié très efficace : votre subconscient. Vous avez un colocataire sur lequel vous pouvez compter et qui de plus vous veut du bien. N'hésitez pas à lui demander de l'aide ou à lui faire une promesse lorsque vous souhaitez sortir d'une dépendance. Promettez-lui qu'à partir d'une date très précise vous changez de comportement. Bien sûr, quand vous êtes prêt, car il n'est pas question de vous enlever les roulettes. Si vous ne tenez pas votre promesse, je peux vous assurer qu'il saura vous le rappeler. Mieux vaut tenir votre parole, sinon il risque de vous le faire payer.

L'objectif étant plus spécifiquement la dépendance affective, ce travail peut cependant s'appliquer à n'importe quel comportement. Vous pourrez l'adapter selon vos besoins.

Que vous restiez accroché à la même liane ou que vous virevoltiez de l'une à l'autre, que vous soyez Desperado ou Trou noir affectif, certaines peurs sont communes.

Êtes-vous prêt pour les travaux d'écriture ? Je vous demande de répondre à bon nombre de questions. Prenez du papier et un stylo, installez-vous confortablement, mettez de la musique et détendez-vous. Prenez ce travail comme un jeu.

38.

Vous savez ce que vous ne voulez plus ? Parfait ! Que voulez-vous maintenant ?

Voici, tout d'abord, une première série de questions qui vous aideront à réfléchir à votre future situation. C'est bien de savoir ce que vous ne voulez plus et c'est mieux d'avoir une idée très claire de ce par quoi vous le remplacerez. Vous avez parfaitement le droit de ne pas être sincère et de vous mentir à vous-même. Notez seulement les réponses sur votre feuille, que vous formulerez de façon positive (ex. : au lieu d'écrire : *il ne me frappera plus*, écrivez : *je vivrai en paix*), ainsi vous pourrez relire le tout ultérieurement, quand bon vous semblera, pour vous stimuler.

1. Que voulez-vous changer dans votre vie, quel est votre objectif ?
   (Ex. : Je veux être capable de quitter l'autre ou je veux être capable de vivre seul au lieu de m'agripper à tout ce qui passe.)

2. Comment, à quoi saurez-vous que vous avez atteint votre objectif ?
   (Ex. : Je serais capable de vivre heureux en étant seul, en paix et en harmonie avec moi-même.)

3. Quels pourraient être les avantages et les inconvénients de votre changement par rapport à votre entourage ?
   (Ex. : Mes parents seront ravis que je me débarrasse de cette personne qui me fait tant souffrir, ou mes enfants seront tristes d'être séparés de leur père/mère mais ils comprendront plus tard.)

4. Quels pourraient être les avantages et les inconvénients de votre changement pour vous ?
(Ex. : Je me respecterai [avantage] et je vais me sentir seul, mais c'est pour le mieux [inconvénient].)

5. Si vous ne changez rien à votre situation actuelle, que va-t-il se passer pour vous à court terme et à long terme ?
(Ex. : Je vais lui donner les plus belles années de ma vie au lieu de partir aujourd'hui et de me laisser la chance de rencontrer quelqu'un de bien, une fois que j'aurai changé.)

6. Que vous manque-t-il pour procéder à ce changement ?
(Ex. : Je manque de confiance en moi.)

7. Établissez un plan d'action, mettez sur pied une stratégie pour atteindre votre objectif.
(Ex. : Je vais travailler ma confiance et mon estime pour apprendre à être autonome, ou je vais choisir un coach ou un thérapeute pour m'aider à sortir de mes programmations de dépendance affective, ou je vais répondre consciencieusement à toutes les questions !)

Une fois que tout est clair ou un peu plus clair dans votre tête, nous allons faire un tour du côté des peurs. Ces méchantes interférences qui vous coupent de votre bel objectif.

39.

Démasquez vos peurs

Amusez-vous à noter toutes les peurs qui vous empêchent de quitter la personne qui ne vous convient plus ou celles qui vous empêchent de rester seul(e), en attendant la bonne personne.

Je vous donne des pistes :

- La peur d'avoir à chercher un autre logement/de perdre la maison
- La peur de ne pas trouver quelqu'un d'autre
- La peur de l'insécurité financière
- La peur du jugement de l'entourage
- La peur de se tromper en prenant la décision de la séparation
- La peur de tomber sur pire
- La peur de l'inconnu
- La peur de vivre seul(e) au quotidien
- La peur de ne pas s'en sortir seul(e)
- La peur des vacances seul(e)
- La peur de ne plus avoir d'habitudes
- La peur de faire tout soi-même sans plus compter sur l'autre
- La peur de finir ses jours seul(e)
- La peur du vide
- La peur de dormir seul(e)
- La peur des week-ends seul(e)
- La peur des soirées seul(e)
- La peur de ne plus avoir de relations sexuelles

- La peur du jugement des autres si je suis seul(e)
- La peur de ne plus plaire

Je suis certaine que vous en trouverez d'autres.

Regardez aussi les peurs que vous n'avez pas. Bravo! Notez-les, c'est très important, mais sur une autre feuille.

Une fois chaque peur démontée sur le papier, amusez-vous à trouver le désir qui se cache derrière chacune d'entre elles. Écrivez-le. Même si une réponse vous paraît farfelue, notez, car c'est un message de votre subconscient. Notez tout ce qui vous passe par la tête.

✍ EXEMPLES :

LA PEUR	LE DÉSIR
☹ La peur de ne pas m'en sortir seul(e)	☺ Le désir d'être capable de m'en sortir seul(e)
☹ La peur du vide	☺ Le désir de vivre en harmonie avec moi-même
☹ La peur du jugement des autres si je suis seul(e)	☺ Le désir d'être libre de mes actes sans avoir à en rendre compte à personne. Être libéré du jugement des autres

40.

Le désir de la peur ou la peur du désir

Quel désir se cache derrière votre peur de rester seul? L'envie d'être en couple. Que cache la peur de quitter votre conjoint? L'envie de le faire. De quitter votre emploi? De tromper votre conjoint? De ne pas être à la hauteur? Faites cette petite gymnastique avec vos peurs et vous serez surpris du résultat. Toute peur cache un désir. Attention: cette théorie ne s'applique pas aux phobies, car être terrifié par une araignée, une souris ou un serpent ne signifie pas que vous rêvez de les embrasser sur la bouche! La peur de mourir ne cache pas non plus le désir de suicide. Il ne faut pas tout mélanger. Les phobies appartiennent à un autre style de programmation.

Certaines peurs sont utiles parce qu'elles sont des garde-fous, comme la peur de rouler trop vite, la peur de sauter dans le vide, la peur de se brûler, de se couper, etc. Le trac est une peur qui peut être productive ou destructrice. J'aime la réponse que Sarah Bernhardt fit à une élève du conservatoire qui se vantait de ne pas avoir le trac avant d'entrer en scène: «Vous verrez, Mademoiselle, le trac, ça vient avec le talent», lui répondit-elle calmement. Quand je montais les chevaux dans les courses, au tout début, j'avais envie de sauter dans ma voiture et de m'enfuir du champ de course tellement j'avais le trac, ce qui ne me mettait pas dans le meilleur état de ressources pour gagner. Je décidais donc de rester seule pendant quelques minutes avant chaque course et je me concentrais sur le plaisir de faire ce que j'aimais par-dessus tout. Alors la peur s'envolait et le plaisir prenait sa place. Et même si je n'ai pas gagné beaucoup de courses, je n'en ai jamais perdues, car j'ai pu monter chaque cheval au mieux de mes possibilités et donc des siennes. Même si j'étais plus connue sur les hippodromes grâce à mes cascades spectaculaires et à ma collection de chapeaux!

Le plus gros avantage de la peur, c'est qu'elle vous pousse à essayer de la contrôler quand elle vous mène la vie dure. Avoir peur de ne pas la contrôler, n'est-ce pas le désir de la neutraliser ?

Amusez-vous à trouver le désir qui se cache timidement derrière une peur, et à lui proposer de sortir de sa cachette et de venir discuter avec vous en toute sécurité.

Donnez-vous la permission de laisser monter librement tout ce qui remonte en vous.

Une fois chaque désir découvert, demandez-vous ce qui vous manque pour atteindre votre objectif qui est celui de quitter un conjoint qui ne convient plus ou celui d'être capable de rester seul(e) et heureux(se) en attendant la bonne personne.

Sur une autre feuille, amusez-vous maintenant à trouver une parade, une solution à chaque peur et écrivez-la, sans écrire à quelle peur la réponse correspond. Nous sommes en pleine science-fiction, alors allez-y, foncez, notez tout ce qui vous passe par la tête !

✍ EXEMPLES :

LA PEUR	LA PARADE, LA SOLUTION
☹ La peur d'avoir à chercher un autre logement/ de perdre la maison	☺ Quel plaisir de choisir mon propre appartement, de changer d'air et de pouvoir le décorer comme je le souhaiterai ! De toute façon, j'en ai assez de cet appartement bruyant !
☹ La peur de ne pas trouver quelqu'un d'autre	☺ Non seulement je vais trouver mieux puisque je sais maintenant ce que je vaux et ce que je veux, mais je vais, en plus, vivre seul(e) quelque temps pour en profiter !
☹ La peur de finir mes jours seul(e)	☺ Quel bonheur de me donner la chance de trouver enfin la personne avec laquelle je me verrai vieillir !

LA PEUR	LA PARADE, LA SOLUTION
☹ La peur de l'insécurité financière	☺ Je vais enfin apprendre à gérer mon budget et je peux m'en sortir !
☹ La peur du jugement de l'entourage si je pars	☺ Si ma famille ne comprend pas, mes ami(e)s comprendront et peut-être que ma famille aussi !
☹ La peur du jugement des autres si je suis seul(e)	☺ Vivre seul(e) démontre plus de courage que vivre mal accompagné(e)
☹ La peur de me tromper en prenant la décision de séparation	☺ Je propose une période d'éloignement et je vois ce que ça donne. De toute façon, si nous sommes faits pour être ensemble, nous ne trouverons personne, l'éloignement nous fera grandir et nous aurons plaisir à revenir ensemble
☹ La peur de tomber sur pire	☺ Impossible, je ne peux pas trouver pire ! Et maintenant je sais ce que je vaux et ce que je veux
☹ La peur de l'inconnu	☺ Je ne pars pas en Papouasie du Sud en pirogue ! Changer de vie, c'est comme ouvrir les fenêtres à la fin de l'hiver pour aérer et créer de belles surprises
☹ La peur du vide	☺ Je vais avoir le temps de m'occuper de moi et de faire ce que je veux
☹ La peur de vivre seul(e) au quotidien	☺ Plus de contraintes ni d'obligations: je mange, je dors et je rentre quand je veux
☹ La peur de ne pas m'en sortir seul(e)	☺ Je suis aussi capable que n'importe qui de m'en sortir ! J'ai bien plus de ressources que je le pense

LA PEUR	LA PARADE, LA SOLUTION
☹ La peur de dormir seul(e)	☺ Je vais pouvoir m'étaler sur tout le lit et dormir enfin la fenêtre ouverte !
☹ La peur des week-ends seul(e)	☺ Me laisser flotter tout le week-end en ne faisant que ce que j'ai envie de faire
☹ La peur des soirées seul(e)	☺ Je peux me coucher quand je veux ! Pas obligé(e) de regarder la télé ou d'aller me coucher !

Une fois que vous avez une solution ou une parade pour chaque peur, prenez la feuille contenant la liste des peurs et détruisez-la en la réduisant en mille morceaux, en la brûlant ou en la jetant aux ordures. Ce sera le premier geste de rébellion contre la tyrannie qu'elles exerçaient sur vous. Mort aux tyrans !

41.

Une peur = un message !

Puis reprenez chaque phrase et écrivez-la au présent et en positif, partant du principe que vous êtes seul(e).

Exemples :

1. Je suis libre et fier (fière) et j'ai retrouvé ma dignité.
2. Mon entourage me respecte à nouveau.
3. J'ai plaisir à faire la cuisine et à entretenir ma maison pour mes enfants et moi.
4. Je mets de l'argent de côté pour m'acheter un jour ce dont je rêve.
5. Je vis chaque jour avec plaisir : plus aucune souffrance morale.
6. Je suis serein(e) chez moi car je sais que personne ne va rentrer et menacer mes enfants et moi-même.
7. J'ai plaisir à me coucher et je prends toute la place dans le lit.
8. Je fais l'amour avec qui je veux et quand je veux et pour le plaisir.
9. Je suis heureux(euse).

42.

Aimez-vous, avant que quelqu'un le fasse à votre place !

C'est souvent une question d'estime de soi et de confiance qu'il est bon de traiter. Vous êtes nombreux dans ce cas et ça se règle, je peux vous l'assurer. La confiance et l'estime sont comme les muscles que vous travaillez avec un entraîneur pour pratiquer une activité sportive. Vous développez et vous musclez votre estime et votre confiance au quotidien, jusqu'à ce que vous les ayez dans le corps.

Pour être capable de quitter ou d'accepter d'être quitté (n'oubliez pas qu'une personne qui vous quitte vous rend service), le futur que vous visualiserez sera votre meilleur allié. En effet, dans cette situation, vous restez accroché au passé, à ce que vous avez vécu avec l'autre (oubliant les mauvais moments !) et la nostalgie vous gagne, laquelle engendre la souffrance. Comme je l'ai déjà expliqué, c'est la vie à deux qui vous manque et pas forcément l'ex. La preuve en est que, dès que vous rencontrez quelqu'un d'autre, le précédent devient ridiculement petit dans votre souvenir et vous n'y pensez même plus. Cependant, attention, si vous n'avez pas travaillé sur vous avant de faire d'autres rencontres, c'est un clou névrosé qui chasse un clou névrosé. Et vous voilà reparti pour un tour gratuit !

Quant à l'estime de soi, si elle vous fait défaut, il est évident que votre plus grande peur est de ne pas trouver un autre conjoint. Pendant la période où vous êtes seul, travaillez à vous revaloriser à vos propres yeux en découvrant vos qualités et vos points forts. Appelez à l'aide votre meilleur(e) ami(e), vos enfants, toutes les personnes avec lesquelles vous avez de bonnes relations et demandez-leur de vous dire quelles sont vos qualités, pourquoi ils vous aiment (un conseil : évitez de demander à vos parents, s'ils sont à l'origine de votre dévalorisation !). Votre entourage pourrait être surpris par vos questions parce que la société actuelle nous impose la pudeur. Expliquez simplement que vous avez entamé un travail sur vous-même et qu'ils font partie du processus de changement. Ils seront fiers d'y contribuer, d'autant que, la plupart du temps, ils souffrent avec vous ou pour vous de votre dépendance affective. Surtout les enfants.

Découvrez et reconnaissez la belle personne que vous êtes et que voient ceux qui vous aiment en établissant la liste de vos qualités, que vous lisez ensuite le plus souvent possible.

43.

Il est temps de savoir ce que vous ferez quand vous serez grand !

Afin d'aider votre subconscient à vous emmener vers votre objectif, la bonne idée est de lui montrer précisément ce que, vous, vous voulez devenir... quand vous serez grand ! Il va le cristalliser et vous guider vers ce but précis. Pour cela, visualisez-vous exactement dans la situation que vous souhaitez, en notant les réponses aux questions que vous allez découvrir ci-après.

Maintenant que vous êtes différent(e) :

1. Dans quelles circonstances et à quels endroits souhaitez-vous être différent(e) ?
2. Comment agissez-vous? Si vous vous voyiez sur un écran, que verriez-vous ?
3. Quelles sont vos nouvelles qualités et vos nouvelles stratégies ?
4. Qu'est-ce qui est important pour vous ? Quelles sont vos nouvelles valeurs et vos nouvelles croyances ?
5. Qui êtes-vous à présent ?
6. Quels nouveaux rôles et responsabilités vous sentez-vous capable d'assumer ? De quelle nouvelle mission vous sentez-vous investi(e) ?
7. Trouvez un symbole, un personnage qui représente la nouvelle personne que vous êtes.
8. Quelles sont vos nouvelles valeurs et croyances maintenant que vous vous voyez dans de nouveaux rôles et de nouvelles responsabilités et avec une nouvelle mission ?

9. Quelles sont vos nouvelles capacités et habiletés nécessaires pour accomplir votre nouvelle mission ?
10. Quels sont vos nouveaux comportements soutenant votre mission ?
11. Après toutes ces belles découvertes, que remarquez-vous de différent en vous ?

Notez ce que vous avez découvert sur ce que vous êtes au fond de vous-même et ce que vous souhaitez faire de votre vie.

Et pour finir, visionnez un de ces films que toutes les chaînes de télévision diffusent à la veille de Noël : le héros tombe sur un être magique, qui lui fait voir ce qu'aurait été sa vie s'il avait pris l'autre (bonne) décision. Imaginez votre vie avec quelqu'un de bien, aussi bon et généreux que vous l'êtes, et observez ce que vous vivez au quotidien. Et quand vous aurez fait le tour de toutes ces belles sensations, demandez à votre subconscient de vous y emmener.

Cet équilibre que nous recherchons tous, avec plus ou moins de succès, repose sur des fondements qui mènent, à mon avis, à l'essentiel et à la simplicité. Il est temps pour moi de vous révéler le chemin que j'ai pris pour apprendre à croquer la vie, au lieu de me faire grignoter. Peut-être trouverez-vous des idées intéressantes à exploiter.

Retenez au moins une chose : prendre conscience que vous avez quelque chose à régler et vouloir changer, c'est comme allumer une bougie qui, aussi petite soit-elle, fait toujours reculer les ténèbres qui, elles, aussi immenses soient-elles, ne pourront jamais l'éteindre.

44.

Le coaching : l'art et la manière de vous sortir de là !

Une reine perdait sa couronne en diamants chaque fois qu'elle éternuait. Incapable de se retenir, sa tête basculait en avant, faisant tomber le précieux objet à ses pieds. Sa coiffeuse avait maintes fois essayé de la lui épingler, mais elle était trop lourde et, de ses cheveux elle avait déjà emporté quelques poignées. Chacun y alla de son idée, mais rien n'y fit. La reine fit venir un coach et le problème fut réglé.

P. P.

J'aime ce terme, «coach». Il signifie entraîneur et il est anglais, mais l'employer en français ferait de moi une «entraîneuse»: d'autres l'ont appliqué à un style d'activité différent. J'aime cette idée d'entraîner une personne à reconquérir son pouvoir. Le coaching est une profession méconnue qui rassemble toutes sortes de gens, d'horizons et de formations différents. Chaque coach de vie privée et professionnelle possède sa propre définition de ce métier. Quand vous faites appel à ses services, commencez par lui demander comment il voit son métier et ce qu'il peut vous apporter. Puis questionnez-le sur sa formation et son passé.

En ce qui me concerne, j'ai gagné mes galons sur les champs de bataille et dans la souffrance. Les études que j'ai poursuivies dans différentes formes de thérapies sont venues étayer mon expérience sur le terrain. De plus, je connais bien le monde de l'entreprise pour y avoir consacré plus de quinze années. Tout compte dans la formation d'un coach, jusqu'à ses passions et ses sports. Les chevaux m'ont énormément enseigné : incapables de vous dire qu'ils ont mal quelque part ou qu'ils ont mal dormi, c'est à vous de décoder leurs bobos et leurs peurs. J'ai passé les dernières années dans le domaine des chevaux de course auprès d'une grande amie qui est entraîneur (et non entraîneuse !) aujourd'hui. Elle m'a montré comment comprendre le cheval. Et ce qui est amusant, c'est que nous faisons le même métier : elle murmure à l'oreille des chevaux et moi à celle des gens. Et quand un coach est capable d'entendre tout ce que son « coaché » ne lui dit pas, ils forment une équipe gagnante où la confiance, la complicité et le respect sont fondamentaux. Ainsi, il vous rejoint dans le grand labyrinthe de vos pensées négatives et de vos mauvaises programmations, pour vous accompagner avec efficacité vers la sortie que vous aurez choisie. Il a une vision d'ensemble de votre système pour veiller à ce que vos changements s'harmonisent avec votre environnement. Il vous entraîne à utiliser vos nouvelles habiletés jusqu'à ce qu'elles rentrent dans le muscle pour devenir naturelles.

Dans mes consultations, je parle de moi, de ce que j'ai vécu, afin que vous sentiez que je ne vous juge jamais (j'ai probablement fait pire que vous !) et que je sais ce dont vous parlez. Je suis à l'opposé de la fameuse distance thérapeutique qui exige d'un thérapeute que ceux qui le consultent ne sachent rien de lui. Vous me demandez de l'aide et, moi, je mettrais une armure pour me protéger ? Vous sentiriez-vous en confiance devant un tas de ferraille ? Au contraire, j'ai besoin d'être proche de vous, mercenaire engagé pour vous aider à remettre de l'ordre dans votre vie et dans vos pensées. Afin de reconquérir votre liberté et votre territoire, j'ai plusieurs rôles à jouer à vos côtés : celui d'entraîneur, de guide, mais aussi d'enseignante et de mentor, pour parrainer vos changements et vous permettre de découvrir votre essence et ce à quoi vous aspirez.

DEUXIÈME PARTIE

La voie de la paix: la voie du guerrier

Au pays des mille et une nuits, un jeune maharadja n'avait jamais rêvé. Il avait entendu tant de bien de cette faculté qu'il était prêt à remettre une grosse partie de sa fortune à celui qui lui enseignerait. Nuit et jour, depuis sa plus tendre enfance, les mathématiques, la philosophie, les sciences, tout ce qui était nécessaire à son règne lui fut enseigné. Comme il avait absorbé toutes ces connaissances, il apprendrait à rêver sans difficulté. Il fit donc venir des sages de tous les pays qui, chacun leur tour, lui expliquèrent les rêves par de grandes théories, mais rien n'y fit.

Un jour, alors que le jeune monarque était découragé, un jeune muletier s'approcha de lui, constatant sa tristesse.

– « Comment peux-tu être si triste, toi qui as plus de fortune que plusieurs rois réunis ? demanda le jeune homme, étonné.

– Je ne sais toujours pas ce qu'il faut faire pour rêver, répondit le maharadja totalement désolé. J'ai fait venir les plus grands sages, ils m'ont tous expliqué ce que c'est que le rêve, mais rien n'y fait. »

Alors le muletier s'allongea confortablement au pied d'un olivier, puis ferma les yeux.

– « Que fais-tu là ? demanda le maharadja, étonné.

– Je me couche, Votre Altesse.

– Je le vois bien, mais pourquoi fermes-tu les yeux ?

⇨

– Pour dormir, Votre Seigneurie, vous ne dormez jamais ?

– Je n'ai pas le temps. Trop de choses à faire, trop de choses à penser. Pourquoi dormir ? C'est perdre son temps !

– Pour rêver... que je suis riche ! » répondit le muletier, dont le souhait fut exaucé.

P. P.

45.

« Si vis pacem, para bellum » (Végèce)

« Si tu veux la paix, prépare la guerre », conseillait Végèce dans son *Traité de l'art militaire*, à la fin du IVe siècle après J.-C.

Cette phrase est pleine de bon sens et bien que j'aie mis de nombreuses années à en comprendre l'essence, j'ai suivi ce conseil à la lettre afin de trouver le chemin de la paix. J'ai réalisé que plus je suis entraînée au combat, moins j'ai à me battre. La fréquence et la violence de mes luttes, intérieures comme extérieures, diminuent à mesure que la sagesse grandit, consolidant ainsi, chaque jour, ma propre sérénité. Il existe autant de façons d'être serein qu'il existe d'êtres humains et chacun trouve sa voie grâce à sa propre expérience et à sa propre perception du monde extérieur. Je vous expliquerai sur quels principes je m'appuie pour être en paix, après m'être battue contre Tarzan et contre tous les démons qui se dressaient sur ma route. J'ai choisi la voie du guerrier pour trouver la voie de la sérénité.

Les arts martiaux m'ont appris qu'être un guerrier, c'est apprendre à maîtriser l'équilibre, autant physique que mental, mais c'est aussi savoir tomber et se relever rapidement. D'ailleurs, la première chose que l'on vous enseigne, c'est à chuter sans vous blesser. Un proverbe chinois dit : « Ce qui ne te tue pas te rend plus fort », et tout ce qui me fait perdre ma stabilité devient un enseignement, pour tomber de moins en moins souvent.

Je n'associe aucune notion de violence au mot « guerrier ». La violence n'est pas dans les combats que vous menez, mais plutôt dans les souffrances que vous vous infligez. Contre qui partez-vous en guerre le plus souvent ? Contre les autres, que vous laissez vous malmener, ou contre vous ? Vous luttez contre vous-même, contre cette partie qui vit sous la domination de vos mauvaises programmations. Quant aux agressions des autres, l'esquive est la meilleure défense : faites de vous un vide où s'abîme l'attaque. Puis, il s'agit de reprendre votre place : pas celle qu'on vous a prise, mais bien celle que vous avez laissée. Il est temps que vous réalisiez que personne ne peut vous la prendre, pas plus que votre pouvoir : c'est vous qui les cédez. Pour les reconquérir, faites un pas en avant, après avoir lutté contre votre envie de vous effacer. Un simple pas en avant fait reculer n'importe qui : c'est un réflexe ancestral. Allez-y, essayez. Reprenez ce qui vous revient de droit. Mais si, votre place, vous la laissez libre, quelqu'un vous la prendra. Les humains ont horreur du vide !

Une fois récupérée, vous vous demandez comment la garder : un seul regard déterminé convaincra n'importe qui que la place est prise et il n'insistera pas. S'il insiste, montrez juste les dents. N'avez-vous jamais vu un chien retrousser les babines, sans grognement ? Tout est dans le langage du corps, dans le non-verbal : courbez l'échine et les autres vous domineront. Tenez-vous bien droit et personne ne s'approchera.

Prenons le cas de la dépendance affective : si vous avez des difficultés à vous débarrasser de l'ex qui s'agrippe, c'est parce que vous lui laissez la porte ouverte et non parce qu'il la défonce. Vous luttez contre cette partie de vous qui ne veut pas la refermer. Cependant, une fois que c'est fait, l'ex n'a pas d'autre choix que de disparaître. Il vous faut parfois être prêt à tout et surtout à employer les grands moyens pour souder la porte définitivement. Souvenez-vous de Jim dont les tentatives tombaient dans le vide de mon silence. Ma détermination à fermer la porte a eu raison de son acharnement.

Ce sont des techniques d'esquive et non d'attaque que je souhaite vous enseigner afin que vous soyez confortable et sûr de vous en toute occasion. La véritable force du guerrier Ninja, c'est de survivre à tout prix et non de combattre à tout prix. Plus vous devenez habile, plus vous maîtrisez l'art d'éviter le combat pour vous assurer la victoire : celui qui vous attaque vous pousse à la colère et à la riposte. Faites de vous un vide, ou esquivez le coup en sortant simplement de sa trajectoire. Puis un beau jour, vous êtes capable de transformer cette altercation en un résultat gagnant/gagnant pour les deux protagonistes : vous trouvez une solution satisfaisante pour tout le monde. Cela n'est pas toujours possible, j'en conviens. Cependant, celui qui vous attaque est poussé par un malaise ou une souffrance qui génère sa frustration et sa colère. Il s'en prend à vous pour ne pas s'en prendre à lui-même.

Si un voleur armé m'ordonnait de lui donner mon sac à main, devinez ce que je ferais : je le lui donnerais. Parce que je ne risquerais pas d'être blessée pour si peu. Souvenez-vous : la survie à tout prix. L'agresseur, souvent plus effrayé que sa victime, peut avoir un mauvais réflexe et vous tirer dessus ou vous poignarder. Il se peut également qu'en le frappant, vous l'estropiiez ou vous le tuiez. Il faudra vivre avec ça après. Savoir se battre, c'est d'autant plus respecter la vie. Encore une fois, plus vous êtes devenu habile au combat, moins vous vous battez.

Vous êtes peut-être un pacifiste dans l'âme et concevoir la vie comme un combat vous heurte. Je le respecte. Pourtant, chaque être humain est un guerrier, car c'est bien la paix que vous recherchez en vous battant chaque jour, depuis votre naissance. Vous luttez contre vos peurs, pour faire respecter votre espace vital, pour obtenir de l'affection et de la reconnaissance. Votre manière de vous construire est plus ou moins rude et douloureuse ; cependant, que celui qui n'a vécu que dans la douceur m'explique comment il a fait. D'autant que l'être humain n'a plus à se battre physiquement, comme il le faisait jadis, réglant toute discussion avec un bon coup de gourdin sur la tête. Ses combats sont plus subtils ou plus hypocrites et les mots ont remplacé les armes. Cependant, les temps modernes vous confrontent à un autre style de conflit et votre pire ennemi, pourtant votre meilleur allié, c'est souvent vous-même. L'homme est devenu un loup pour sa propre personne. Vivre en toute sérénité, c'est vivre en paix avec soi-même d'abord, pour vivre en paix avec les autres ensuite.

Et puisque vous devez vous battre, autant apprendre à le faire correctement, plutôt que faire toujours les mêmes choses qui, de surcroît, ne marchent pas. Le Ninjutsu, entraînement des Ninjas, m'a enseigné qu'une infinité de gestes désordonnés n'engendre jamais un seul geste juste : il faut savoir où et comment agir, dans une économie de mouvements et avec efficacité.

La force est en vous et attend sagement que votre guerrier la réveille pour vous lancer sur la voie de la liberté intérieure. Pour être courageux, il faut avoir peur et le vrai héros est celui qui combat chaque jour ses démons et non celui qui vit en paix. J'ai beaucoup d'admiration pour ceux qui décident d'orienter leur vie vers le bonheur et qui le construisent chaque jour, en déprogrammant sans relâche ce qui leur nuit. Je suis passée par là et j'en apprécie d'autant plus ma vie aujourd'hui.

Dans certaines religions, le moine est aussi un guerrier qui s'appuie sur la discipline du combat pour composer avec lui-même, jusqu'à trouver les fondements de sa sagesse intérieure. L'équitation et le Ninjutsu m'ont aidée à creuser, à la manière forte j'en conviens, parfois avec les dents, les fondements de ma propre sérénité. Plus je tombais de cheval, plus je prenais les coups que je n'avais pas réussi à parer, plus j'apprenais. Et pourtant, au début, j'avais plus d'heures de vol entre la selle et le sol que sur le cheval lui-même, et je revenais du cours de Ninjutsu couverte de bleus ! Chaque chute, chaque coup me rendait plus forte jusqu'au jour où, si je tombais et recevais encore des coups, ce fut plus rarement, alors que le plaisir de monter des chevaux difficiles ou de me battre contre des adversaires qui me dépassaient largement augmentait progressivement.

Pour moi, il n'y a pas d'équilibre sans déséquilibre. Il n'y a pas de cavalier qui ne tombe jamais ou de combattant qui ne trouve jamais son maître. Celui qui croit savoir n'apprend plus. Dépasser ses limites, c'est prendre le risque d'être vaincu pour apprendre encore. Qu'est-ce que l'équilibre ? À mon sens, c'est tomber ou être ébranlé, puis se relever et retrouver la stabilité le plus vite possible. D'ailleurs, quand vous tombez de cheval, il est fortement conseillé de remonter immédiatement afin d'effacer cette mauvaise expérience et reprendre confiance. Si un événement survient et vous déstabilise, l'idéal est de vous débarrasser immédiatement de vos émotions négatives et de ne conserver que l'expérience. Entendons-nous bien : il n'est pas question de ne plus ressentir d'émotions négatives, mais de les traiter rapidement. Si vous ne ressentez plus rien, soit vous êtes devenu un moine tibétain, soit vous êtes mort ! C'est comme au football ou au hockey : dès que vous avez le ballon ou la rondelle, l'idéal est de faire une passe très vite, non pas pour vous en débarrasser mais pour arriver le plus rapidement possible au but. Un exemple ? Quand Bonnie et Clyde se sont enfuis, j'ai été très secouée sur le coup parce que je leur avais accordé mon amitié et ma confiance en plus d'avoir mis ma maison à leur disposition. J'avais deux solutions : soit culpabiliser et m'en vouloir de m'être fait rouler, soit je défroissais ma dignité et tirais rapidement une leçon de cette mésaventure. Parce que j'aime la sérénité, je me suis appliquée à évacuer mes émotions négatives rapidement en comprenant, tout d'abord, pourquoi j'avais accueilli ces gens-là et comment ils avaient réussi à me berner. Puis j'ai accepté le fait d'être généreuse comme une qualité, à dispenser cependant avec prudence. Quant à l'expérience, je me suis juré qu'à l'avenir je regarderai à deux fois avant d'ouvrir mon cœur et ma maison. J'irai, par exemple, voir les cendres de l'ancien logis, histoire d'être sûre ! Après tout, ça se résumait à une perte d'argent et beaucoup d'ennuis, que j'ai fini par régler. Ma détermination à passer les fêtes de fin d'année dans la paix m'a permis de retrouver ma sérénité rapidement. Le plus comique, c'est que mes amis étaient plus contrariés que moi par cette affaire !

Je dois tout de même vous prévenir que dès que vous réussissez, fier de vous-même, à traiter rapidement vos émotions négatives, vous trouvez toujours un sceptique qui vous accusera plutôt d'en être coupé. Je le sais pour l'avoir vécu, pendant ma formation en PNL. C'est ainsi que j'ai réalisé que beaucoup de gens ne croient pas plus au père Noël qu'à la sérénité, parce que quand ils l'ont sous le nez, ils ne la reconnaissent même pas.

Qu'est-ce que la sérénité pour vous ? Pour moi, c'est la paix intérieure qui gagne en force chaque fois qu'elle est troublée. Tomber de cheval ou être battu par son adversaire, c'est se renforcer pour augmenter sa capacité à parer à toute éventualité. La sérénité, c'est également vivre dans la joie et le plaisir le plus souvent et le plus longtemps possible, entre deux chutes. C'est ainsi que je vois la sérénité : si une émotion négative vous désarçonne, c'est de plus en plus rarement et vous avez la capacité de vous remettre en selle de plus en plus rapidement.

Qu'est-ce que la sagesse ? J'ai longuement réfléchi à cette question et j'en suis arrivée à cette conclusion : c'est la faculté de voir la réalité telle qu'elle est, sans émotion et sans interprétation dues à notre histoire. Le journaliste annonce qu'il y a eu une explosion dans une usine la nuit dernière et qu'il n'y a pas de blessé. C'est la réalité. Mais quand il explique que, si l'explosion avait eu lieu dans la journée, il y aurait eu des morts et des centaines de blessés, c'est à ce moment précis qu'il vient chercher vos émotions négatives. Que font les avocats ? Ils garnissent les faits d'émotions négatives ou positives pour toucher les jurés et faire pencher la balance de leur côté.

Alors que j'expliquais à un ami les fondements de ma sérénité et ma détermination à rencontrer celui que j'attendais, il répliqua que les sages sont tous des hommes et célibataires de surcroît. Pour lui, de toute évidence, j'étais doublement disqualifiée ! Il est vrai que ceux auxquels il faisait allusion luttent pour se détacher des désirs et du monde matériel, vivant uniquement dans le dénuement et la spiritualité. En ce qui me concerne, en plus d'être une femme dont l'objectif est une vie de couple, je brandis la bannière de l'épicurisme. J'entretiens mes désirs et je cultive ma spiritualité, fondée sur la paix de l'âme et la joie de vivre. Quant à l'argent, il ne fait certes pas le bonheur, mais il y contribue et à cet endroit, je n'ai pas de pudeur. J'en ai suffisamment manqué pour combattre mes réticences à ce sujet et tout mettre en œuvre pour en gagner beaucoup, mais pas à n'importe quel prix.

J'ai longtemps cru qu'être en paix, c'était ne plus souffrir parce que, dans le passé, les rares instants pendant lesquels je ne souffrais plus, je me croyais au paradis ! C'est bien quand il ne pleut plus, mais c'est encore mieux quand le soleil brille. Vous avez le pouvoir de faire revenir le beau temps puisque vous avez celui de déclencher des tempêtes. Quand j'en traverse une, au lieu de me précipiter sous un parapluie, en attendant que ça passe, je m'empresse de souffler sur les nuages. Remarquez comme vous avez la faculté de vous attirer des ennuis. Pourquoi d'autres ont celle de toujours s'en sortir ? Vous pourriez peut-être commencer à penser que les bonnes choses s'attirent aussi, au lieu de jouer les paratonnerres et d'attirer uniquement les ennuis. Ce que vous faites, vous pouvez le défaire.

Vous n'avez pas besoin de faire de l'équitation ni de pratiquer le Ninjutsu pour réveiller votre guerrier intérieur. Rien ne vous oblige à pratiquer des sports violents pour forger votre philosophie de vie et votre caractère. En revanche, j'aurai plaisir à vous faire partager ce que ces disciplines m'ont enseigné. Vous prélèverez peut-être quelques informations qui pourraient éclairer votre lanterne. Avant tout, sachez que toutes les ressources sont en vous pour vaincre n'importe quel adversaire et sortir vainqueur de n'importe quelle situation. La bonne idée est d'apprendre à les utiliser: inutile de sortir la grosse artillerie pour une peccadille; demandez à Goliath ! Choisissez toujours la simplicité car il n'est pas utile de connaître des techniques de combat ultra-sophistiquées: mettre le doigt dans l'œil de votre adversaire ou lui tordre le nez peut le surprendre autant, sinon plus, que la prise la plus élaborée en arts martiaux. Sortez des sentiers battus, surprenez votre adversaire, c'est la meilleure façon de le désarmer.

Pour commencer, votre équilibre repose sur votre faculté à vous occuper de vous: votre santé et votre mental. Si une bonne fée vous demande de faire un seul vœu, que choisissez-vous? Mon unique vœu est d'être toujours heureuse, toute ma vie. Quelle égoïste ! Attendez avant de juger et suivez mon raisonnement: nous avons chacun un couloir de natation dans lequel nous apprenons la vie pour construire notre bonheur. Je ne peux obliger personne à être heureux, n'ayant de l'action que sur moi-même. J'ai la liberté de choisir d'être heureuse, comme vous l'avez aussi. Pendant que je barbote dans des eaux bleues cristallines, peut-être que votre eau est plutôt glauque ou, pire, peut-être coulez-vous, mais c'est votre choix. Mon bonheur n'est relié qu'à moi, pas aux autres. Voyez-vous les choses sous un autre angle maintenant? C'est pourquoi je prends soin de moi en priorité pour être en mesure de prendre soin de ma fille, de mon entourage et des personnes qui me choisissent comme coach. J'ai besoin d'être au sommet de ma forme et de mes capacités si je veux contaminer de mon humeur joyeuse tous ceux qui m'approchent. Il existe des diffuseurs de bonnes odeurs et je suis, moi, un diffuseur de bonne humeur !

On dit des fainéants qu'ils sont souvent intelligents, car ils font marcher leur cerveau pour éviter d'en faire trop. Pour la sérénité, il faut détester souffrir pour y accéder. Vous couper de vos émotions n'est pas la solution et c'est, de toute façon, rarement volontaire. Un traumatisme pousse le subconscient à bloquer tout sentiment, toute émotion parce qu'il a constaté que ça vous a fait souffrir par le passé. Le subconscient fait une équivalence entre souffrance et émotions/sentiments dont il vous coupe pour vous protéger. Vous avez le choix de rester à l'abri derrière vos barricades et de ne rien ressentir. Vous pouvez également décider de vous faire aider pour vous reconnecter. Et si je ne peux pas vous assurer que vous ne souffrirez plus jamais, je peux, en revanche, vous promettre que vous vous donnez l'opportunité d'être heureux à nouveau. Mais avez-vous seulement conscience d'être déconnecté ? Avez-vous déjà tenu de tels propos : « Je ne veux plus tomber amoureux », « Pour moi, les hommes, c'est fini ! », « Aimer, c'est souffrir », « Ne fais jamais confiance à un homme », « Les femmes, toutes les mêmes, sauf ma mère et ma sœur ».

Voyons maintenant quelques principes qui vous aideront à être un meilleur combattant pour négocier avec vos démons et surmonter les obstacles qui se dressent sur la route de votre sérénité. Vous avez les mêmes capacités que n'importe qui pour réussir : il suffit de les développer. La seule différence réside dans le fait de croire en vous et dans le nombre et l'intensité de vos peurs, selon votre passé. Et plus vous avez souffert, plus vous serez heureux une fois votre sérénité installée : je le vis aujourd'hui, car le degré de bonheur que j'atteins est inversement proportionnel aux souffrances que j'ai supportées. Croyez-moi, ça vaut le coup de lutter ! Bien connaître ce que vous affrontez est fondamental, et je vous livrerai quelques informations et vérités sur vos démons, qui vous permettront de les voir d'une toute autre façon.

46.

Charité bien ordonnée commence par vous-même

Une nouvelle partition glissa du crayon d'un compositeur talentueux. Toute fière, elle attendait sagement, car elle avait hâte d'être jouée, quand le piano lui demanda de lui prêter ses do. Surprise mais soucieuse de faire plaisir, elle accepta. Puis ce fut le tour du violon qui lui demanda ses sol et, dans le même esprit, elle les lui prêta, puis la flûte voulut ses si et la contrebasse, ses mi. Généreuse, elle ne refusa pas lorsque ses ré, fa et la partirent aussi. Mais quand il fut temps de jouer, la partition demeura muette, parce que décomposée.

P. P.

M*ens sana in corpore sano* [un esprit sain dans un corps sain]. Pas si fous, les anciens !

Le corps

Cogito, ergo sum [je pense, donc je suis]. Pour penser, il faut donc être. Prenez-vous soin de votre corps ? Je suis certaine que vous vous occupez plus de votre voiture ! Pourtant, *qui veut voyager loin ménage sa monture* et si votre mécanicien traitait la vôtre aussi mal que vous traitez votre propre corps, je suis certaine qu'il passerait un mauvais quart d'heure !

J'ai longtemps cru qu'une alimentation saine valait toutes les vitamines, jusqu'au jour où j'ai compris ce que l'on fait subir aux légumes. Je me suis donc mise aux suppléments alimentaires. Cependant, il ne faut pas tout miser sur les vitamines et continuer à manger santé. J'ai vu un homme sortir de sa poche une boîte avec des compartiments contenant des gélules de toutes sortes et de toutes couleurs. Il m'expliqua que c'est de ça qu'il tenait sa peau de bébé. Je le regardai, sceptique, et lui demandai s'il avait encore faim une fois tous ces bidules avalés. Quand le corps est nourri sainement et soutenu par des suppléments, si vous en sentez le besoin, vous êtes en pleine forme et quand vous êtes en pleine forme, vous avez un moral d'acier et avec un moral d'acier, plus rien ne peut vous résister ! Car le pire ennemi du moral, c'est bien la fatigue ; il est donc plus sage de prendre une décision le matin au lever que le soir au coucher : *la nuit porte conseil*, en plus de régénérer.

Pour moi, c'est très simple : une alimentation saine, ce qui ne vous empêche pas de faire un bon gueuleton de temps en temps, boire de l'eau, et parfois de l'alcool avec modération si vous l'appréciez, et du repos, le sommeil étant la meilleure des vitamines. D'autant que pour recharger votre corps, c'est le moyen le plus efficace. Et malheureusement, il ne fait pas bip-bip quand il est déchargé, parce que si c'était le cas vous entendriez bip-bip tout le temps : le vôtre, en plus de celui des autres ! De plus, les heures de sommeil les plus réparatrices sont avant minuit parce que c'est le moment où les cellules se régénèrent, pendant que d'autres se reposent et que les hormones de croissance s'activent. C'est tellement bon de se réveiller en pleine forme. Essayez !

Je ne vous parle pas de sport, car beaucoup culpabilisent de ne pas en faire : il n'est écrit nulle part que le sport est obligatoire. En plus, vouloir du muscle à tout prix, c'est s'inscrire à vie dans un système (ou dans une salle de gym !) dont vous ne pourrez plus sortir, car il faudra toujours entretenir vos muscles. Maintenir votre corps en forme, dans le plaisir et sans effort, si vous détestez le sport, est tout à fait réalisable grâce au massage, au sauna, à la marche et à une façon de se nourrir intelligente. De nombreux livres vous expliquent comment manger des aliments qui brûlent les graisses et donnent la santé, alors pourquoi vous faire violence si vous détestez bouger ? Le remède risque d'être pire que le mal !

Si le sport vous tente, sachez qu'il est prouvé que l'activité physique favorise l'activité cérébrale et augmente l'endorphine. En résumé, le sport vous permet non seulement d'avoir les idées plus claires mais également d'être plus heureux et favorise la réflexion et la méditation.

En ce qui me concerne, j'ai toujours fait du sport, d'autant qu'après tous les accidents que j'ai eus, c'est ma façon de célébrer ma bonne santé. En effet, les médecins m'avaient prédit un corps grinçant et un caractère grincheux, alors que je n'ai gardé aucune séquelle de mes cascades. Et je ne fais rien d'extraordinaire : marcher en ville ou en forêt, bannir les ascenseurs et les escaliers mécaniques, courir une demi-heure par jour ou sauter à la corde, et entretenir ma propriété.

Trouvez votre vitesse de croisière et votre propre équilibre pour rester en bonne santé avec un esprit positif et du plaisir. Dans ma philosophie de vie, si votre corps va mal, c'est bien à cause de votre mental.

L'esprit

L'esprit mérite aussi d'être entretenu et protégé contre les virus de pensées. Qu'est-ce qu'un virus de pensée ? Tous les « Je ne le mérite pas », « Je ne suis pas capable », « Je ne vaux rien » ou autres idées négatives qui vous envahissent, gros grains de sable enrayant sournoisement toute votre belle mécanique. Ce sont des croyances limitantes qui polluent vos pensées et sabotent vos actes. La bonne nouvelle, c'est que vous pouvez les dynamiter, les pulvériser et les remplacer par de belles croyances portantes : « Je mérite la réussite », « Je peux si je veux » et « Je suis quelqu'un de bien qui a droit au bonheur ». Les bonnes croyances sont comme les muscles : vous pouvez les renforcer pour, un beau jour, vous en servir comme levier et soulever des montagnes. C'est votre esprit qui contrôle votre vie et non l'inverse, selon le bon vieux principe du surfeur qui dit : « Si tu ne chevauches pas la vague, c'est la vague qui te chevauche ! »

À votre avis, quand deux personnes sont atteintes du même cancer, pourquoi l'une d'elles survit et pas l'autre ? Parce que la première pense fermement qu'elle mérite de vivre, qu'elle a un avenir et beaucoup de choses à faire encore. Alors que la deuxième est convaincue qu'elle ne mérite pas de vivre ou n'en a plus envie. Ma grand-mère a suivi mon grand-père parce qu'elle considérait qu'il était temps pour elle de s'en aller. Au lieu de l'obliger à vivre, comme le faisaient ses propres enfants, je l'ai accompagnée dans sa décision parce que je la comprenais parfaitement.

En ce qui me concerne, j'ai décidé de vivre très vieille afin d'aider un maximum de personnes et quand je serai bien fatiguée, c'est moi qui appellerai l'ascenseur en disant: « C'est bon, j'ai fini! »

J'ai vécu avec des croyances limitantes: je ne méritais ni la réussite professionnelle (j'avais monté une agence d'événementiel à Paris et essuyé une grosse faillite), ni de gagner beaucoup d'argent (juste à peine le nécessaire pour vivre) et encore moins un homme bien dans ma vie (je n'étais capable d'attirer que des névrosés!). J'en avais plein ma brouette de ces virus de pensées que j'autorisais à troubler ma paix. Les remplacer m'a ouvert des portes. Aujourd'hui, je pense que je suis capable de tout (et je le prouve chaque jour!) parce que je suis quelqu'un de bien, parce que je suis à ma place dans le coaching et l'écriture, parce que je crois définitivement au bonheur puisque je le vis tous les jours. Je n'ai d'ailleurs plus à prier le dieu des cartes guichets que la mienne soit approuvée à chaque paiement, et je suis heureuse en couple.

Même quand les éléments extérieurs (amour, carrière, argent, etc.) ne sont pas au beau fixe, si vous êtes en mesure de puiser l'énergie et la joie de vivre au fond de vous, vous êtes proche de la sérénité.

Remarquez le pouvoir que votre mental détient sur votre destin: si vous pensez ne pas mériter le job dont vous rêvez, vous ne l'aurez pas. Persuadé que vous ne trouverez pas l'âme sœur, vous ne la trouverez pas. Et si vous êtes convaincu du contraire, ça arrivera. Je l'ai prouvé! Je disais à mes amis que l'homme de ma vie pouvait venir sonner à ma porte ou encore que je pouvais le rencontrer dans ma forêt, qu'il pouvait tomber en panne devant ma maison ou en quatre-roues au fond de mes terres, ou encore atterrir sur mes prairies en ultraléger motorisé ou en deltaplane. Ça les faisait rire et ils me conseillaient plutôt de sortir ou d'aller sur Internet. Je l'ai fait, il y a de nombreuses années, pour rester dans l'action au lieu d'attendre les bras croisés; les bars, les restaurants, les boîtes de nuit et les cinq-à-sept ne m'ont rien apporté. Aucun homme n'a retenu mon attention et vice versa. Quant à Internet, j'ai fait une rencontre qui a duré une minute trente, le temps de lui dire qu'il ne ressemblait pas du tout, mais alors pas du tout à la photo qu'il m'avait montrée: effectivement, dix années avaient passé, le ventre s'était arrondi et les cheveux étaient clairsemés. Puis une deuxième rencontre, histoire de ne pas rester sur une mauvaise impression, mais je lui ai tellement fait peur que je crois bien qu'il court encore. Je reste, cependant, persuadée que c'est une bonne méthode pour rencontrer quelqu'un de bien, même si, en ce qui me concerne, je ne suis pas à l'aise avec ça. Quoi qu'il en soit, après ces mésaventures internautiques et ma chasse infructueuse, j'ai compris que j'avais envie de rencontrer l'homme de ma vie et non d'aventures sans lendemain. C'est à partir de là que j'ai commencé à reconquérir ma virginité en attendant qu'il veuille bien se présenter.

Je sais pertinemment que lorsque l'Univers décide de vous faire rencontrer la bonne personne, parce que vous êtes prêt et l'autre l'est aussi, il ne manque pas d'imagination. Quand c'est l'heure, c'est l'heure! Vous connaissez certainement des histoires de rencontres extraordinaires. Et comme je ne crois pas au hasard et que je souhaitais chaque jour de ma vie une rencontre hors du commun, je continuais à parcourir ma forêt en visualisant une multitude de versions. J'avais même envisagé que ce livre pourrait provoquer cette rencontre... Et c'est ce qu'il a fait. Quant à mes amis, je les laissais gentiment se moquer. *Rira bien qui rira le dernier!* me disais-je. Et comme tout est arrivé (mais pas tout à fait comme je l'avais prédit, quoique...), ils furent bien obligés de penser que j'avais raison quant au pouvoir que nous avons sur notre vie. Et vous aussi!

Tout est possible, quand vous y croyez.

47.

Crois et croîs en toi

Croire et croître en vous, c'est reprendre votre pouvoir en chassant de votre temple intérieur ceux auxquels vous avez laissé le contrôle de votre vie; c'est reprendre votre place, votre espace, interne comme externe: c'est croître en dedans jusqu'à vous remplir entièrement, afin de croître en dehors. Vous recouvrez alors la pleine maîtrise de votre corps et de votre esprit qui ne font qu'un. Le simple fait de croire en vous génère un pouvoir inestimable. Mais chaque fois que vous en doutez, il s'effiloche. Imaginez que vous êtes sur un canot gonflable au milieu de l'océan déchaîné des relations humaines et que chaque fois que vous doutez de vous, vous faites un trou dans le plastique de votre embarcation de survie.

Une de mes plus belles croyances portantes est la conviction que quoi qu'il puisse m'arriver, je m'en sortirai toujours. Un de mes amis dit de moi que si l'on me lâchait toute nue dans le désert, je reviendrais avec une robe de Christian Dior et un magnum de Dom Pérignon sous le bras. S'il m'arrive de douter du bien-fondé de certains de mes actes ou comportements, réflexe de remise en question légitime, en revanche, je ne doute jamais de moi. Quand je me suis retrouvée à genoux devant ma brouette, non seulement je n'avais plus de job, plus d'argent, plus de conjoint, mais avant d'émigrer j'avais vécu le décès de mon grand-père, de mon père et de ma grand-mère dans la foulée. Fille unique, mon univers affectif se réduisit comme une peau de chagrin en très peu de temps, d'autant que j'étais en conflit avec ma mère qui se trouvait en France. Mes amis étaient de l'autre côté de l'océan et je n'avais pas encore eu le temps de m'en faire de nouveaux. Il me restait ma fille, ma petite Fée, et mon intime conviction que tout ce qui m'arrivait avait une bonne raison. Chaque épreuve cache un cadeau. Pourtant, au milieu de tout ce chaos, je continuais, contre vents et marées, à croire en moi. C'est vraiment tout ce qui me restait! Baisser les bras et couler ou croire en vous et avancer?

Croire en vous, c'est rassembler vos forces et vos habiletés et les amplifier. D'ailleurs, avez-vous déjà songé que vous êtes porteur de vos expériences mais également de celles de tous vos ancêtres, voire de vos vies antérieures pour ceux qui y croient? Vos aïeux ont probablement eu une vie plus épouvantable que la vôtre, cependant chacun d'eux a passé le flambeau pour que vous existiez, vous, dernier ou avant-dernier maillon d'une chaîne infiniment longue, qui prend racine dans la nuit des temps. Imaginez que, du premier au dernier, tous vos ancêtres seraient assis tout autour de l'arène de la vie, vous soutenant, fondant tous leurs espoirs sur le petit dernier, appelé à corriger le passé et à bonifier l'avenir. Car vous êtes aujourd'hui la somme et le résultat de plusieurs milliers d'ancêtres et de chacune de leur vie. Par respect pour eux et pour vous, est-ce que ça ne vaudrait pas le coup de reprendre votre destin en main?

Comprenez que le temps que vous mettez à gérer vos démons n'est pas important, du moment que vous restez en mouvement. Pour une fois que vous n'avez pas de date limite pour rendre vos devoirs! Même si vous avancez lentement, c'est mieux que de rester figé parce que, là, vous donnez l'avantage à l'adversaire et dans un véritable combat, ça ne pardonne pas. Tant que vous cherchez un moyen pour l'aplatir, vous avancez. Regardez les boxeurs, sans arrêt en train de sautiller!

Les êtres humains, comme les animaux, ont trois façons de réagir à une agression: se figer, se sauver ou attaquer. Chaque animal adopte une attitude différente pour échapper à ses prédateurs: l'araignée fait la morte, la biche détale et le tigre attaque. En réponse à une agression et à la peur, l'être humain développe un réflexe qu'il puise dans l'une de ces trois attitudes, selon son vécu et ses programmations. Un soir, mon père me surprit, arrivant derrière moi sans bruit, pour me dire bonsoir. Au lieu de me tétaniser ou de m'enfuir, je le giflai. Imaginez mon embarras. Cela dit, j'ai choisi un cas extrême. Plus généralement, quand il s'agit d'attaques, ce sont des attaques verbales et la meilleure défense reste l'esquive. Pas facile de bannir les mauvais réflexes (figer, attaquer, s'enfuir), pour apprendre les bons gestes. Comment esquiver l'assaut des démons ? En leur faisant face, en les accueillant et en leur reconnaissant le rôle de messagers de votre subconscient. Vos démons et vos peurs ne font qu'un. Leur objectif ? Attirer votre attention sur un danger afin que vous vous en protégiez. Vous ne les aviez jamais considérés comme vos protecteurs, n'est-ce pas ? Je reviendrai sur ce sujet mais, pour l'instant, désarmez peu à peu vos démons en les considérant comme des alliés. C'est toujours bon de mettre plus fort que vous dans votre camp !

Connaissez-vous le film *Les Sept Mercenaires* ? Chacun d'entre eux maîtrise une discipline de combat et ils s'associent pour aider un village de paysans à se débarrasser d'une bande de voleurs qui pillent régulièrement le village. Ce sont finalement les paysans qui ont le dessus sur leurs assaillants : les mercenaires leur ont simplement montré qu'ils pouvaient le faire et comment.

48.

Vous ne serez jamais si bien servi que par vous-même !

Vous occuper de votre santé et de votre corps, c'est également vous aimer. Car qui est le plus qualifié pour prendre soin de votre personne et le plus à même de vous reconnaître comme quelqu'un de bien? Vous! Et comment voulez-vous que quelqu'un d'autre vous aime si vous n'êtes pas capable de le faire vous-même? Quand la femme avec laquelle vous avez une relation vous dit qu'elle vous aime et que vous répondez: « Comment peux-tu m'aimer? Je suis laid, vieux et stupide! », avouez que c'est décourageant pour elle. Vous l'accusez d'avoir des sentiments pour un homme que vous n'aimez pas. Apprenez à vous connaître, à vous aimer et à vous reconnaître dans ce que vous avez de bien. Occupez-vous de vous, mangez bien, dormez bien, dorlotez-vous et, quand vous êtes fatigué, reposez-vous. Je compare souvent l'équilibre mental (*mens*) et la santé physique (*corpore*) à l'assiette chinoise que les artistes de cirque asiatiques font tourner au bout d'une baguette. Si vous arrêtez de tourner la baguette, l'assiette vous tombe sur le nez. Et quand vous avez trouvé le rythme pour faire tourner la vôtre, vous pouvez vous permettre de donner un coup de main pour faire tourner celle des autres. *Charité bien ordonnée commence par soi-même* et le résultat quand vous n'êtes pas dans votre assiette et qu'elle ne tourne plus rond, c'est le stress, la maladie et la dépression.

Sans conjoint dans un pays étranger, si je ne prends pas soin de moi et qu'il m'arrive quoi que ce soit, même un petit accident, qui s'occupera de ma fille et de moi? J'ai des amis formidables, cependant je n'attends pas d'eux qu'ils m'entretiennent le temps de me remettre sur pied. Si je ne suis plus en état de subvenir à nos besoins, ce sont deux assiettes chinoises que je prendrai sur le nez: celle de ma fille et la mienne.

Savez-vous ce que font les castors quand ils constatent qu'un piège les attend à la sortie de leur hutte ? Ils sacrifient un de leurs petits pour le déclencher. Vous pensez que c'est cruel, n'est-ce pas ? Pourtant, vous sacrifiez souvent votre conjoint et vos enfants quand la fatigue vous rend agressif et indisponible, parce que vous êtes incapable de dire non aux personnes de l'extérieur qui vous usent jusqu'à la corde.

Vos enfants et votre conjoint ne vous ont jamais demandé de vous sacrifier et lorsque vous les trouvez bien ingrats, après tout ce que vous faites pour eux, comprenez donc qu'ils ne vous en ont pas tant demandé. Ils sont bien plus heureux quand vous êtes reposé et disponible.

Prenez soin de vous, ainsi tout le monde en bénéficiera. La vie est comme une autoroute : c'est bien plus sage de vous arrêter sur les aires de repos régulièrement plutôt que sur la bande d'arrêt d'urgence, en panne.

49.

Le pouvoir suprême : vous reconnaître vous-même

Pourquoi attendre des autres qu'ils vous reconnaissent alors que vous pouvez le faire vous-même, réglant ainsi une grande partie de vos problèmes ? C'est mathématique : si vous vous reconnaissez en tant que quelqu'un de bien, votre comportement est en conséquence et la majorité vous reconnaît aussi. À l'inverse, si vous pensez ne rien mériter et être juste bon à prendre la couleur du tapis pour ne déranger personne, vous êtes aussitôt piétiné. Vous savez maintenant qu'il s'agit de mauvaises programmations que vous pouvez déprogrammer. Que pensez-vous d'essayer ?

Que signifie vous reconnaître ? C'est être fier, à juste titre, de ce que vous êtes et de ce que vous faites, sans éprouver le besoin de justifier ou de faire valider vos actes par votre entourage. Leur approbation et leurs félicitations sont des bénédictions, mais n'ont pas force de loi. Votre référence prioritaire devrait être votre seul jugement. Sinon, vous tendez le bâton pour vous faire battre par ceux qui vous jugent au travers du filtre de leurs propres émotions souvent négatives. Chaque personne réagit en fonction de son expérience et même si elle vous aime, il se peut qu'elle vous renvoie une image erronée de ce que vous êtes ou faites. Si votre mère, qui vous aime, vous dit : « Si tu avais été plus intelligent, tu aurais pu trouver une femme bien », soit vous entendez que vous n'êtes pas intelligent et que votre conjointe ne vaut rien, soit vous riez parce que vous savez ce que votre conjointe et vous valez, et vous remettez votre maladroite de mère à sa place. Vous détenez, au fond de vous, toutes les réponses à vos questions et vous sentez quand vous êtes dans l'erreur ou dans le vrai. Libre à vous d'aller vérifier auprès des autres ce que vous pressentez, tout en sachant à qui vous vous adressez. Pourquoi ne pas vous faire confiance en priorité au lieu d'écouter des gens qui risquent d'être vos détracteurs? Parce que les mauvais jugements, vous les prenez pour argent comptant, alors que les compliments, vous les rejetez. Vous pouvez m'expliquer?

Envisageons maintenant, si vous le voulez bien, que ceux qui vous aiment aient raison en soutenant que vous êtes quelqu'un de bien. Si vous les croyez à 10% seulement, que se passe-t-il? C'est vrai que les amis et la famille exagèrent toujours parce qu'ils sont vos plus grands fans, mais s'ils avaient raison ne serait-ce qu'à 30%? Et dans le pire des cas, imaginez qu'ils aient raison à 100%. Non, ça c'est impossible. Alors à 80%? Ça, c'est possible. Un seul ami peut se tromper quand il vous dit que vous êtes estimable, mais pas 100% de votre entourage! Demandez-vous donc pourquoi ils vous aiment et vous apprécient.

Ce que j'ai découvert récemment, certainement le point d'orgue de mon équilibre, c'est que me reconnaître moi-même a supprimé ce besoin désespéré de Desperado d'être reconnue par les autres. J'ai cessé de m'épuiser à courir le monde, pour rechercher ce que j'ai finalement trouvé en moi. Si vous vous reconnaissez et vous respectez, les autres vous reconnaissent et vous respectent. Et ceux qui ne le font pas ne vous touchent pas. Toute la magie part de vous. Si c'est confus dans votre tête pour l'instant, tant mieux, du chaos jaillit la lumière! Le brouillard va peu à peu se dissiper. Le Ninjutsu enseigne aussi qu'il faut travailler lentement pour progresser vite, alors ne prenez pas trop de plaisir à lambiner!

Si quelqu'un vous fait du mal et vous demande pardon, il vous reconnaît dans la souffrance qu'il vous a infligée et vous remet le pouvoir: celui de lui pardonner. Par le pardon, vous vous libérez du lien qui vous relie à celui qui vous a blessé, même si celui-ci ne vous a rien demandé. Le désir de vengeance et la haine sont des poisons mortels à effet lent qui entretiennent un autel intérieur, dans lequel brûle une douleur vive qui ne s'éteint que si vous pardonnez: sinon elle vous consume à petit feu. À vous de choisir le temps de cuisson!

Vous reconnaître, c'est également accepter ce qui vous rend différent, par exemple votre poids, vos bégaiements, vos zozotements, vos rougissements intempestifs, vos petits handicaps, tout ce qui fait de vous une personne attachante alors que vous pensez, vous, que ça vous diminue. Si vous en faites un complexe, les autres le voient en tant que tel. À l'âge de 10 ans, à la suite d'une visite médicale scolaire, je me retrouvai avec des lunettes, qui me valurent le surnom de « serpent à lunettes », deux appareils dentaires, un en haut et l'autre en bas, qui me faisaient zozoter, et une semelle compensée pour réparer une scoliose. Ce n'est pas tout : un peu boulotte et avec un nom de famille qui se prêtait à toutes sortes de jeux de mots, je ne passais pas inaperçue, surtout quand je me retrouvais au piquet. Et pour finir, je ressemblais, petite, à une asiatique, ce qui me valut le surnom de « la Chinoise ». À l'école, les gamins me disaient que j'avais été adoptée. Ils n'étaient d'ailleurs pas loin de la vérité au niveau de mes origines, ainsi que je l'appris beaucoup plus tard : pas Chinoise, Vietnamienne. Mon grand-père biologique était le fils d'un Français et d'une Vietnamienne.

Vers l'âge de 25 ans, ma mère me révéla que mon grand-père, celui auquel je vouais une adoration sans limites, n'était pas son père. Je l'en aimais d'autant plus qu'il savait que je n'étais pas de son sang et, en tant qu'aînée des petits-enfants, j'étais malgré tout sa préférée.

Ma mère a donc grandi ainsi en pleine Deuxième Guerre mondiale, avec un père qui n'était pas le sien et qui avait été emmené par la Gestapo, et une mère qui venait d'avoir un bébé et faisait le tour des charniers pour retrouver son mari. Tant qu'il ne s'y trouvait pas, c'est qu'il était peut-être encore en vie. Qui aurait eu le temps et l'énergie de lui apprendre à aimer ?

Les secrets de famille sont parfois plus lourds à porter pour ceux qui ne sont pas au courant car, sans comprendre, ils en font les frais. Et ça dure, de génération en génération… Pire, une femme qui a subi des abus sexuels programme involontairement sa propre fille à en subir aussi. Comment ? Par le non-dit et par la peur que ça lui arrive aussi. Plus vous interdisez à un enfant, plus vous développez son envie de vous confronter : à force d'interdire d'approcher les hommes parce qu'ils sont dangereux, vous poussez votre fille à se jeter dans la gueule du loup. J'ai aidé des personnes à déprogrammer ce qui vient de la généalogie et tant que ce n'est pas fait, ça vous suit. Une « coachée » avait une peur terrible que sa petite fille de quatre ans soit abusée par son père, dont elle était séparée, ou par quelque autre homme. Pourtant, elle n'avait pas eu ce problème par le passé. Nous avons découvert que c'est sa mère qui avait vécu ça dans son enfance et qui ne l'avait jamais dit. Depuis, cette femme reste vigilante, mais elle a retrouvé le bonheur et elle est enfin heureuse en couple.

S'il vous est arrivé quoi que ce soit, parlez-en à vos filles et demandez à votre mère ce qui lui est arrivé. Rien n'arrive jamais par hasard.

Pour en revenir à la petite fille que j'étais, en butte aux railleries, au lieu d'en être blessée, je ne sais par quel miracle, j'en retenais que ça faisait rire les autres, voire ma propre famille que le bilan désastreux de ma visite médicale amusa beaucoup : je devais être rafistolée de tous les côtés ! Intuitivement, je réalisais que faire rire est un moyen de communiquer que je développais au fil du temps. Il faut dire que j'étais à la bonne école, car mon grand-père et mon père avaient beaucoup d'humour et ce fut à l'ombre de ces deux farceurs que le don de la répartie grandit.

Je me souviens du premier entraîneur qui me prit dans son écurie et me donna ma chance en course. Je n'oublierai jamais sa patience, car au début je tombais très souvent. Cet homme, qui faisait pourtant un métier public, bégayait. Parfaitement à l'aise avec ses clients, les propriétaires des chevaux qu'il entraînait, et avec son personnel, lorsqu'il accrochait sur un mot, au lieu de le dire, il le chantait. Peu importe si ça nous faisait rire, peut-être même qu'il en rajoutait, mais au moins, il réussissait à expliquer ce qu'il voulait. Ça le rendait fort sympathique et il était très respecté. Amusez-vous à amplifier ces petites particularités quand vous êtes en société et, à votre grande surprise, vous constaterez qu'elles se manifesteront de moins en moins. Car elles n'existent pas pour que vous les éliminiez mais pour vous aider à travailler quelque chose qui vous rendra plus fort. Moi, c'est mon humour qui s'est musclé, parce que j'ai pris l'habitude de me moquer de moi-même pour faire rire les autres.

J'aimerais également vous faire comprendre la différence entre un dominant et un dominateur, afin que vous saisissiez comment vous respecter vous-même tout en respectant les autres. Je vois bien votre réaction: la moralité bien pensante réfute le mot dominant parce qu'il est associé à domination. Les animaux ont moins d'états d'âme et plus de sens pratique, car ils ont des dominants mais pas de dominateurs: un dominant est pacifique et tant qu'aucun autre mâle ne convoite son territoire ou sa femelle, il respecte ses congénères. Agir en dominant, c'est considérer les autres comme vos égaux et préserver votre espace de toute invasion intempestive, que vous êtes prêt à repousser le cas échéant. Alors que le dominateur a pour but de conquérir le plus de territoires possible et soumettre tous ceux qui passent à sa portée, car ils lui sont inférieurs. Prendre votre place équivaut à avoir un comportement de dominant sur votre propre vie et non sur celle des autres. Un dominateur ne se frotte pas à un dominant, qu'il a tôt fait de repérer. Comment? Parce que c'est le seul qui ne se met pas à plat ventre dès qu'il apparaît. Il ne perd pas son temps avec ce récalcitrant alors qu'il y en a tant qui sont si faciles à soumettre! Sauf s'il pense que le dominant met un de ses territoires en péril, ce qui est impossible, puisqu'il n'envahit pas celui des autres. Il y a forcément, dans votre environnement professionnel ou privé, un dominateur. Si vous observez bien, vous remarquez qu'il y a également une ou plusieurs personnes qu'il ne peut pas soumettre. Vous, peut-être. Que se passe-t-il? Il se casse les dents sur la paisible carapace du dominant parce qu'il n'a généralement pas de prise. Et s'il insiste trop, il risque de se faire remettre à sa place vertement. Car le dominant peut faire appel à la colère pour se faire comprendre clairement. Les meilleurs leaders sont des dominants, pas des dominateurs.

Afin que vous saisissiez bien la différence, je choisirai le roi Salomon comme exemple de dominant, connu pour son intelligence à régner et pour avoir arbitré un conflit entre deux femmes revendiquant le même bébé. Souvenez-vous: incapable de les départager, il ordonna de le couper en deux afin que chacune des présumées mères ait une part équitable. La première acquiesça, la deuxième le supplia d'épargner le bébé, renonçant à ses droits. C'est à cette dernière que le roi Salomon rendit l'enfant, ayant ainsi déterminé qui était la véritable mère.

En ce qui concerne les dominateurs, je citerai comme exemple Alexandre le Grand, Napoléon et Hitler. Je pense que cela se passe de commentaires…

Songez également que vous êtes unique et qu'à vous seul, vous êtes un univers à part entière : un chef d'entreprise qui se doit de faire fonctionner tout ce dont il est constitué et l'exploiter au mieux de ses possibilités. Vous êtes le maître de votre spiritualité, le directeur de vos émotions, le gérant de votre corps, vous influencez votre avenir, vous décidez de ce qu'il y a à améliorer et de ce qu'il faudra investir. Et quand vous faites tourner au mieux votre microsociété, vous favorisez les interactions avec d'autres microsociétés qui vous respectent. Et si soudain vous avez la sensation d'aller vers la faillite et que vous ne réussissez pas à redresser la barre, devinez ce qu'il vous reste à faire ? Choisir un bon coach, bien sûr !

S'occuper de son corps et de son mental n'est pas une si grosse entreprise, pour peu que vous le décidiez. Le bonheur est à votre portée, même si vous avez l'impression que l'horizon est bouché. Vous avez tout pouvoir sur votre vie que vous pouvez orienter à votre gré. Faites sauter des barrières et vous serez surpris des résultats, car lorsque le changement s'installe, vous ne savez jamais où il va s'arrêter et c'est là toute la magie de l'être humain.

Je peux en témoigner : quand les limites que je m'étais imposées sont parties en fumée avec les croyances limitantes que je portais, j'ai senti tout le contrôle que je pouvais avoir sur ma vie et tout le bonheur que j'en retire aujourd'hui. Je me suis mise à récolter ce que j'avais semé. Même quand vous n'employez pas la bonne stratégie pour vous extraire de vos souffrances, vous semez quand même et le jour où vous vous autorisez à récolter le fruit de vos efforts, c'est une récolte de plusieurs dizaines d'années. En ce qui me concerne, je récolte aujourd'hui ce que j'ai semé et cultivé pendant cinquante-trois années !

50.

Rester centré et aligné ?
Élémentaire, mon cher Watson !

À mon avis, la meilleure façon de rester cohérent, c'est en restant aligné : je fais ce que je dis et je dis ce que je pense. Pensées, paroles et actes sont dans la même lignée.

Un parent fumeur qui ordonne à son fils de ne pas fumer vit sur le principe du « faites ce que je dis, mais pas ce que je fais ». Une personne rigide qui prêche la flexibilité, un psychothérapeute qui pense au suicide, un cardiologue qui fume, un dentiste qui ne se brosse pas les dents sont autant de personnes dont le comportement est exactement l'inverse de leur discours. *Faites ce que je dis mais pas ce que je fais.* C'est important quand vous gérez une équipe, mais également dans vos relations avec vos enfants : c'est la base du leadership.

Rester aligné, c'est conduire toutes vos ressources, tout votre être, telle une armée bien organisée, vers le même objectif pour une victoire assurée.

Quant à votre centre, voyez-vous au moins ce que c'est ? C'est un point dans le milieu de votre corps qui représente votre équilibre physique sachant que, lorsque vous l'avez trouvé, il devient plus difficile de vous déstabiliser. Imaginez une ligne droite qui vous traverse en partant du ciel et se plantant dans le sol, passant par votre centre : c'est être bien ancré dans la terre, c'est être « groundé ».

Ce qu'il est très important de retenir, c'est que personne ne peut vous prendre votre centre : c'est vous qui le donnez. Si une personne vous fâche, vous avez parfaitement le droit de vous mettre en colère, mais cette réaction doit rester un choix et non un réflexe. Si c'est le cas, vous venez de donner votre centre, donc de le perdre. C'est comme au bowling : l'autre a lancé une boule dans vos quilles, son objectif étant de faire un abat. Soit vous sortez de la trajectoire et vous regardez tranquillement passer la boule, soit elle est arrêtée par le rempart de stabilité que vous représentez.

51.

Oui/non, non/oui ou non/non ?

Souvenez-vous du plaisir que vous avez éprouvé la première fois que vous avez dit non. Souvenez-vous du sourire béat et émerveillé de vos parents, les premiers à avoir essuyé un refus de votre part et à s'en être extasiés. Souvenez-vous du premier non de vos propres enfants. Souvenez-vous que les non vous font aimer et respecter plus que les oui. Non ?

P. P.

Aussi paradoxal que cela puisse paraître, se respecter et respecter les autres, c'est également être capable de dire oui et de dire non. Le secret pour dire non ? Faites un rond avec votre bouche, collez votre langue au palais et émettez un son en la décollant : NON !

Aider tout le monde, tout le temps pour se faire aimer, demande énormément d'énergie ; ça, vous le savez. Et dès que vous avez dit oui et que l'autre a le dos tourné, vous vous le reprochez car, épuisé, vous aviez prévu vous reposer. Au lieu de ça, vous voilà reparti pour un tour, la fatigue s'accumulant, bien soutenu par votre frustration de ne pas avoir dit non.

Une jeune femme d'environ 22 ans est venue me consulter pour apprendre à dire non. Elle préférait prévenir que guérir, sachant que toujours dire oui lui apporterait des ennuis dans le futur. J'ai admiré sa détermination à prendre sa vie en main et à travailler sur ce qu'elle pressentait pouvoir lui nuire plus tard. Elle s'est mariée mais, là, elle a dit oui !

Vous réussissez parfois l'exploit de dire non, mais vous lâchez un non teinté à 50% de oui, quand ce n'est pas à 80% ! Le petit pourcentage de oui (20 ou 50%) correspond à la part dans laquelle vous vous respectez et la plus grosse correspond à votre peur de ne pas être aimé. Quand cette peur est vraiment trop grande, au lieu de dire non, vous vous entendez dire oui. D'ailleurs, dans un non à seulement 20 à 50%, certains entendront systématiquement un oui, puisque vous n'avez pas dit non à 100%. Vous savez, un non catégorique est sans appel. Si vous prononcez un non aux intonations de oui, sans aucune conviction, vous ouvrez la porte à l'insistance, à la corruption, au chantage affectif, car l'autre sait que vous allez céder. Surtout les enfants et les adeptes de Tarzan!

Enfin, dire oui tout le temps n'ajoute aucun piment à la vie et les non mettent en valeur les oui. Apprivoisez le non et il sera votre meilleur ami, autant quand vous l'entendrez que lorsque vous le prononcerez. Dire non, c'est non seulement se respecter, mais également respecter l'autre, au lieu de ronchonner dans son dos et de retourner votre frustration contre lui ou contre vous.

Comment vous sentez-vous quand vous acceptez une invitation à laquelle vous n'avez définitivement pas envie d'aller?

52.

Économisez votre énergie : lâchez prise !

C'est l'histoire du fou qui saute du 17e étage et qui dit, en passant devant le 16e : « Jusque-là, ça va ! »

Lâcher prise, c'est regarder la réalité en face et accepter sereinement les situations sur lesquelles vous n'avez aucun contrôle. Mais vous préférez vous faire du souci alors que, vous en conviendrez, c'est épuisant et inutile. Que pensez-vous de ne rien faire quand il n'y a rien à faire et d'en profiter pour vous reposer ? C'est mon passe-temps préféré, je dois bien l'avouer, et je lui dois une grande partie de ma sérénité.

C'est comme un match de tennis que vous jouez avec la vie : quand vous renvoyez la balle, c'est vous qui avez du pouvoir ; mais en attendant qu'elle revienne, vous ne pouvez rien faire, sinon être prêt à la recevoir. Lâcher prise, c'est également franchir un obstacle avec un cheval : vous avez du pouvoir sur la vitesse, sur l'équilibre de votre partenaire, mais une fois qu'il a pris son impulsion, vous n'êtes qu'un passager : il s'occupe du plané et de la réception. En parlant de planer, que se passe-t-il dans un avion ? Avez-vous d'autre choix que de faire confiance au pilote ? Vous en profitez donc pour vous reposer, regarder un bon film et manger.

Quand la tempête a ravagé la France en décembre 1998, j'étais dans un avion pour remonter de Montpellier sur Paris et nous avons croisé les vents violents qui venaient de la capitale pour gagner le sud de la France. Nous étions secoués dans tous les sens, des craquements sinistres nous emplissaient les oreilles, le personnel de bord restait assis et attaché pendant tout le vol, des passagers étaient malades, d'autres étaient terrifiés. Après m'être demandé pourquoi j'étais montée dans l'avion et ce que j'étais donc allée faire dans cette galère, comme aurait dit Molière, j'interpellai une hôtesse, assise à côté de moi dans la queue de l'appareil et lui demandai, sur un ton enjoué :

– « Est-ce que le pilote vient d'apprendre que sa femme le trompe ?

– Non, répondit-elle, surprise.

– Vient-il de découvrir qu'il a une maladie incurable ?

– Non !

– Est-il suicidaire ?

– Mais non, enfin !

Alors, comprenant où je voulais en venir, complice, elle rajouta :

– C'est le meilleur pilote que nous ayons !

Ce à quoi je répondis avec le sourire :

– Alors nous n'avons plus qu'à lui faire confiance ! »

Et c'est ce que je fis, parce qu'entre mourir de peur ou m'en remettre à lui, je préférais m'en remettre à lui. Je lui manifestai d'ailleurs toute ma reconnaissance en descendant de l'avion !

Que se passe-t-il quand vos enfants sortent le soir ? Vous ne dormez pas tant qu'ils ne sont pas rentrés. Pensez-vous pouvoir ainsi les protéger ? Je sais, c'est plus fort que vous. Pourtant, l'inquiétude ne profite à personne. Faites-vous plutôt confiance, en leur faisant confiance. N'est-ce pas vous qui les avez élevés ? Ils savent prendre les bonnes décisions et s'ils se mettent malgré tout dans les ennuis, ce qui ne vous est bien évidemment JAMAIS arrivé, vous êtes là pour les aider à en sortir. N'est-ce pas ? Méfiez-vous, vos enfants sont malins : ils savent très bien que plus vous vous inquiétez, plus vous démontrez que vous avez fait les 400 coups. Vous savez ce que c'est !

Seule avec ma fille, un appartement, une immense propriété, une voiture et des dettes, j'aurais eu de quoi m'angoisser vingt-quatre heures sur vingt-quatre ; ce n'étaient ni les questions financières ni les problèmes techniques qui manquaient: la voiture qui tombait en panne, le tracteur à gazon qui me lâchait (une occasion que j'ai rachetée après le vol du précédent), les toilettes qui se bouchaient, une invasion de fourmis qui dévoraient la charpente du garage, le toit qui fuyait, l'ordinateur qui avait des virus, les castors qui faisaient des barrages, l'eau du lac qui montait, détruisant le chemin, et j'en oublie sûrement. Si je n'avais pas lâché prise, je n'en aurais plus dormi. *À chaque jour suffit sa peine* et je m'endormais, sereine, car je savais que je trouverais les solutions. Et puis, même aujourd'hui, alors que ma situation s'est équilibrée, je n'ai jamais de problèmes: je n'ai que des défis à relever. Tout réside dans la façon de considérer les faits. Me révolter n'y changerait rien, me lamenter non plus, parce qu'à ce moment-là, je vends la propriété et la voiture, éliminant ainsi une grosse partie de mes fameux défis. D'ailleurs, maintenant que l'argent commence à rentrer, j'en ai de moins en moins à relever!

Connaissez-vous l'histoire de Maurice qui tourne et retourne dans son lit, incapable de dormir? Quand sa femme, agacée, lui demande ce qu'il a, il répond qu'il doit de l'argent à Marcel et qu'il avait promis de le lui rendre le lendemain. Son épouse bienveillante se lève, ouvre la fenêtre, appelle Marcel et lui dit: «Tu sais l'argent que Maurice devait te donner demain? Eh bien, il ne l'a pas!» Puis elle se recouche en disant à son mari: «Tu peux dormir parce que maintenant c'est lui qui ne dort plus!»

Ce sont les castors, entre autres, qui m'ont formée au lâcher prise. J'éprouvais tellement de colère et de frustration chaque fois qu'un arbre tombait autour du lac et chaque fois qu'ils faisaient un barrage et que l'eau montait, détruisant mon chemin. Non seulement ils saccageaient l'environnement, mais ils me coûtaient cher en trappeur et en pelle mécanique pour défaire leurs savantes constructions. Il n'y a pas plus travailleur que ces animaux qui refont dans la nuit ce que vous avez mis plusieurs jours à détruire.

Dans ce combat acharné que je perdais toujours, j'ai compris que leur en vouloir n'avait aucun sens: ils construisent parce que c'est pour eux une question de survie. Il me fallait l'admettre au lieu de croire qu'ils avaient juste décidé, parano que j'étais, de faire des barrages pour voir la tête que je faisais. Alors j'ai lâché prise, et au lieu de vivre avec la colère et la frustration, j'ai suivi une formation pour être gestionnaire de la faune, plus communément appelé *trappeur*, afin de mieux connaître mes adversaires. Pour commencer, j'ai cloué des photocopies de ma carte de trappeur sur tous les arbres proches du lac : ils savent ainsi que leur tête est mise à prix ! Quoi qu'il en soit, si vous ne pouvez pas nager contre le courant, laissez-vous porter, sinon vous vous noierez.

Quand survient un problème d'argent, vous faites la démonstration de votre faculté à déformer la réalité : vous vous voyez déjà avec les meubles saisis, puis la voiture enlevée et la maison en vente alors que, pour l'instant, vous ne devez que la facture d'électricité. Vous vous reconnaissez, je le vois bien ! Souvenez-vous, dans cette situation, du fou : jusque-là, ça va ! J'ai retenu ce principe du docteur Deepak Chopra : « Ayez des projets et l'Univers se chargera des détails financiers. » En termes clairs, au lieu de vous saboter le moral avec des « Je n'ai plus d'argent, c'est la catastrophe ! », si vous réfléchissiez plutôt à la façon d'en gagner ?

D'ailleurs à ce sujet, arrêtez de dire que vous n'avez pas d'argent, parce que vous avez une voiture, des meubles, parfois une maison. Celui qui vit dans la rue avec pour toute fortune ce qu'il a sur le dos est le seul, à mes yeux, à pouvoir se plaindre. Songez que votre esprit a du pouvoir sur votre vie : si vous pleurez après l'argent à longueur de journée, c'est dans les problèmes financiers que vous vous inscrivez. Tout est dans la tête, d'autant que l'argent appelle l'argent.

Lâcher prise, c'est également ne rien regretter, même si vos décisions se sont retournées contre vous. Quelqu'un a dit : « Regretter, c'est souffrir deux fois. » Qu'en pensez-vous ? En ce qui me concerne, une seule fois, c'est déjà trop ! D'ailleurs, Edith Piaf l'a chanté : « Je ne regrette rien. Ni le mal qu'on m'a fait ni le bien ». Moi non plus. Rien de rien.

53.

Un bon objectif ? Au hasard : le bonheur !

Déterminer un objectif à votre portée, parfois un peu au-dessus, qui sait, vous y tenir coûte que coûte en gardant votre centre et votre alignement, est une belle façon de mettre toutes les chances de votre côté dans ce que vous entreprenez. La priorité est de vous préserver des émotions négatives. C'est la meilleure façon d'aller en ligne droite vers votre objectif au lieu de zigzaguer. En fait, vous établissez un méta objectif (*méta* vient du grec et signifie *ce qui dépasse*) qui domine tous les autres, car les autres objectifs seront au service de celui-ci. Tant que vous l'avez en point de mire, il est simple de rester sur la bonne trajectoire, sans vous perdre dans des considérations inutiles qui vous écartent du droit chemin. Je m'explique : après le décès de mon père, j'ai fait ce que je nomme un état des lieux. J'ai réalisé que j'avais le choix entre rester en France, attendre la retraite, regarder pousser ma fille dans la même ville que Jules, sa maîtresse et son ex, ou relancer ma vie en partant à l'étranger. Mon méta objectif étant de trouver le bonheur et l'équilibre, il me fallait donc émigrer. Pour le réaliser, je m'en fixais de nombreux autres tels qu'obtenir le visa pour émigrer, vendre ma maison, organiser l'émigration. J'aurais pu me laisser envahir par toutes sortes d'émotions négatives : la peur de l'inconnu, la tristesse de me séparer de ma famille et de mes amis, la déchirure de vendre une maison dans laquelle je pensais bien finir mes jours, etc. Cependant, je préférais me concentrer sur l'essentiel, balayant toute émotion qui m'aurait détournée de mon méta objectif.

La veille de mon départ pour le Québec, j'ai fait une fête et mes meilleurs amis m'ont fait écouter une chanson de Jean-Jacques Goldmann, *Puisque tu pars*, et ils m'ont chanté « *puisque c'est ailleurs qu'ira mieux battre ton cœur, puisque nous t'aimons trop pour te retenir... Si tu te trahissais, nous t'aurions tout à fait perdue*». Ils avaient de la peine, et fallait-il qu'ils m'aiment pour comprendre que c'est moi que j'aurais trahie si j'étais restée. J'ai tellement pleuré sur cette chanson parce que l'émigration, c'est tout laisser derrière soi, ce qu'il y a de plus précieux et de plus sûr, pour aller vers l'inconnu. Partir avec la foi dans un avenir meilleur, poussée par l'instinct, et sans fourchette pour faire des trous dans le canot pneumatique qui m'emmenait de l'autre côté de l'océan. J'étais portée par la conviction que si j'avais des amis aussi extraordinaires en France, j'en aurais aussi au Québec. J'aurai bientôt la robe de Christian Dior et le magnum de Dom Pérignon sous le bras et surtout, plus précieux que tout ça, j'ai des amis au Québec. «*Que les vents te mènent où d'autres âmes plus belles sauront t'aimer mieux que nous, puisque l'on ne peut t'aimer plus*» (*Puisque tu pars*). Et puis un jour, j'apprends le décès de mon plus vieil ami, Jacques, mon mentor, mon conseiller, que j'avais laissé à Paris en lui promettant de revenir. Sans argent, je comptais sur le lancement du livre en France et, dès la descente de l'avion, c'est chez lui que j'aurais couru. Pas eu le temps de le voir avant son départ… C'est ça aussi, l'émigration.

La plupart de mes amis sont comme moi: des émigrés, des «sans famille». Nous avons donc reconstitué la nôtre, avec chacun une histoire différente et un pays, Belgique, Algérie, Liban, Cameroun, Djibouti, France, en plus des Québécois francophones et anglophones qui nous ont adoptés. Une très grande et belle famille. Ayant émigré en 2001, je ne suis retournée en France qu'en 2007. Six ans sans revenir: «*Dans ton exil, essaie d'apprendre à revenir. Mais pas trop tard*» (*Puisque tu pars*). Je suis revenue en France avec *Le syndrome de Tarzan* sous le bras et une nouvelle carrière professionnelle en pleine expansion.

Je suis donc partie, sans me retourner, regardant droit devant moi, focalisée sur le futur et non sur le passé, concentrant mes énergies sur ce bonheur et cet équilibre que j'allais chercher. Forte de ce qui me motivait, en arrivant au Québec, au lieu de faire le bilan de ce que je n'avais plus, je m'intéressais à tout ce que j'avais à conquérir et à la façon de procéder pour y arriver. Au moment où je réécris mon livre, cela fait déjà treize ans que je vis au Québec.

Nous sommes arrivées au mois de mars 2001, ma fille et moi, avec juste nos valises, un contrat de travail, et une chambre d'hôtel que nous ne pouvions garder que quinze jours. Il nous fallait trouver un appartement rapidement. Nous l'avons trouvé le lendemain de notre arrivée, à cent mètres de l'école où nous avions rendez-vous pour terminer les démarches d'inscription pour ma fille. Avez-vous remarqué comme la vie vous donne des petits coups de pouce quand vous êtes sur la bonne voie, quand ce ne sont pas des grands coups de pied aux fesses ?

Persuadée que je fêterais mes 40 ans, en juillet 2001, au Québec, dans le bonheur le plus complet, je tombai de haut : j'avais été mise à la porte de mon emploi du jour au lendemain, les travaux de la propriété avaient coûté beaucoup plus cher que prévu et n'étaient pas terminés, je n'avais d'ailleurs plus d'argent pour les poursuivre, et je me disputais sans arrêt avec le conjoint importé de France, devenu partisan du moindre effort et que j'entretenais. Joyeux anniversaire ! Cependant, mon méta objectif restait présent et si je sentais que j'étais dans le bon pays, je n'étais toutefois pas avec le bon partenaire. Il était temps de tirer les bonnes conclusions et de prendre les bonnes décisions. J'entamai une lutte sans merci contre moi-même, dont je sortis vainqueur, car j'avais une excellente motivation : le bonheur !

54.

L'anti-frustration ? La motivation !

Comment vous tirer du lit quand vous êtes un gros dormeur? Avec une bonne motivation! Remarquez comme il est difficile de vous lever pour aller travailler, alors que si vous avez prévu une randonnée en montagne, une journée à la plage ou une promenade à ski, une partie de pêche, vous vous catapultez hors de votre lit, pourtant si douillet. Il en va de même pour les enfants quand il s'agit de les encourager à l'école: au lieu de tout leur donner et de leur retirer au fur et à mesure des mauvais résultats, si vous leur donniez des récompenses en fonction des bons bulletins? Ils sont ainsi motivés pour gagner ce dont ils ont envie et non pour conserver ce qu'ils ont eu facilement. Dans votre emploi, qu'est-ce qui vous motive? Travailler pour conserver votre salaire ou pour obtenir une augmentation? Vous êtes toujours cet enfant qui se bat pour conquérir ce qu'il convoite et lorsque vous vous fixez un objectif qui vous tient à cœur, c'est le meilleur des moteurs car vous y mettez tout votre cœur. Quelle que soit la tâche qui vous rebute et par laquelle vous êtes obligé de passer, trouvez une bonne motivation et vous l'accomplirez avec plus de facilité. Ça vous enlèvera, par la même occasion, une nouvelle frustration!

Si votre méta objectif est le même que le mien, trouver le bonheur, il constitue une belle motivation pour vous pousser dans une démarche de croissance personnelle afin de rallumer le pouvoir qui sommeille en vous.

Quand je dois faire face à quelque chose que je n'aime pas, je cherche une bonne motivation. Il y en a toujours une. Dès que je la trouve, elle me plonge dans un esprit positif, au moment d'accomplir ce qui me rebutait. Un exemple au hasard: quand il est temps de faire votre déclaration de revenu, vous attendez d'y être obligé pour vous asseoir et la compléter. C'est une véritable torture parce que vous avez horreur de ça et vous vous mettez dans un état négatif. Si vous vous branchiez plutôt sur la satisfaction que vous éprouverez quand vous l'aurez terminée, sur le plaisir que vous ressentirez d'en être enfin débarrassé ? Je suis même certaine que vous seriez prêt à traverser les flammes pour vous y mettre le plus tôt possible ! Je crois que c'est la Pompadour qui disait, et je lui laisse l'entière responsabilité de ses paroles, d'autant qu'il faut les prendre au deuxième degré : « Quitte à se faire violer, autant y prendre du plaisir ! » Au lieu d'être choqué, comprenez donc ce qu'elle voulait dire...

Chaque fois que Jim me contactait, jouant de la harpe sur mes cordes sensibles, je luttais contre ce traître de Tarzan qui m'ordonnait de l'aider. Quand j'ai enfin compris que pour éliminer Jim de ma vie, il fallait couper toute communication, couper le cordon, ma motivation suprême fut d'avoir enfin la paix. Je réalisais donc que je ne pouvais plus rien pour lui mais que je pouvais tout pour moi. Je me suis alors connectée sur le plaisir de vivre paisiblement, sans être harcelée ; et c'est cette motivation qui m'a vraiment donné la force de l'écarter définitivement de ma vie. Et cela a fonctionné !

Notez au passage que ce n'était pas contre lui que je livrais un combat, car effacer des messages ou lui raccrocher au nez ne constituent pas une véritable bataille ; c'était bien contre moi-même, contre cette partie qui refusait de lui fermer la porte.

55.

L'intuition ou comment débrancher la raison

Vous courez après les technologies les plus avancées alors que vous avez un outil ultra-sophistiqué, dont vous ne vous servez jamais: votre intuition. Pire encore, quand elle vous envoie un message, vous ne la croyez pas et vous faites le contraire de ce qu'elle vous a indiqué. Qu'est-ce que l'intuition? D'après le dictionnaire, c'est la perception immédiate de la vérité sans l'aide du raisonnement. C'est également la faculté de prévoir et de deviner. Savez-vous que vous pouvez l'aiguiser? Vous en avez forcément car ce n'est pas une option: tout le monde a cette fonction, mais peu osent l'utiliser. Vous ne me croyez pas, n'est-ce pas, quand je vous dis que vous avez en vous toutes les réponses à vos questions? Pourtant c'est vrai. Le secret pour les entendre, c'est d'accepter de les écouter.

Comment l'utiliser? En accueillant ce qui monte en vous, malaise ou confort, quand vous avez une décision à prendre. Observez ce que vous ressentez quand vous vous projetez dans les situations entre lesquelles vous avez à choisir. Imaginez-les, vivez-les et vous constaterez que certaines seront automatiquement rejetées. Quand vous choisissez une maison ou un appartement, si vous vous voyez y vivre, c'est pour vous, mais si vous ressentez un malaise ou tout inconfort, réfléchissez à deux fois, car votre raison est en conflit avec votre intuition, et même si le prix vous convient, à la longue, vous aurez un retour de bâton.

Quand j'ai décidé de quitter la France, j'ai envisagé de partir aux États-Unis et en Australie, mais c'est le Québec, que je ne connaissais pas, qui a retenu toute mon attention. Je sentais que c'était là, parce que je ne me voyais pas vivre dans les autres pays. Mon intuition me poussait vers le Québec, sans le moindre doute ni la moindre hésitation: 100% confiante en ma décision, même au cœur de la tourmente, je n'ai jamais regretté d'avoir émigré.

J'avais fait part de ma décision de partir à l'étranger à mon patron, qui favorisa mon projet, et je lui en suis fort reconnaissante : il me fit rencontrer un Québécois, qui restera toujours cher à mon cœur. Je rencontrai cet homme à l'aéroport de Roissy où il était en transit. Il essayait par tous les moyens de me décourager, invoquant le froid, le fait que je n'y connaissais personne ni le pays. Au bout d'une heure, je le regardai droit dans les yeux et je lui dis : « Ne me demande pas pourquoi je veux partir là-bas : je sais que c'est là que je dois aller. » Il me regarda, perplexe, et répondit : « Bon, alors je vais t'aider. » Et il le fit. Quelques années plus tard, je l'entendis dire à des amis : « Pascale, la première fois que je l'ai rencontrée à l'aéroport, j'ai pensé soit elle est folle, soit elle est incroyable. Et n'essayez pas de la décourager quand elle a un projet : c'est un mercenaire ! » Mon patron et cet homme furent les premiers de cette association de bienfaiteurs qui favorisèrent mon entrée au Québec. C'était bien ma route et l'Univers me le confirmait.

Un jour, mon intuition me dit qu'il était temps pour moi de m'intéresser à l'Inipi. C'est la *sweat logde* ou hutte de sudation amérindienne. Je sentais qu'il était temps pour moi de vivre cette cérémonie amérindienne et qu'un Inipi aurait sa place sur mes terres. Sans me poser de questions, je me mis à rechercher des personnes susceptibles de m'aider dans ce projet. Essayez donc d'expliquer à des Amérindiens que vous voulez un Inipi et une cérémonie sans qu'ils aient l'impression d'avoir affaire à une Française en mal de folklore ! À bout d'arguments, je regardai dans les yeux celui qui pouvait tout pour moi et lui dit : « Demandez-moi pourquoi je suis venue au Québec, je n'en sais rien, je savais juste que je devais y venir, j'ai suivi mon instinct. Demandez-moi pourquoi je veux assister à une cérémonie de l'Inipi, je n'en sais rien non plus, mais je sais que je dois passer par là. » Il accepta. Son épouse et lui vinrent construire l'Inipi, avec l'aide de leur gardien du feu, et j'eus l'honneur, avec trois amis thérapeutes, de participer à la cérémonie. Cette hutte de sudation vous plonge dans le noir complet, baignant dans la chaleur de la vapeur produite grâce à des pierres chaudes arrosées. Inipi signifie « renaître » en langage amérindien, et la hutte représente le ventre de la mère et le ventre de la Terre mère. La vapeur purifie le corps et l'âme, et quand vous en ressortez, vous renaissez. J'avais travaillé en Shiatsu sur la colère, que les arts martiaux n'avaient pas réglée, bien qu'ils l'aient au moins canalisée, et sur la tristesse. J'avais besoin de savoir si c'était réglé. Dès que je plongeai dans le noir, je me mis à pleurer toutes les larmes de mon corps: une vraie fontaine, comme s'il n'y avait pas suffisamment d'humidité! La colère sortit plus tard grâce à un instrument de musique en corne de bison que je me mis à agiter comme si je frappais quelqu'un. La boucle était bouclée à la fin de la cérémonie, car cette introspection que permet la cérémonie de l'Inipi vous aide à régler ou à faire remonter les problèmes que vous avez. C'est ainsi que j'ai compris comment je pouvais associer cette magnifique coutume indienne à mes activités de coaching. Je peux vous assurer que tous ceux qui l'ont vécue ont vu leur vie transformée. Cette pratique remonte à la nuit des temps et les Incas la faisaient déjà. Aujourd'hui, chaque fois que je guide ceux qui entrent avec moi dans la hutte de sudation, je fais cette introspection pour vérifier que je vais bien. La mission que je me suis donnée est de reconnecter à la nature et à la Terre ceux qui en ont le désir, afin qu'ils soient en mesure de retrouver la source d'énergie qui coule en eux.

Pour l'émigration, comme pour l'Inipi, je n'avais aucune explication sensée, si ce n'est que je sentais que je devais le faire. Et croyez-moi, si mon instinct ou mon intuition me conseillent de ne pas faire quelque chose, je ne le fais pas, ce qui me place dans des situations absurdes quand on me demande pourquoi. Deux de mes patrons, dans la publicité, avaient intuitivement compris que j'avais ce don et quand j'avais un mauvais pressentiment, je leur en faisais part et ils ne posaient aucune question: ils m'écoutaient. D'ailleurs, l'un d'eux me demanda comment j'avais pu me tromper à ce point sur mon mari, moi qui possédais un tel instinct. Figurez-vous que cette question, je n'ai cessé de me la poser depuis, et c'est dans la dépendance affective que j'ai trouvé la réponse, dix années plus tard!

Parfois, il n'y a vraiment pas d'explication: un jour, moi qui prenais l'avion plus souvent qu'à mon tour, je n'ai jamais pu embarquer dans celui qui devait me conduire en Suisse pour monter une course de chevaux. Imaginez ma situation, retardant le vol, essayant de me convaincre d'embarquer et incapable de le faire. Le personnel au sol a tout essayé, et j'étais dans l'impossibilité de dire pourquoi je ne pouvais pas monter dans cet appareil : je ressentais une angoisse terrible, comme si je passais dans le couloir de la mort. L'avion a été retardé mais ne s'est pas écrasé. En revanche, j'ai immédiatement appelé mes parents, depuis le hall d'embarquement, et eux s'apprêtaient à partir pour un long voyage en voiture. Je leur demandai de différer leur départ, ce qu'ils ont fait. Je n'ai jamais pu dire la vérité à l'entraîneur, ni au propriétaire du cheval que je devais monter : j'ai dit que j'avais raté l'avion, ce qui était vrai, sauf que celui-ci m'attendait !

Je n'ai rien de plus que vous, si ce n'est que j'écoute ce que je ressens, et que j'ai appris à le traduire rapidement. Perdant le contact avec la nature et les animaux, vous perdez également l'habitude d'utiliser votre instinct. Sur quoi pensez-vous que je me fonde pendant une consultation ? La personne que j'ai en face de moi, je la vois, je l'entends et je la ressens. Il m'arrive de dire ou de faire quelque chose qui me surprend moi-même et pourtant, je viens de la toucher. Selon vos croyances, vous trouverez diverses explications, la mienne étant que je me branche sur la personne, laissant aller mon intuition, et que je suis aidée par l'Univers. Je suis une sorte de catalyseur, messager guidé par plus fort que moi, pour guider ceux qui en ont assez d'avancer dans l'obscurité. Ce qui est étonnant, c'est que dans l'Inipi, c'est exactement ce dans quoi je les plonge ! Mais de l'obscurité jaillit la lumière !

Je reconnais cependant qu'il est parfois compliqué de faire la distinction entre les angoisses et l'intuition. À cela aussi vous pouvez vous entraîner. Il faut effectivement commencer par vous faire confiance et ACCEPTER DE VOUS TROMPER ! N'est-ce pas, Monsieur ou Madame perfectionniste ? J'aime me tromper parce que cela me fait avancer : démontrez que mes théories sont fausses et je serai aux anges ! Vous avez besoin de convictions, car elles sont comme les barreaux d'une grande échelle : elles vous aident à grimper. Cependant, VOUS AVEZ LE DROIT DE VOUS

TROMPER ou d'évoluer et d'en changer. Il n'y a que les imbéciles qui ne changent pas d'avis. Qui est le plus courageux : celui qui ne se trompe jamais ou celui qui se trompe et qui le reconnaît ?

Quand vous me dites *Je le savais que je n'aurais pas dû le faire et je l'ai fait quand même !*, pourquoi alors ? Que diriez-vous d'utiliser votre sagesse pour analyser une situation en collant le plus possible à la réalité au lieu de la déformer ? Puis, de faire ensuite un croisement entre ce que vous avez déduit et ce que vous ressentez ? Plus vous affirmez que vous n'avez pas d'intuition, plus je vous encourage à faire exactement l'inverse de ce que vous décidez : c'est une autre façon de l'utiliser !

56.

Les émotions négatives : ça fait du bien quand ça s'arrête !

Se libérer d'une émotion négative relève du même principe que changer de station de radio quand l'émission ne vous plaît pas : il faut simplement changer de fréquence. Dès que vous êtes assailli par la tristesse ou un début de déprime, changez-vous les idées et branchez-vous sur ce qui vous fait plaisir, sur ce que vous avez de merveilleux dans votre vie. Vous pouvez également regarder un film drôle, écouter votre musique préférée, téléphoner à ceux que vous aimez et votre humeur changera. Vous laisser envahir par ce qui vous attriste est votre choix, le repousser aussi ; de même, pour souffrir, il faut accepter de souffrir, et pour être heureux, il faut accepter d'être heureux.

En tout premier lieu, quand un événement déclenche une émotion négative, le plus sage est de l'accueillir sans résister. Gardez bien votre objectif en tête : traiter rapidement les émotions négatives et non ne plus les ressentir. Quand vous vous brûlez, vous accueillez la douleur immédiatement en criant une petite grossièreté, puis vous soignez la plaie. Lorsque quelqu'un vous blesse, parce que vous n'avez pas esquivé le coup ou fait de vous un vide où s'abîme l'attaque, acceptez d'avoir de la peine, puis traitez-la : souvent il s'agit d'une maladresse et non d'un acte délibéré. Dites-lui tout de suite ce que vous ressentez. Il en sera bien désolé, vous présentera ses excuses et, en plus d'avoir éliminé toute frustration, un gros malentendu sera évité. Si le coup n'a pas porté, parfait ; cependant, vous avez tout de même le droit de lui demander pourquoi il ou elle a dit ça, car c'était peut-être déplacé à vos yeux et pas aux siens, le tout est de le lui expliquer.

Dans le cas où cette personne est malintentionnée et qu'elle est ravie de vous avoir affecté, ce n'est pas avec elle que vous avez un problème, mais bien avec vous : pourquoi l'avez-vous laissée vous atteindre et qu'avez-vous à travailler ? Elle vient de mettre le doigt sur quelque chose qui vous fait mal, et peu importe que cela ait été par méchanceté, elle vient de soulever une question qu'il est bon de régler.

J'ai entendu les critiques les plus colorées dans ma vie et certaines très acérées, voire même vulgaires, mais le jour où j'ai réalisé que ça ne parlait pas de moi mais des personnes qui les proféraient, je n'ai plus jamais été atteinte. Quand les attaques sont injustes, elles ne provoquent chez moi aucune réaction, mais si elles sont justifiées, je mets tout en œuvre pour y remédier, et c'est avec moi-même que je traite la question, pas avec ceux qui l'ont soulevée.

Je me souviens d'une fête de famille organisée par un couple de voisins. J'étais la seule étrangère, au sens propre comme au figuré, et je pris plaisir à discuter avec tout le monde. Ce fut mal interprété. J'avais passé une excellente soirée et j'en remerciais chaleureusement mes hôtes qui, quelques jours plus tard, voulaient m'étrangler : chaque homme présent, pères, tontons, cousins, frères, se plaignirent à mes voisins que j'avais tenté de les séduire, allant jusqu'à leur proposer de coucher avec moi. Par souci d'intégration, j'avais adopté une attitude sociale et courtoise, mais de là à les faire tous entrer dans mon lit, je ne suis pas sociable à ce point-là ! D'autant que je défendais déjà ardemment ma nouvelle virginité. Mes voisins prirent du recul devant le nombre de plaintes, car même s'ils ne me connaissaient pas tant que ça, ils n'avaient détecté chez moi aucun signe de boulimie sexuelle, pour ne pas dire de nymphomanie. Ils eurent le bon réflexe et, une fois la poussière retombée ainsi que leur colère, ils vinrent s'expliquer. Au lieu de me sentir insultée et donc me fâcher, je les remerciais de m'en avoir parlé, avant d'éclater de rire. Comment ne pas être flattée d'avoir catalysé les fantasmes de tous les hommes en une seule soirée ?! Automatiquement, sans que j'aie à me défendre ou à me justifier, mes voisins les remirent à leur place, un par un, et j'en revis certains, à d'autres occasions, eux penauds et moi à l'aise, conservant à l'esprit le comique de la situation. Leurs mensonges auraient pu me porter préjudice en me brouillant avec mes voisins et, pire, en me faisant une réputation de femme facile dans toute la région! C'est devenu une plaisanterie entre ce couple et moi.

Quand vous arrivez dans un pays en tant qu'émigré, vous avez la confiance des gens à gagner. Et si vous mettez vingt ans à bâtir une réputation, il suffit d'une minute pour la perdre à jamais. Les familles de mes voisins auraient pu détruire ma réputation, sans méchanceté, mais le mal aurait été fait. Je ne sais pas ce que ces gens ont pu dire de moi entre eux, mais ça leur appartient. Aujourd'hui, je sais que j'ai la confiance de tous mes voisins, à Saint-Jean-de-Matha, qui sont devenus mes amis: un couple formidable et leurs trois enfants, une dame et ses trois fils, et bien d'autres encore. Tous les habitants du village ont toujours été accueillants avec nous et ce fut précieux, car en arrivant ici, j'avais conscience du défi à relever, seule avec ma fille de sept ans, au beau milieu de quatre-vingt-dix acres (trente-sept hectares). Sans mes voisins, je ne sais pas comment j'aurais fait. J'avais laissé mes meilleurs amis en France et j'étais seule, déracinée, endettée et j'avais le cœur broyé. J'avais tout à reconquérir, surtout l'amitié.

Je vous l'accorde, être un virtuose du lâcher-prise et pouvoir faire de soi un vide où s'abîme l'attaque représentent des atouts permettant de vous sentir à l'aise en de telles circonstances. Avoir des amis sincères aussi. Et si, à la suite de cette histoire d'hallucination masculine collective, la discorde s'était installée, c'est qu'il ne s'agissait pas d'amitié. Pour moi, l'amitié est fondée sur le respect et la confiance mutuels et si vous vous trouvez dans l'incapacité de trouver un point de rencontre, peut-être faut-il vous poser des questions sur ce que vous ou l'autre ressentez vraiment. L'amitié et l'amour ne sont pas des émotions qui fluctuent: c'est là pour toujours ou ça n'existe pas.

Je n'ai eu que deux différends avec des amis et notre amitié nous a aidés à nous rejoindre, renforçant d'une façon exceptionnelle notre relation. J'aime vraiment et toujours mes amis. D'ailleurs, je le leur dis. Et vous? Pourquoi cette pudeur à dire «je t'aime» à quelqu'un qui n'est pas de votre famille et ne passe pas par votre lit?

Comme vous le savez maintenant, lorsque j'étais en dépendance affective, il m'est arrivé de choisir pour amis des personnes qui n'étaient pas sincères. Aujourd'hui, lorsque je m'en rends compte, je ne perds pas d'énergie et je ferme la porte sans le moindre état d'âme. Je sais, vous trouvez ça dur et cruel. Pas moi. La réalité, c'est que quelqu'un s'est montré déloyal et, de ce fait, il n'était pas votre ami. Alors pourquoi pleurer sur un traître qui n'est plus rien pour vous? Par besoin de reconnaissance? Méchant Tarzan!

J'aimerais revenir sur la crainte de vous faire berner. Vous craignez de vous faire avoir, vous devenez méfiant parce qu'échaudé, et un beau jour vous le faites payer à celui qui est de bonne foi. La meilleure façon de ne jamais être trompé, c'est de croire tout ce qu'on vous dit: *À vaincre sans péril, on triomphe sans gloire!* Me duper est d'une simplicité enfantine, à tel point que ça ne présente aucun intérêt. Bien sûr, toutes proportions gardées. Car maintenant, quand ça engage ma maison et mes biens, je vérifie: *Merci Clyde et Bonnie!*

Quand on abuse de la confiance de l'un de vos amis, vous êtes le premier à lui dire que ce n'est pas de sa faute, qu'il était de bonne foi, que l'autre était malintentionné. Mais si c'est vous, vous grimpez aux rideaux, préférant vous autoflageller. Gardez à l'esprit que toute bonne action est portée à votre crédit, que vous tombiez sur un escroc ou non. Personne n'a jamais été menacé des pires sévices ni de l'enfer parce qu'il était trop généreux ou trop naïf! Vous vous faites juste plumer... Je vois la vie comme un chariot (carrosse) que vous poussez et vous y mettez toutes vos actions, bonnes et mauvaises, puis à la fin, vous passez à la caisse pour faire la balance. Je suis convaincue que vous pouvez rattraper les pires actes en décidant de vous consacrer au bien. Rien à voir avec la brouette qui contient vos expériences et non vos actions.

Quand vous ressentez de la frustration, cela indique que quelqu'un ne vous a pas respecté. Ne la gardez pas pour vous: partagez! À vous de le lui signaler au lieu de vous laisser ronger. Restez sur la fréquence «confort» en traitant rapidement tout ce qui peut venir le menacer. Pensez «motivation» et non «corvée» et si c'est impossible, peut-être qu'il est temps de dire «non» au lieu de chouchouter et de nourrir votre chère frustration!

57.

Attention, je vais me fâcher ! (la colère)

J'aimerais maintenant aborder un autre sujet : la colère, qui figure souvent sur la liste de vos démons quand elle est excessive et mauvaise conseillère, *persona non grata*. Pourtant, lorsqu'elle est bien canalisée, elle protège vos valeurs et votre territoire : quand la manière douce reste inefficace, la colère fait qu'on vous respecte. La colère est une force protectrice pleine de noblesse et si elle est très contestée, « persona non grata » en société, c'est simplement parce que, systématiquement associée à la violence, elle fait peur. Parler calmement et gentiment ne suffit pas toujours à faire comprendre à l'autre qu'il est allé trop loin : une bonne colère le remet sur le droit chemin !

À mes yeux, se mettre en colère est non seulement un droit, mais également un devoir. Un devoir envers vous-même quand quelqu'un vous manque de respect. Cependant, je sais que vous êtes souvent devant un dilemme : vous faire écraser ou vous fâcher. La plupart du temps, vous préférez battre en retraite, car réagir vivement signifie perdre le contrôle de vous-même, violence et grossièreté. Sachez que vous pouvez exprimer votre mécontentement très poliment, même si vous criez. Tout l'art est effectivement là : se mettre en colère sur le bon ton et au bon moment. Ça s'apprend !

Ou alors vous êtes du style à vous énerver facilement et à perdre le contrôle rapidement. Mon grand-père était coléreux : ses nerfs avaient été mis à rude épreuve par les camps de concentration où chaque matin on appelait des numéros au hasard pour les envoyer dans les laboratoires. Il avait volé un crayon et un petit carnet sur lequel figure un casque sur une tête de mort et il notait le nom de tous ceux qui mouraient. Il a survécu parce que sa motivation était de revenir en France avec le nom et le souvenir de ceux qui étaient morts là-bas. Mon cousin et moi n'avons jamais osé ouvrir ce carnet. Je n'ai pas eu non plus l'idée de demander à mon grand-père comment il réussissait à vivre normalement après tout ce qu'il avait vécu. Il se réveillait la nuit en hurlant, les yeux exorbités. Je comprenais donc et pardonnais ses colères légendaires. Mon grand-père démarrait au quart de tour et se fâchait. Mais une fois qu'il avait repris ses esprits, il ne savait plus quoi faire pour se rattraper et nous faire plaisir. De plus, il avait lu que les gens coléreux ne risquaient pas la crise cardiaque. Je ne sais pas si c'est prouvé, mais c'est un cancer du pancréas qui l'a foudroyé.

Je me souviens d'une femme qui m'avait demandé de l'aider à rester calme quand son mari ou qui que ce soit d'autre ne répondait pas à ses questions. Après une petite discussion, elle réalisa que sa colère était légitime parce que générée par le manque de respect dont faisaient preuve ceux qui restaient muets, voire sourds, devant ses sollicitations. Je lui enseignais plutôt à s'assurer de l'attention de son distrait d'époux et de son entourage. Elle se donna la permission de se mettre en colère, d'une façon mesurée, quand personne ne lui répondait. La colère est une réaction énergique à un manque de respect et non un moyen d'agresser.

Comment gérer votre colère ? J'ai une solution qui va vous amuser : votre colère est un bouclier, un dernier avertissement pour alerter celui qui met les pieds dans votre plat depuis trop longtemps et ne le voit pas. Au lieu d'attendre d'être vraiment à bout, fâchez-vous avant : simulez ! Vous allez me dire que vous ne pouvez pas plus maîtriser la colère que le fait de tomber amoureux de n'importe qui. Eh bien, c'est faux, de même que vous venez d'apprendre à choisir la personne que vous pouvez aimer en toute sécurité, vous apprendrez à gérer votre courroux et à l'utiliser.

Bien élevée et très soumise, j'ai fait taire ma colère pendant plus de trente-cinq ans et quand elle est sortie, ce fut avec les ex uniquement (comme c'est surprenant !), m'entraînant dans des gestes que j'aurais pu regretter toute ma vie. Je me souviens clairement de cette force démultipliée qui fit céder le barrage à plusieurs reprises, déversant une violence que plus rien ne pouvait arrêter, prête à tout pour détruire ce qui me faisait souffrir. En retrouvant ma confiance et mon estime, j'ai retrouvé la paix. J'ai appris à gérer cette énergie qui revient parfois me tester, mais beaucoup moins souvent et moins violemment, parce que légitimement. Aujourd'hui, quand la colère tape à la porte, je le dis calmement à la personne qui l'a déclenchée. À partir de là, elle le sait et il peut devenir inutile de lui sauter à la gorge pour le lui démontrer. Deux solutions: soit elle me prend pour une bombe à retardement, dont le compte à rebours est enclenché, soit elle ne me croit pas. Alors j'augmente le volume de ma voix jusqu'à ce que je sois entendue et comprise. C'est là que, d'après ma fille, mes yeux deviennent très noirs et mon visage se ferme complètement. Ce sont bien les enfants et les conjoints «Tarzanisés» qui testent nos limites le plus fréquemment. Il arrive souvent qu'avant d'être obéie ou respectée, je fasse toute la gamme crescendo! Quand ma fille était occupée à jouer et que je lui demandais de faire quelque chose, je devais souvent répéter avant qu'elle obtempère. Sa stratégie était simple: elle continuait à faire ce qui lui plaisait, jouer, jusqu'à ce que je me fâche suffisamment pour qu'elle se sente obligée de m'obéir. Elle savait que j'étais très patiente et qu'elle allait donc pouvoir en profiter pour jouer encore un bon moment. Rusée, non? J'ai donc décidé de lui faire payer un dollar par minute de retard: ainsi je ne me fâchais plus... je gagnais de l'argent et elle m'obéissait, motivée par le fait de ne pas m'en donner!

Et si vous êtes aux prises avec une colère que vous gérez difficilement, je vous conseille de vous faire aider, car ce sera plus rapide que les petits conseils que je peux vous donner. Rien de tel que vous isoler si vous sentez qu'elle est en train de monter. Une fois seul, respirez à fond et hurlez si le cœur vous en dit, puis prenez quelques instants pour comprendre ce qui vous met dans cet état et pourquoi. Une fois l'orage passé, vous pouvez aborder le sujet sans vous énerver. Je sais, ce n'est pas si facile que ça; lorsque la colère arrive, elle a tendance à vous surprendre, ce qui la rend difficile à gérer. Un coach peut vous aider à désamorcer le réflexe de violence pour le remplacer par une réaction plus appropriée. Peut-être êtes-vous, au contraire, incapable de l'exprimer. Vous pouvez alors apprendre à la manifester, car l'étouffer vous détruit de l'intérieur. La colère mal gérée est souvent liée à l'impatience et au manque de confiance en soi, et vous savez maintenant que ça se déprogramme aussi.

Une personne que j'ai coachée me demanda de travailler un problème qu'elle n'avait pas voulu me révéler. C'est vous dire l'aura de honte qui entourait cette émotion. Bien plus tard, elle m'expliqua qu'elle était très fière d'elle car, maintenant, au lieu d'entrer dans une rage folle, elle riait. Un jour, agressée verbalement par une vendeuse énervée, dans un magasin de tissus, elle me confia qu'avant elle aurait tenté de l'assommer. Cette fois-là, elle la regarda sans la moindre émotion, pensant simplement que cette personne aurait bien besoin de mes services. Sa propre belle-fille, qui priait déjà pour le salut de la vendeuse, en fut sidérée ! Cette personne est chère à mon cœur, car elle fut une des premières à faire appel à moi. Sa vie changea du tout au tout et, d'employée, elle devint entrepreneure et ouvrit sa propre boutique.

J'ai appris à maîtriser la colère, mais pas à l'étouffer : quand j'entends, par exemple, qu'un présentateur en France a critiqué l'accent d'une chanteuse québécoise, ma boule monte, puis je réalise qu'il ne sait pas que les Québécois, irréductibles Gaulois, ont souffert pour défendre la langue et la culture françaises. J'imagine que l'intention positive de cet homme, comme lui n'aime pas l'accent, est de la préserver de ceux qui sont comme lui. Si j'entends quelqu'un critiquer les Amérindiens, une fois que ma boule de colère est maîtrisée, je suis en mesure de lui demander où en seraient aujourd'hui toutes ces nations si l'homme blanc n'était pas venu les décimer et confiner ceux qui ont survécu dans des réserves, dans la drogue et dans l'alcool. Je pense qu'ils seraient toujours de vaillants guerriers, respectueux de l'environnement et de la nature et qu'ils auraient encore toute leur fierté. Quelle est l'intention positive du présentateur qui critique l'accent québécois et quelle est celle du Québécois qui déteste les Amérindiens ? Je peux comprendre, c'est pourquoi je ne me fâche pas... Mais faudrait pas insister !

Si j'ai libéré la colère que j'avais accumulée pendant plus de trente-cinq ans, je préserve cependant mes colères. Je parle de celles qui protègent mes valeurs et s'enclenchent dès que quelqu'un les piétine. Il m'arrive de ne pas avoir le temps d'esquiver, encore moins de faire le vide, alors j'accueille ce qui monte, j'exploite la position deux pour comprendre ce que veut l'autre et j'agis. C'est tout ce processus qui est passionnant, et loin de moi l'idée qu'un jour la colère ne viendra plus me visiter.

Ce fut plus difficile à gérer avec les castors, car mes dernières grosses colères, je les leur dois, quand je rentrais sur la propriété le vendredi soir et que je constatais les dégâts. Mon imagination avait déjà fait monter la pression pendant que je conduisais pour rentrer, et quand je constatais que c'était pire, ma colère explosait. Tel un cheval emballé, je la laissais m'emporter, criant et vociférant à tue-tête. Il faut dire que je les ai laissés me « ronger » pendant trois ans, mon impuissance nourrissant ma frustration. Je m'imaginais en train de dynamiter leur hutte, regardant le feu d'artifice avec délectation, défoncer leurs habitations avec une pelle mécanique, les détruire à coup de bazooka, j'étais même prête à les tuer de mes propres dents (œil pour œil, incisives pour incisives !) tellement j'étais hors de moi. C'est ma paix intérieure que j'étais moi-même en train de dynamiter, me trompant de cible !

Bonnie et Clyde, eux, n'ont pas réussi à me faire sortir de mes gonds. Ils peuvent remercier les castors. Et si j'avais dû être en colère, cela aurait été contre moi et non contre eux, car finalement je les avais laissés me dépouiller. J'étais déçue par leur attitude et je m'en voulais de ne pas avoir repéré les signes avant-coureurs, mais j'ai bien retenu la leçon parce qu'une leçon à ce prix-là, dommage de ne pas en profiter !

Et si vous êtes fâché contre une personne à laquelle vous rêvez de dire ses quatre vérités, imaginez-vous en train de le faire et à voix haute, pour décharger ce que vous avez emmagasiné de frustration et d'agressivité à son endroit. Vous serez surpris de constater comme ça soulage. Je sais que ce n'est pas toujours possible, mais l'idéal reste, bien évidemment, de les lui dire en face. Mais avec des gants, et pas des gants de boxe !

Passer votre colère sur quelqu'un qui n'y est pour rien, qui n'a enfreint aucune règle et ne vous a pas manqué de respect n'est pas une bonne idée. En revanche, c'est le meilleur moyen pour vous faire des ennemis jurés. Surtout au travail ! Avant de vous fâcher, soyez sûr de votre coup.

Vous avez tout à fait le droit d'être triste, mélancolique, fâché, fatigué et agressif, cependant prévenez votre entourage que le temps est à l'orage. Quand je suis contrariée, j'en avertis ma fille qui attend patiemment la prochaine éclaircie. Elle sait que ça ne dure jamais longtemps et ça m'évite de m'en prendre à elle inutilement.

La colère fonctionne comme un ballon de baudruche qu'une émotion négative est en train de gonfler : votre mission, si vous l'acceptez, est d'arrêter le gonflement avant que ça explose, en relâchant l'air lentement jusqu'à ce que votre ballon retrouve sa taille initiale. Vous savez également ce qu'il se passe si vous libérez l'air d'un coup sec.

J'ai un autre truc pour vous : si une scène vous a contrarié, imaginez-la à nouveau avec vous en héros. Souvenez-vous que votre subconscient ne fait pas la différence entre les images que vous créez et la réalité : il ne retient que les sensations et émotions. Ainsi, vous remplacez ce qui vous a heurté par quelque chose de positif pour vous. Petite, quand j'avais manqué de répartie alors que quelqu'un s'était moqué de moi, j'imaginais la scène de nouveau et, là, je m'en sortais avec brio. Ma nouvelle version était parfois tellement insolite que ça me faisait rire. C'est le pouvoir de l'imagination.

Avez-vous remarqué l'inefficacité de vos cris, quand ils deviennent chroniques, avec vos enfants, et que vous hurlez votre frustration et votre colère sur eux au lieu de les garder pour vous ? Quand ma fille faisait une erreur, je ne criais pas et je ne faisais aucun reproche, je cherchais immédiatement, avec elle, une solution afin que ça devienne un réflexe pour elle : au lieu de rester dans un état d'impuissance, elle réagissait tout de suite pour réparer. Reprocher et disputer vos enfants les met dans un état de non-ressource qui grignote leur confiance en eux, chaque fois. Ma fille a appris qu'elle a le droit de faire des erreurs et le devoir de les assumer en réparant et que, si elle en tire un enseignement, ce ne sont plus des erreurs mais des apprentissages.

La colère est également le bon outil pour reprendre votre place, si elle ne vous est pas rendue naturellement. Il faut dire que vous la leur avez laissée depuis fort longtemps. Montez donc le ton, car les autres ont pris l'habitude de votre transparence et seul un électrochoc leur fait comprendre que vous reprenez les commandes : une bonne colère est salutaire afin qu'ils intègrent qu'à partir de maintenant, ils vont vous respecter. Vous remarquerez que vous n'aurez à le faire qu'une seule fois, car celui qui n'a jamais crié marque bien plus que celui qui crie tout le temps.

Quand il s'agit de reprendre votre place, en famille et au bureau, et d'expliquer aux autres qu'il est temps de retourner à la leur, la stratégie à appliquer est la même. Vous ne me croyez pas ? Réfléchissez : les données sont les mêmes, mais c'est vous qui les rendez différentes parce que vous vous prenez les pieds dans vos émotions dès que ça touche votre entourage proche. Pourtant, un chef d'entreprise ou un manager peut être un bon leader pour sa famille autant que pour ses employés, dès que chacun se sent confortable à sa place et sait ce qui lui est assigné. Les conflits, souvent générés par la peur de perdre un territoire, sont ainsi diminués. La gestion de crise est identique en famille et en entreprise. Dites-moi donc pourquoi ça ne marcherait pas dans les deux cas. Si vous êtes un leader dans votre famille, vous êtes également un leader dans votre vie professionnelle. Si l'environnement est différent, ceux auxquels vous devez faire face restent des êtres humains avec leurs peurs et leurs réactions.

À ce stade de vos découvertes, il est temps que je vous fasse une grande révélation : en parcourant les chapitres précédents, sans vous en rendre compte, vous avez développé votre confiance et votre estime, inévitablement. Vous vous sentez plus fort face à vos tourments. Peu importe la grandeur du terrain que vous avez gagnée, les faits sont là : vous avez à présent conscience de la force que représentent votre corps et votre mental, la puissance qu'octroie votre confiance en vous, votre faculté à prendre votre place, en restant aligné et centré, et celle de dire non à bon escient. Vous entrevoyez les bénéfices du lâcher-prise et les bienfaits de la motivation et de l'intuition pour vous libérer des émotions négatives et des frustrations. Vous voilà plus armé, et vos chances de réussite ont significativement augmenté.

Faites un test simple: placez-vous devant un miroir et observez votre regard. Vous constaterez qu'il a déjà changé.

Battons le fer quand il est chaud et croisons-le avec les démons que vous ne renverrez pas en enfer, mais qui vous accompagneront plutôt au paradis. Comme je vous l'ai déjà dit, ils sont dans votre vie pour vous prévenir d'un danger ou pour attirer votre attention sur une difficulté que vous avez à gérer. Si toute peur cache un désir, vos démons sont, contre toute attente, vos alliés. Je vous laisse le découvrir dans ce qui suit. Gardez présent à l'esprit que, maintenant, vous êtes en mesure de négocier avec ce qui vous nuisait dans le passé.

58.

Vos démons : des anges qui veillent sur vous

Selon la mythologie gréco-romaine, la mère d'Achille plongea son fils dans le Styx, ce qui le rendit invulnérable, excepté à l'endroit qui n'avait pas été immergé : le talon.

La plupart du temps, vous êtes invulnérable, mais tout comme Achille, vous avez un ou plusieurs talons, défauts dans votre cuirasse, faite pourtant de belles habiletés qui ne demandent qu'à être développées. Je vous propose de décoder le message de chacun de vos démons, attirant votre attention sur vos failles.

59.

La fourchette et le canot pneumatique (le doute)

La coupe en cristal chanta quand il en effleura le bord,
mais il insista et elle éclata.

P. P.

Au palmarès des talons d'Achille, excluant le manque de confiance et d'estime de soi, le doute vient en bonne place. Que pensez-vous de travailler ce sujet, d'autant que vous doutez non seulement de vous, mais parfois des autres. Le doute est votre ami quand il vous traverse l'esprit et, quand il s'y installe, il devient votre pire ennemi. En tant qu'allié, il vous permet de réfléchir à nouveau sur un sujet précis, de détecter les faiblesses d'un projet et d'y remédier. Quand tous les doutes sont éliminés, vous mettez toutes les chances de réussite de votre côté. C'est ce que j'appelle « le doute raisonnable ». Mais si vous vous y abonnez à l'année, il se retourne contre vous : une alarme ne doit pas hurler sans arrêt, et mieux vaut l'arrêter dès que le danger est passé, sinon vous finirez sourd et vous ne l'entendrez pas la prochaine fois qu'elle se déclenchera.

Si vous avez, par exemple, un doute sur le fait d'être bien préparé pour un examen, vous étudiez d'autant plus (doute raisonnable). Un doute sur la réussite de votre entreprise ? Vous vous entourez de personnes plus compétentes (doute raisonnable). Une fois que vous avez décodé le sujet sur lequel il attire votre attention et que vous y avez remédié, il peut tranquillement retourner dans ses quartiers. Doutez de vous reste votre choix, mais est-ce si amusant de jouer contre votre camp ?

Faites-vous confiance en donnant le meilleur de vous-même et si vous ne réussissez pas à mener le projet à terme, c'est parce que ce n'était pas votre voie. Douter, c'est faire chaque fois un trou avec une fourchette dans le plastique du canot pneumatique dans lequel vous êtes assis, au beau milieu de l'océan déchaîné des relations humaines. Alors que croire en vous, c'est commander aux courants marins de vous déposer sur les rivages que vous avez choisis.

Quand j'ai monté mon agence d'événementiel, Paris Prestige Hippique, je me suis démenée comme une belle diablesse pour faire aboutir ce projet. J'ai tout fait moi-même: trouver le nom, dessiner le logo, rédiger la plaquette de présentation, établir les tarifs, etc. Je m'étais néanmoins fixé une limite d'endettement à ne pas dépasser, signal indiquant qu'il fallait abandonner. Quelqu'un, au sein de la société des courses avec laquelle je travaillais, me mettait systématiquement des bâtons dans les roues, ce qui m'a aidée à couler. Plus tard, j'ai appris qu'une fois que j'ai eu cessé mon activité, il avait quitté son emploi pour monter la même structure que moi. Un jour, j'ai croisé cet homme-là et je l'ai salué joyeusement, à la grande surprise de mes amis qui connaissaient l'histoire, et à la sienne. Je leur ai simplement expliqué que, grâce à lui, je partais au Québec. Si mon entreprise s'était développée, je serais certainement encore coincée, à l'heure qu'il est, dans la même ville que Jules et sa maîtresse devenue sa conjointe et son ex, avec Jim en prime. Je le remercie encore aujourd'hui. Paris Prestige Hippique n'a jamais décollé, malgré toute l'énergie que j'y avais placée, parce que ce n'était pas ma voie. Je n'ai jamais considéré cela comme un échec mais comme une belle expérience, et j'ai compris qu'il faut plus de courage et de sagesse pour décider d'arrêter que pour s'obstiner sur le mauvais chemin.

Imaginez que vous êtes face à une dizaine de portes et qu'une seule ouvre sur votre avenir. Chaque fois que vous essaierez la mauvaise, elle vous démontrera où votre avenir n'est pas, forgeant ainsi votre expérience. Si vous saviez le nombre de portes sur lesquelles je me suis cassé le nez ! Pourtant, quelles qu'aient pu être ces portes, j'ai bien fait de les essayer. Et puis un jour, vous tombez sur celle qui va vous diriger vers ce qui est bon pour vous et plus aucune porte ne vous résistera.

De toute façon, je ne crois pas à la chance, pas plus qu'au hasard, encore une fois. Rien ne tombe du ciel inopinément. C'est là parce que vous êtes prêt à saisir toutes les opportunités ou même encore parce que vous les avez provoquées. Ce qui vous arrive de bon est le fruit de votre travail, de votre confiance en l'avenir et en vous. En revanche, ce qui vous arrive de mauvais n'est pas lié systématiquement à ce que vous méritez, mais à ce pour quoi vous avez été programmé. Nuance.

Le malheur ne se mérite pas : il répond aux mauvaises programmations. Mais le bonheur, lui, se mérite : il faut se battre pour aller le chercher. Je me suis battue et je l'ai obtenu ! Mais, surtout, je sais le maintenir, contre vents et marées. C'est ce que j'enseigne à mes clients.

Quant à douter des autres, c'est souvent le résultat de blessures du passé qui vous poussent à condamner tous ceux que vous rencontrez, selon le principe qu'ils sont tous coupables, jusqu'à ce qu'ils démontrent qu'ils sont innocents. Et encore ! Essayez l'inverse pour voir.

Apprivoisez le doute, laissez-le s'exprimer ; une fois décodé, qu'il retourne se coucher afin que vous puissiez agir à bon escient.

Savez-vous que le doute peut vous protéger contre la culpabilité : si, par exemple, vous avez un doute sur le fait que quelqu'un appréciera ce que vous voulez faire pour lui, ça vous permet d'y réfléchir à deux fois et peut-être d'y renoncer. Ce qui vous évite de le blesser et d'en éprouver de la culpabilité par la suite. Vous me suivez ?

60.

Accusé, levez-vous : vous n'êtes pas coupable... Vous êtes responsable !

– *« Coupez jusque-là. Non, attendez, coupez-la entièrement, je ne veux pas que ça revienne !*

– *Nous ne pouvons pas faire ça.*

– *Et tant que vous y êtes, coupez l'autre aussi !*

– *Impossible.*

– *Faites-le, je vous dis !*

– *Et puis, coupez aussi celui-là, tout entier, j'ai trop peur que ça revienne et l'autre avec, ça pourrait arriver par là aussi ! Voilà, comme ça, je suis tranquille, ça ne devrait plus revenir. Enfin, je crois... »*

Il ne lui resta que la tête et le tronc et comme il fut à nouveau terrifié à l'idée que ça pouvait revenir, il se fit couper la tête, mais ne sut jamais, de la tête ou du tronc, ce qu'il devait jeter, pour que ça ne puisse plus arriver.

P. P.

La culpabilité n'a rien à envier au doute, car ils pourraient être ex æquo dans notre fameux palmarès des messages de démons qui vous chagrinent. S'ils sont tous deux des signaux d'alarme, une fois le danger écarté, ils doivent se retirer et non s'incruster. Dans un tribunal, ce sont les jurés qui décident de votre culpabilité, et alors que vous avez ce pouvoir sur vous-même, vous vous condamnez. Vous n'êtes pas coupable : vous êtes responsable de ce que vous faites. Et ce que vous faites de travers, vous pouvez le réparer au lieu de rester assis à tricoter votre culpabilité, carcan déformé que vous vous plaisez à porter tous les jours de votre vie. Comme le doute, la culpabilité est efficace le temps d'attirer votre attention sur une erreur que vous avez commise. Si elle n'est pas réparable, le mieux sera de lâcher prise en admettant que vous ne pouvez plus rien y faire. Si vous la gardez trop longtemps, vous éprouverez des difficultés à vous en séparer. Vous avez cependant le droit de la dorloter, de la nourrir et de la promener dans votre brouette, tel un trophée, pendant de nombreuses années, voire toute votre vie. Est-ce une punition que vous vous infligez ? Y êtes-vous attaché à ce point ? Vérifiez toutefois, avant de l'adopter définitivement, qu'elle vous appartient bien, car la culpabilité peut sauter dans votre brouette alors qu'elle est à quelqu'un d'autre, qui s'est malicieusement arrangé pour vous la faire porter.

La culpabilité, c'est le poids des autres que vous acceptez de porter.

Certains, par exemple, vous diront que l'avortement est un meurtre, pour vous culpabiliser. À leurs yeux, j'ai déjà tué deux fois. Pas aux miens. Pourtant, j'ai commencé par me sentir coupable de ma décision, puis coupable de l'avoir fait. J'ai d'ailleurs vécu ces moments seule, car je n'en avais, jusqu'à la première publication du livre, parlé ni à ma famille ni à mes amis. Quant aux pères, devinez donc à quel niveau de Trous noirs affectifs ils étaient sur l'échelle ! Le premier n'était pas au courant, quant au second, il m'a plaquée quand il l'a su. Ce qui ne l'a pas empêché de me supplier de le reprendre, mais après. En avortant, c'est également de lui dont je m'étais débarrassée. Je me sentais responsable de ce que je faisais, c'était donc à moi seule de gérer la situation. Mais je refusais de me sentir coupable. Si vous avez besoin de soutien, parlez-en surtout si ça peut vous aider à réfléchir et à prendre vos responsabilités et non à porter votre culpabilité.

Encore une fois, il s'agit de regarder la réalité en face : un préservatif qui se troue n'est pas un acte volontaire, même si ça arrive deux fois en deux ans, mais je ne voulais garder ni le premier ni le deuxième. D'ailleurs, Mademoiselle et Madame, méfiez-vous : une double protection s'impose. Il n'y a pas que le sida que vous pouvez attraper, il y a aussi les bébés ! Ce sont mes croyances qui m'ont permis de traverser ces deux épreuves : je crois aux vies antérieures et je suis persuadée que nous choisissons nos parents par rapport à ce que nous voulons travailler. Ces deux petites âmes auront eu à passer par une autre maman, par d'autres parents ou attendre le corps suivant. Peut-être d'ailleurs que ma fille est la première d'entre elles. Quoi qu'il en soit, je réponds de mes actes et je suis très confortable avec mes décisions. Si c'était à refaire, je le referais.

L'essentiel n'est pas de savoir si c'est bien d'avorter, mais plutôt d'être à 100% en accord avec ce que vous décidez. Personne n'a le droit de vous juger ni de vous culpabiliser parce que vous avez pris vos responsabilités. Que ceux qui vous critiquent s'occupent donc de leur propre brouette.

Prendre ses responsabilités, c'est également parler à ceux que vous pensez avoir blessés et leur demander de vous pardonner. S'ils refusent de vous écouter, cela ne vous appartient plus et vous aurez fait ce que vous pouviez pour réparer. S'ils vous écoutent et vous pardonnent, tout le monde en sera libéré. Comprendre l'intention positive qui se cache derrière ce que vous avez fait vous aidera à vous pardonner.

En ce qui me concerne, la culpabilité n'a pas sa place dans ma vie parce que je fais de mon mieux. Et si mon mieux ne fut pas encore assez, j'assume mes actes et j'en accepte les conséquences.

Culpabiliser, c'est se mettre en état de non-ressource et surtout en position de victime de sa propre victime : vous vous punissez, devenant ainsi le souffre-douleur de celui que vous avez heurté. En quoi cette attitude peut-elle être productive ?

C'est comme tuer quelqu'un parce qu'il a tué quelqu'un. Vous démontrez simplement que vous êtes également un meurtrier et que celui que vous punissez a réussi à faire de vous ce pour quoi il a été condamné. Bien sûr, vous allez me servir l'exemple de quelqu'un qui tuerait ma fille. Eh bien, la dernière fois que j'en ai discuté, elle était avec moi. Je me suis tournée vers elle et je lui ai demandé ce qu'elle penserait de moi si je tuais son meurtrier. Elle m'a répondu, du haut de ses onze ans, que ça ne la ferait pas revenir et que je finirais mes jours en prison. Si ça arrivait, au nom de ma fille et en son souvenir, je ne tuerais pas. En revanche, vous aurez affaire à moi si vous l'importunez !

La culpabilité me fait penser à un sac gonflable dans une voiture : il vous protège lors d'une collision mais une fois l'accident passé, pourriez-vous continuer à conduire avec ce gros ballon sous votre nez ?

61.

Instabilité et peur de l'engagement ou détermination à trouver le bonheur?

Un jeune paysan fut embauché au château et le surintendant le mit au service du palefrenier. Il sema la panique plusieurs fois parmi les chevaux. Comme il était d'une bonne nature et savait attirer l'amitié, il fut mis aux cuisines où il renversa tout ce qu'il touchait. Il se vit donc confier la tâche de nettoyer les sols du château et un jour qu'il était dans la grande salle, il glissa sur un pain de savon, voltigea dans les airs pour finir assis dans le seau. À peine remis de ses émotions, il entendit un grand éclat de rire: la princesse riait à gorge déployée en se tenant les côtes. Le roi accourut, émerveillé: sa fille s'était enfermée dans une telle tristesse, depuis la mort de la reine, qu'il avait promis sa main à quiconque lui rendrait sa gaieté. La sagesse du jeune homme fut à la hauteur de sa maladresse quand il monta sur le trône. Quant à la princesse, elle en rit encore!

P. P.

Quand vous vous lancez dans cette quête intransigeante du bonheur, il se peut que vous soyez accusé d'instabilité, parce que vous changez souvent d'emploi, et d'incapacité à vous engager, surtout par celui ou celle auprès de qui vous n'avez justement pas l'intention de le faire.

J'ai souvent changé de travail parce que mes névroses m'envoyaient vers des patrons excessifs que je quittais rapidement. D'ailleurs, mes amis notaient mes coordonnées professionnelles au crayon à mine sur leur carnet d'adresses, qui finissait toujours par se trouer à force d'effacer. Après mon bac littéraire, j'aurais voulu être psychologue, mais j'ai refusé d'être à la charge de mes parents pendant les sept années d'études que cette formation exigeait. En désespoir de cause, je me rabattais donc sur un diplôme d'assistante de direction bilingue, suivi d'une année en faculté d'anglais et une autre en faculté de droit. Ce job ne me passionnant pas, j'éprouvais bien des difficultés à savoir exactement comment je voulais l'exploiter. Il a fallu que je règle mes névroses et que je me donne l'opportunité de recommencer mes études à 40 ans, alors que j'étais totalement endettée, dans le domaine qui aurait dû être le mien depuis le début : la psychothérapie.

Maintenant, je suis à ma place. Pas en tant que psychothérapeute, mais en tant que coach. Je ne pousse pas les fauteuils roulants : j'entraîne à marcher ! J'ai rencontré d'autres personnes comme moi, errant de job en job, jusqu'au jour où elles trouvent celui qui est fait pour elles. Je me rappelle qu'un jour, avant mon départ pour le Québec, je fus accusée par celle qui se disait ma mère d'instabilité parce que je changeais de conjoints, de jobs et maintenant de pays. Je répondis que si la stabilité, c'était de rester mariée avec un homme qui l'avait trompée, garder un emploi pendant vingt ans dans un job où un patron l'écrasait pour attendre la retraite et regarder pousser sa fille, elle risquait de me trouver instable encore très longtemps. C'est la vie qu'elle a menée, elle. Mais ce n'était assurément pas celle que je voulais. Je l'informais donc que, tant que je n'aurai pas trouvé le pays, le job et l'homme de mes rêves, je continuerai à bouger. Et tant que j'aurai un souffle de vie, je poursuivrai ma quête, dussé-je y passer les soixante prochaines années ! Et aujourd'hui, j'ai tout trouvé. Ai-je bien fait de m'obstiner d'après vous?

Quant à l'angoisse que vous ressentez au moment précis où une personne vous demande de vous engager, c'est un message de votre subconscient qui vous indique que vous n'êtes pas sur la bonne voie ou que vous avez une névrose. Comment faire la différence ? En regardant la réalité en face : est-ce que vous pensez vraiment que vous pouvez être heureux avec cette personne, et a-t-elle toutes les qualités que vous recherchez ? Si c'est non, sauvez-vous. Si c'est oui et que, malgré tout, vous êtes incapable de vous engager, venez me voir : vous êtes un « indépendant affectif», celui qui confond conjoint et virus qui ronge la liberté. Vous avez peur de vous attacher (avez-vous perdu un parent avant l'âge de 25 ans?) parce que vous n'avez pas compris qu'aimer ce n'est pas souffrir: c'est la liberté d'être heureux et fidèle et non le bagne à perpétuité. Un jour, un ami me confia que la personne avec laquelle il sortait lui avait demandé d'être officiellement son petit copain et que depuis, il n'en dormait plus et avait des angoisses épouvantables. Je lui demandai s'il se voyait vivre avec elle, avoir un enfant et être heureux: ses angoisses reprirent de plus belle parce que cette fille ne correspondait pas du tout à ce qu'il recherchait. Elle l'avait d'ailleurs accusé d'être incapable de s'engager, pour le mettre au défi. Ruse qui n'a pas fonctionné!

Certaines personnes souffrent effectivement d'instabilité mais ne mettez pas tout le monde dans le même panier. À 24 ans, Jim avait vu tous ses rêves se réaliser: une conjointe avec une petite fille (il disait adorer les enfants), l'émigration au Québec, une grande propriété pour monter son élevage de malamutes et ses deux gros chiens. À cause de ses mauvaises programmations, il était terrifié parce qu'il avait tout ce qu'il voulait et ne put faire autrement que tout saboter, plutôt qu'aller jusqu'au bout de ses rêves. Ça, c'est de l'instabilité. Mais si vous vous battez parce que vous avez un objectif précis, que vous changez de job, de pays et de conjoint parce qu'ils ne vous correspondent pas, vous êtes simplement déterminé à obtenir ce que vous voulez. Je vous engage à continuer. *Cherchez et vous trouverez.*

62.

Les peurs : elles vous paralysent au moment même où vous devriez bouger !

Sur cette planète, avoir au moins une peur était obligatoire, sous peine de prison, car n'avoir aucune peur était inconcevable. Bien qu'aucune ne fût tentante car toutes épouvantables, il fallut bien en choisir une. Il trouva enfin la seule capable de le rendre heureux : la peur de ne pas avoir peur.

P. P.

Avez-vous remarqué que les peurs ont cette faculté de vous stopper ou de vous faire avancer ? Elles deviennent frein (la peur de la solitude vous empêche de quitter quelqu'un) ou moteur (la peur de la solitude vous pousse à courir après n'importe qui). La peur vous paraît être un dragon terrifiant alors que si vous y regardez de plus près, elle n'est qu'un minuscule petit lézard dont l'ombre qui vous effraie est constituée de 80 % de votre fertile imagination et de seulement 20 % de réalité. Exemple : vous ne quittez pas votre conjoint parce que vous imaginez que plus personne ne voudra de vous et que vous resterez seul jusqu'à la fin de vos jours. Vous venez de fermer la porte de votre prison, pas du tout dorée, dont votre imagination a la clef. Et si vous imaginiez l'inverse ? Envisagez que c'est une bonne chose pour vous, à 80 %, de quitter quelqu'un qui vous fait souffrir afin de vous donner l'opportunité de rencontrer la bonne personne, avec laquelle vous vivrez heureux jusqu'à la fin de vos jours. Il n'y aurait donc plus que 20 % de réticence, autant dire presque rien.

Prenons le cas classique du dentiste : vous avez mal avant qu'il vous ait touché parce que vous imaginez la douleur depuis que le rendez-vous est pris. Quant aux piqûres, si je vous pinçais pour obtenir la même douleur que celle provoquée par l'aiguille, vous éclateriez de rire. Ce qui vous fait mal, c'est ce que vous inventez et non les faits eux-mêmes. Vous possédez le don de déformer la réalité et si encore c'était pour le meilleur, mais c'est toujours pour le pire!

Cela me rappelle le mythe du philosophe placé sur une poutre d'un mètre de large, à un mètre du sol et qu'il traverse sans problème. Placez-la à plusieurs mètres de hauteur et il n'est plus en mesure d'avancer, paralysé par son imagination: il se voit écrasé sur le sol! Pourtant, c'est la même poutre et le même philosophe, mais ce n'est plus la même pensée ni la même réalité pour lui. Le dialogue interne, ce que vous vous dites dans votre tête, est tout-puissant pour vous stimuler ou vous figer. Votre pire ennemi: votre imagination quand elle joue contre vous et vous fait perdre vos capacités. Que pensez-vous d'imaginer le bon plutôt que le mauvais?

Pire encore, quand vous dites à un enfant «Tu vas tomber!», son subconscient entend «Tombe!». Si vous lui disiez plutôt «Sois prudent»? «Ne rate pas ton autobus», il entend «Rate ton autobus». Et si vous disiez «Sois à l'heure pour ton autobus»? Amusez-vous à mettre en positif tout ce que vous dites à votre conjoint et à vos enfants et vous serez surpris du nombre de «ne pas» que vous employez. Faites un test et demandez à votre conjoint de penser à acheter du pain au lieu de lui dire «n'oublie pas le pain». Il faut que vous sachiez que le subconscient a du mal avec la négation, il l'élimine automatiquement, transformant vos interdits en ordres. C'est tout simplement la pensée positive qui fait la différence entre «je vais y arriver» et «j'espère que je ne vais pas échouer».

Petit test: vous, Madame, quand vous aurez fermé les yeux, ne voyez pas un camion de pompiers, ni celui qui, torse nu et musclé, tient une lance à incendie pour le nettoyer. Vos pensées se sont enflammées?!

Quant à vous, Monsieur, ne voyez surtout pas une voiture de sport avec une top-model à côté pour la présenter. Belle carrosserie, n'est-ce pas?!

Si vous attendez l'avis de votre petite famille au sujet de votre nouvelle recette et que l'on vous dit: «Ce n'est pas mauvais». Que retiendrez-vous du commentaire? Et si on vous disait plutôt: «C'est bon»? Dites ce qui est plutôt que ce qui n'est pas afin que votre quotidien, et celui des autres, s'en trouve amélioré.

Une personne vint me consulter car, d'après ce qu'elle disait, tout allait mal dans sa vie, tant privée que professionnelle, parce qu'elle n'avait aucun contrôle sur rien et elle ratait tout. TOUT! Quelle ne fut pas sa surprise quand je lui démontrai que pour réussir à tout faire échouer, il fallait sacrément être en mesure de tout contrôler. Quand elle réalisa qu'elle avait effectivement le pouvoir de tout rater, elle comprit qu'elle avait également celui de tout réussir. Vous pouvez mettre autant d'acharnement à embellir votre vie qu'à la démolir, et nombreux sont les spécialistes de la démolition!

Le sportif qui gagne est celui qui est déterminé et qui se visualise en train de gagner. Finalement, quoi qu'il arrive, il garde son objectif en tête et reste concentré. C'est pareil dans la vie: si vous imaginez le pire, le pire risque d'arriver. Et si vous imaginiez le meilleur? C'est ce que je fais: je me visualise le plus souvent possible dans des situations de réussite, montrant ainsi à mon subconscient l'objectif que je veux atteindre. Il sait alors ce qu'il lui reste à faire pour m'aider. Quand vous demandez à votre petite famille ce qui lui ferait plaisir pour le dîner et que vous obtenez un «je ne sais pas» collectif, vous voilà bien avancé. Si la réponse est un rôti de veau avec des nouilles, là vous savez ce qui vous reste à faire et vous le ferez avec entrain, car vous êtes sûr de faire plaisir. Votre subconscient est comme les taxis: dites-lui où vous voulez aller!

Avant de quitter la France pour vivre au Québec, je visualisais mon futur pendant mon jogging ou dans les transports en commun, dès que je pouvais prendre du temps pour rêver. Tout ce que je vis aujourd'hui, je l'ai visualisé. D'ailleurs, marcher, courir ou faire n'importe quelle activité physique aide à la réflexion, car le corps est en mouvement et entraîne l'esprit activement. Essayez, vous serez surpris: quand vous avez une décision à prendre, allez marcher dans la nature et vous reviendrez avec la solution.

63.

Souvenez-vous : seul celui qui a peur peut être courageux

J'ai le plus profond respect pour vous qui affrontez vos peurs chaque jour et qui faites, avec beaucoup de difficulté et de souffrance, ce que je fais, moi, aujourd'hui, avec facilité : vivre au quotidien. Pour être courageux, il faut avoir peur. J'ai été courageuse et je ne le suis plus. Un couple se présenta pour une séance d'Inipi. La femme était claustrophobe ; pourtant, elle réussit à vaincre cette phobie des endroits clos : sa volonté de changer étant plus forte que sa phobie. Elle en est ressortie transformée et j'éprouve un profond respect pour le courage qu'elle a déployé ce jour-là.

Vous vous levez peut-être chaque matin en ayant déjà peur de votre journée : un job qui ne vous plaît pas, un patron colérique, des collègues sans pitié, un conjoint mal embouché, des parents détestables, des frères et sœurs méprisants, des enfants ingrats. En plus de toutes les angoisses auxquelles vous êtes sujet, sans parler des douleurs dans votre corps, de la grande fatigue qui vous assaille, et de cette effrayante envie de rester caché au fond du lit, de ne plus bouger et de vous faire oublier. À ce stade, affronter votre journée n'est plus du courage : c'est de l'héroïsme !

Après la deuxième séparation qui a rouvert toutes les plaies, j'étais souvent animée par une envie terrible de me terrer dans ma propriété avec ma fille, de ne plus voir personne et de me laisser sombrer. Mais la réalité était tout autre : je tenais le coup pour ne pas alerter ma fille et j'affichais une attitude décontractée alors que j'avais les tripes nouées. Je me faisais violence pour chercher des contrats en rédaction et révision, je faisais des interviews pour mes articles, je devais gagner de l'argent pour nous faire vivre, alors que j'avais le moral à zéro et ces foutues angoisses qui me taraudaient constamment. Sans oublier Jim qui ne me lâchait pas. Je vivais dans un tunnel très sombre, persuadée cependant que chaque jour j'avançais, faisant reculer l'obscurité. Johnny Hallyday explique, dans son autobiographie *Destroy 2000*, *« qu'il a été oublié de ses parents et qu'il n'aura de cesse de devenir une idole pour pallier le manque affectif initial »*. Dans les moments de profond découragement, il répétait « *plutôt crever que d'arrêter* », lui qui a également eu à « dealer » avec la dépendance affective. Quand je touchais le fond, écrasée, asphyxiée, quand l'envie me tenaillait de me coucher à même le sol et d'abandonner, je reprenais du poil de la bête en me disant « plutôt crever que... crever ! Ils n'auront pas ma peau ». Si je devais mourir, c'était debout et le sabre à la main !

Ce qu'il y a d'épouvantable avec l'angoisse, c'est qu'elle vous surprend, elle vous étreint, se tient là, en vous, sans dire d'où elle vient ni où elle va, et surtout combien de temps elle restera. Alors vous résistez, vous luttez pour la chasser, en vain. Car tant que vous n'avez pas entendu son message, elle ne part pas. Accueillez-la, comprenez ce qu'elle veut de vous, ce que vous devez travailler, puis remerciez-la : avec la satisfaction du devoir accompli, elle vous quitte.

Aujourd'hui, je ne suis plus courageuse, car j'ai fait de ma vie un véritable bonheur. Et si quelque chose vient me déstabiliser, je m'amuse à relever le défi et à tester mes capacités. Et quand je tombe, je me relève avec humour et dignité. Je me souviens d'un jour où, après avoir passé le poteau d'arrivée, mon cheval fut effrayé par le parapluie d'un parieur et me projeta la tête la première sur le sol, juste devant les tribunes. Je me redressai l'air dégagé, en m'époussetant comme si de rien n'était, puis revins en marchant tranquillement vers le rond de présentation, répondant avec humour aux railleries des turfistes. Ne me dites pas que vous avez peur du ridicule, car je vous l'assure, il ne tue pas : je suis toujours là pour vous en parler !

Un soir de réveillon, je portais une belle robe longue avec un dos nu et des boutons placés derrière, de la chute des reins jusqu'en bas. Je dansais sur la piste quand un copain vint vers moi pour me dire que des boutons s'étaient défaits : ça faisait donc un bout de temps que je me trémoussais les fesses à l'air, offrant une vue plongeante sur string et porte-jarretelle, car personne n'osait (ou ne voulait !) me le signaler.

Je vois la tête que vous faites, Madame, vous seriez morte de honte, n'est-ce pas? Vous, Monsieur, arrêtez de rêver et continuez à lire, s'il vous plaît.

J'aurais pu partir en courant, honteuse et confuse, me cacher dans les toilettes dont je ne serais plus ressortie de la soirée, sauf avec un faux nez et des moustaches, rampant jusqu'à la sortie du restaurant. Au lieu de cela, je demandai à ce copain d'avoir la courtoisie de refermer les boutons, ce que, en gentleman, il fit avec empressement, et je continuai à danser comme si de rien n'était. Je m'étais, néanmoins, attiré les foudres de la plupart des femmes, surtout la sienne, ce que je décidai d'ignorer, et les regards de ceux qui les accompagnaient. Quelques-uns me demandèrent une représentation supplémentaire, que je leur refusai.

Quelle était la réalité ? J'avais involontairement offert une partie de mon anatomie aux regards, je ne m'étais pas enrhumée, personne n'y avait perdu la vue, donc la vie continuait. Songez à ceci : ce n'est pas la situation qui vous rend ridicule, c'est votre attitude. Ce soir-là, le nombre de mes « détractrices » augmenta et celui de mes admirateurs aussi. Et après ? La Terre continua à tourner.

Restez décontracté, quelle que soit la situation, et riez le premier, sinon vous montrez que vous êtes blessé et les charognards ne tardent pas à tourner au-dessus de votre tête. Je suis toujours la première à me moquer de moi-même, coupant ainsi l'herbe sous le pied à quiconque voudrait essayer.

64.

Face au jugement et à la critique : faites de vous un vide où s'abîme l'attaque

« Qu'est-ce que tu es affreux avec ton long cou et ton crâne chauve ! dit le jeune effronté, avant de demander : Et d'abord qui tu es, pour être aussi laid ? »

Et l'interpellé répondit : « Un vautour..., mon fils. »

P. P.

Le jugement et la critique vous blessent souvent, ils sont pourtant porteurs d'un beau message et sont présents pour vous obliger à travailler votre façon de réagir à leurs assauts. Vous savez qu'il est impossible de plaire à tout le monde, mais vous l'oubliez souvent, digne adorateur de Tarzan. Votre premier devoir envers vous-même n'est-il pas d'agir comme il vous plaît et tant mieux si les autres y adhèrent, sinon tant pis ? Et puis, n'est-ce pas un peu prétentieux d'imaginer que tout le monde vous épie et guette ce que vous dites ou faites ? Vous prendriez-vous pour le centre de l'Univers, sur lequel tout le monde aurait les yeux rivés ?

La PNL répertorie deux façons de réagir par rapport au regard des autres : les gens qui sont internes et se fient à leur propre jugement et les gens qui sont externes et se fient à celui des autres exclusivement. La personne externe a la particularité de mettre ses désirs de côté pour répondre aux attentes des autres. Quant à la personne interne, elle passe le plus clair de son temps à respecter ses envies, sans chercher à plaire aux autres. *Qui m'aime me suive !*

Vous êtes interne par définition, car vous avez forcément votre propre avis sur chaque question et vos propres envies, cependant vous dérapez dès que la peur du jugement pointe son nez. Alors vous agissez à l'inverse de ce que vous souhaitez parce que ça ne correspond pas à ce que pense le dernier qui a parlé. Avez-vous la sensation de prendre votre place dans la société ou plutôt dans le troupeau des moutons de Panurge ?

J'ai été externe parce que j'avais tellement besoin d'être aimée que je voulais satisfaire tout le monde et je me cassais la tête pour ne faire de peine à personne, sauf à moi. Aujourd'hui, alors que j'ai botté les fesses à Tarzan, c'est moi que j'écoute et que je satisfais, dans le plaisir, respectant mes propres valeurs, parfaitement à l'aise avec ce que je suis. Même si j'en entends parfois grincer des dents...

L'idéal, pour vous protéger, est de sortir de la trajectoire afin de regarder passer les flèches du jugement et de la critique, avec la même considération qu'une vache regarde passer un train. Ou encore comme un torero qui esquive l'attaque du taureau. Olé ! Protégé de la douleur qu'il aurait pu vous infliger, en quittant la trajectoire, vous avez tout loisir d'étudier l'archer : quelle est son intention positive quand il décoche son trait ?

Vous concentrant sur l'archer, vous venez de vous dissocier, quittant votre propre corps pour observer le tireur, l'autre, et sa cible, vous : remarquez au passage que vous ne souffrez pas, n'étant plus la cible mais l'observateur. Une sorte de commentateur sportif qui regarde deux équipes de football s'affronter, bien installé dans son fauteuil. Puis mettez-vous à la place de l'archer, pour comprendre quelles souffrances et quelles peurs se cachent derrière son geste. Par cet exercice, vous venez de faire le tour des trois positions perceptuelles enseignées par la PNL.

Première position perceptuelle : vous êtes la cible et vous n'êtes pas encore assez entraîné pour esquiver ou faire le vide, vous venez donc de vous faire transpercer et la douleur est présente.

Deuxième position perceptuelle : vous êtes l'archer et vous cherchez à comprendre pourquoi vous venez d'envoyer cette flèche, quel est votre intérêt. Cette position demande plus de concentration et d'objectivité et vous offre la possibilité de saisir le point de vue de l'autre. C'est souvent la clef.

Troisième position perceptuelle: vous êtes l'observateur et vous étudiez la cible, vous en l'occurrence, et l'archer, ainsi que les interactions entre les deux. Vous prenez ainsi du recul pour observer la scène et en comprendre tous les tenants et les aboutissants.

Cependant, vous avez le droit de rester en face du lanceur de couteaux, les bras et les jambes en croix, comme au cirque. La seule différence, c'est que celui qui se trouve en face de vous a pour objectif de vous poignarder. Croyez-moi, quittez la trajectoire et observez celui qui s'acharne sur vous.

Je vous vois venir d'ici: vous pensez que c'est facile à dire mais pas à faire. Faux, c'est très facile à faire. Empressez-vous de trouver quelqu'un qui a la langue acerbe et qui vous vise particulièrement, et offrez-vous à ses attaques. Dès qu'il vous dit quelque chose, comprenez que ça parle de lui et non de vous et plus aucune critique négative ne vous transpercera. Ou alors reprenez simplement les dernières paroles qui vous ont fait souffrir et cherchez l'intention positive de l'autre et en quoi ça parle de lui. Vous serez très surpris du résultat.

Découvrir ce qui motive quelqu'un à porter un jugement négatif sur vous ou à émettre une critique acerbe démonte tout le mécanisme et vous transformez ainsi la flèche en un objet volant, mou et non identifié qui s'écrase à vos pieds. Je rappelle au passage que jugements ou critiques négatives parlent de vos comportements et non de votre identité: vous n'êtes pas et ne serez jamais ce que vous faites. À deux reprises, des personnes que je coachais m'ont expliqué que leur entourage se méfie de moi car je suis, selon eux, une sorte de gourou (un coach), trafiquant dans les sciences occultes (PNL, hypnose, biologie totale et Shiatsu), susceptible de prendre tout leur argent (mes honoraires). Me battant, bien au contraire, pour la liberté de chacun, j'aurais pu m'en offenser, quoique si la secte avait pour adeptes les joueurs de rubgy ou les pompiers du calendrier, je réviserais peut-être ma position! Cependant, je sais que les gens sont effrayés par ce qu'ils ne connaissent pas (heureusement, il n'y a plus de bûcher!) et sans savoir qui je suis, ils me condamnent et critiquent mes activités, «occultant» les bienfaits pour le

« coaché ». Leurs critiques et jugements parlent de leurs peurs, en aucun cas de moi, et si je ripostais au lieu d'en rire, cela signifierait que je ne suis pas à l'aise dans mon métier, ce qu'ils pourraient mesurer à la violence de mes réponses. Pas de réponse, pas de justification. Juste un grand éclat de rire. Je demande juste à mes « coachés » : « Et vous, qu'est-ce que vous en pensez ? » Ils rient aussi !

Comprenez bien que vous êtes parfois programmé à être envieux et jaloux d'autrui et que c'est à vos commentaires acides que d'autres mesurent leur réussite. Vous ne frappez pas un homme à terre, vous frappez un homme au sommet. Quoi qu'il en soit, vous êtes bien malheureux pour investir du temps à critiquer les autres au lieu de le passer à organiser votre propre vie.

Les techniques utilisées en PNL sont difficiles à expliquer, d'autant que le « coaché » n'a pas toujours connaissance ou conscience de ce qui se passe. Je lui recommande donc de ne pas essayer de raconter ce qu'il expérimente. Il pourrait passer pour un fou. Si, si, je vous l'assure ! Ça vous intrigue, n'est-ce pas ? Comme les autres n'y comprennent rien, ils pensent immédiatement que je fais des trucs bizarres. Ils ont raison : ce sont des trucs bizarres, mais pour les spécialistes, c'est logique et facile à comprendre. Malheureusement, je ne fais pas de magie et quand il y a un miracle, c'est le « coaché » qui le fait. Pas moi !

Souvenez-vous du bon vieux temps, dans la cour de récréation, si quelqu'un vous disait une méchanceté, vous répondiez : *Celui qui le dit, c'est celui qui l'est !* Eh bien, c'est vrai. Au cours de ma vie, j'ai souvent été réduite à ce qui dérangeait mes détracteurs : une croqueuse d'hommes pour les femmes mariées qui craignaient pour leur couple, une femme aux mœurs légères pour celles de mon âge qui enviaient mes jeunes amants (je ne pense pas qu'elles auraient envié les névroses qui allaient avec !), une adepte de la promotion canapé pour ceux qui enviaient mon poste, une simulatrice pour ceux qui ne croyaient pas à ma sérénité. Si quelqu'un vous lance une critique, c'est que, dans votre personnalité, quelque chose vient le heurter. Demandez-vous ce qui le pousse et pourquoi ça vous touche. Vous ferez des découvertes sur lui, mais également sur vous.

Si la critique est constructive, remerciez celui qui l'émet, car il aura pris du temps pour vous observer et il vous aide à vous améliorer, parfois malgré lui ! Plusieurs personnes sont venues me consulter parce que déstabilisées par le comportement d'une personne de leur entourage. Remarquez : j'ai écrit « déstabilisées par le comportement d'une personne » et non « déstabilisées par une personne ». Quand je vous dis que vous laissez votre pouvoir aux autres ! Saisies de tremblements et d'un immense malaise chaque fois que leur « démon » s'approchait, elles réussirent à retrouver leur centre afin d'être confortables en face de leur tortionnaire. Celui-ci fut même remercié, car il les avait aidées à travailler quelque chose de plus grand que ce problème relationnel. Elles ont retrouvé la paix et à plusieurs niveaux, car celui qui terrifie est souvent l'arbre qui cache la forêt.

Ce fameux tortionnaire est bien présent dans votre vie pour appuyer là où ça fait mal, jusqu'à ce que vous acceptiez de régler. Ses attaques redoublent parce que son objectif est de vous obliger à travailler vos faiblesses. Et si un n'est pas assez, vous vous retrouvez face à une armée ! Je tremblais de rage chaque fois que je voyais ou que je pensais à Jules, à son ex, à sa maîtresse, au mari de l'ex, puis à Jim. J'ai payé pour apprendre ! Ma vie était un immense séisme permanent, puisque nous vivions tous dans la même petite ville. La peur de les croiser et la colère ne me lâchaient jamais. Je sais ce que vous éprouvez quand vous affrontez ces personnages que vous laissez vous anéantir. Dites-vous qu'ils souffrent autant que vous, mais qu'ils ne sont qu'illusion : la réalité, c'est ce que vous avez à guérir au fond de votre cœur.

À partir de maintenant, attention vous aussi aux critiques et jugements que vous émettez. Ayez bien présent à l'esprit que c'est avant tout de vous dont vous parlez ! Un conseil : faites plutôt des compliments, parce qu'ils parlent de vous aussi !

Une critique peut également être une bénédiction : elle peut vous botter les fesses ! Vexé, vous mettez tout en œuvre non pas pour vous justifier, mais pour démontrer que c'est faux. Ce sera votre meilleur moteur. Un exemple ? Quand Jim m'a balancé : « Tu es belle aujourd'hui, mais dans dix ans... », ça m'a vraiment piquée au vif, du haut de mes 40 ans, puisque quinze années nous séparaient. J'étais furieuse parce que pour moi, c'était un coup bas, même si je sais que ce Trou noir affectif disait n'importe quoi pour justifier ses lâchetés. Pourtant, il m'a rendu un grand service parce que, même si j'ai toujours pris soin de mon corps, j'en prends d'autant plus soin aujourd'hui, pour moi. Pas pour lui! Vous vous demandez ce que je lui ai répondu, n'est-ce pas? Eh bien, j'ai rétorqué que dans dix ans, il aurait à peu près l'âge que j'avais à ce moment-là et qu'on verrait bien ce qu'il deviendra. Je me suis lancée dans un descriptif peu flatteur, qui me fait beaucoup rire aujourd'hui.

Je suis tout à fait pour la chirurgie esthétique quand c'est pour vous plaire, Madame. Mais si c'est pour plaire aux autres, méfiez-vous des retombées. Que pensez-vous d'être une belle femme de 50 ans naturellement, plutôt qu'avoir recours à la table d'opération et que l'on dise que vous êtes fanée pour vos 40 ans?

En ce qui me concerne, je ne veux pas rester jeune, je veux vieillir en beauté et ne pas avoir un corps parfait mais en bonne santé. Et puis le charme et la bonne humeur ne prennent pas une ride. J'aurai toujours la jeunesse du cœur et la beauté de l'âme.

À ce sujet, cessez donc de dire d'une femme d'un certain âge «qu'elle a dû être belle quand elle était jeune». Elle est une belle femme de 60 ans, comme elle était une belle jeune fille de 20 ans.

Autre sujet: quand une personne que vous ne connaissez pas ou peu a une tête qui ne vous revient pas, que se passe-t-il, à votre avis? Vous allez rire: c'est parce qu'elle a soit quelque chose que vous n'avez pas, comme une grande confiance en elle, soit quelque chose que vous détestez dans votre personnalité. Constatez comme ceux qui ont les mêmes travers ne se supportent pas. Qu'arrive-t-il quand deux dominateurs se rencontrent? Pourquoi détestent-ils les dominants? Pourquoi ne voyez-vous pas la poutre dans votre œil, alors que vous voyez la paille dans l'œil de votre voisin? Les filles casse-cou et un peu masculines m'ont longtemps dérangée. J'ai compris pourquoi: elles étaient comme moi et je me sentais en compétition. Vous allez comprendre pourquoi vous attirez et pourquoi vous dérangez.

Comprenez bien que chaque fois que vous réagissiez ainsi, c'était involontaire, inconscient. Mais maintenant, ça ne le sera plus ! Soyez donc curieux de comprendre pourquoi une personne vous dérange. Attention, il se peut également qu'elle piétine vos valeurs et vos croyances ; dans ce dernier cas, votre rejet est justifié.

Ma vie ne fut pas un long fleuve tranquille mais plutôt une descente en rafting. Et plus les flots sont déchaînés, plus ils vous emportent rapidement vers votre sérénité. À condition, évidemment, que vous dirigiez le bateau, au lieu de vous laisser ballotter !

Vous voilà à présent blindé contre les jugements hâtifs et les critiques acerbes qui ne sont plus destructeurs mais informatifs. Pensez-y !

65.

Pleurez autant que vous voulez : quand vous en rirez, vous serez guéri !

Un élément extrêmement libérateur que notre éducation met également de côté, à tort, ce sont les larmes. Vous préféreriez vomir devant quelqu'un plutôt que pleurer ! J'ai dû en verser plus souvent qu'à mon tour. Ma forêt a recueilli mes sanglots longs et monotones pendant de nombreuses années ! Ces petits cristaux de sel ont la faculté d'enfermer ce qui est négatif et de l'entraîner loin de vous. Laissez-les travailler ! Pleurez autant que vous voudrez, même si votre entourage essaie, par amour, de vous en empêcher. Quand ma fille pleurait, c'était souvent parce qu'elle était fatiguée et qu'une goutte avait fait déborder le vase : alors je l'encourageais à le vider. Avez-vous remarqué comme vous êtes apaisé après ?

J'ai été programmée à ne pas pleurer : en colonies de vacances à 4 ans et en pension à 11 ans, vous n'avez pas intérêt à vous épancher, sinon vous êtes une poule mouillée. Il m'a fallu réapprendre en commençant par détruire une idée reçue : pleurer, c'est montrer sa faiblesse. Et si c'était au contraire montrer son empathie et sa sensibilité ? Et un beau jour, quand ça ne vous fait plus pleurer, c'est que c'est réglé. C'est un bon baromètre pour savoir où vous en êtes. Et le jour où vous en riez, vous êtes sauvé !

J'ai longtemps pleuré chaque fois que je voyais un film parlant de couples sur le point d'avoir un enfant, du bonheur d'un futur père amoureux fou, d'accouchement heureux. Tout ce qui me rappelait ce que j'avais raté. En revanche, quand le sujet se rapprochait de ce que j'avais vécu, ça me laissait de glace. Puis un jour, ces scènes ne m'ont plus touchée et j'ai réalisé que ce n'était plus une blessure pour moi, mais une expérience du passé qui m'avait rendue forte. Aujourd'hui, c'est quand ça parle de bonheur que je me transforme en fontaine. Mais ça, je ne veux pas y toucher !

J'ai beaucoup ri de mon passé après en avoir beaucoup pleuré. Même au cœur des tempêtes, l'humour m'était d'un grand secours. Car enfin, ce n'est pas parce que vous n'avez pas compris que vous êtes névrosé, que vous ne réalisez pas l'absurdité de votre situation. Je me suis longtemps demandé dans quels tourments j'avais pu entraîner toutes ces tribus de Tarzan, au cours de mes vies antérieures, pour déclencher un tel acharnement ! Eh bien, c'est dans cette vie-là que je les avais provoqués : j'étais responsable de les avoir non seulement attirés mais nourris. Quand je plaisantais avec mes amis au sujet du chaos dans lequel je vivais, je les ai souvent surpris. Comment pouvaient-ils deviner que derrière le masque de l'humour se cachait une immense souffrance ? J'en pleurais assez toute seule, je voulais en rire avec eux.

Le rire a des propriétés incroyables et vous fait du bien. Il paraît qu'un fou rire vaut un bifteck, il s'agit juste de prévenir les végétariens. Observez également comme c'est communicatif : plus que le bâillement. Quand vous sentez une opportunité, plongez dedans, et riez à gorge déployée. J'ai failli m'étouffer, un jour, car incapable de reprendre mon souffle. C'était une émission dans laquelle de jeunes enfants reprennent les titres de chanteurs célèbres. Ce petit garçon-là avait fait pipi dans son pantalon au moment de chanter et il était très fâché, non pas parce qu'il s'était oublié, mais parce que... ça avait coulé dans ses chaussures neuves ! Je n'ai dû mon salut qu'au fait de battre en retraite en quittant la pièce, parce que, sans plaisanter, j'ai bien failli mourir de rire.

Rappelez-vous que les comiques ont besoin d'un public et être « bon » public est également une qualité. J'aime ceux qui rient de mes plaisanteries ! J'avoue que parfois, je ne sais même pas où je vais les chercher. Je me surprends moi-même. J'aime la phrase d'Alphonse Allais : « Méfiez-vous des gens qui ne rient jamais. Ce ne sont pas des gens sérieux. » C'est tellement vrai ! Durant mes consultations, je suis sérieusement drôle, ne laissant personne repartir sans avoir ri de lui-même ; et si sa situation est difficile, c'est de moi qu'il rira. Vous aimeriez avoir de l'humour ? Ça s'apprend. Et pour commencer, il faut avoir l'audace de tomber à plat. Ça m'arrive souvent. Une étudiante me dit un jour qu'elle en avait assez que je dérange le formateur avec mes «jokes plates». Je lui répondis, avec un grand sourire, que même si elles ne faisaient rire que moi, je continuerai! Quand je lui ai rappelé, deux ans plus tard, ce qu'elle m'avait reproché, nous en avons bien ri. Parce que mes «jokes plates» (blagues stupides), je les ai continuées, la différence étant qu'elle et moi avions appris à nous apprécier. Et puis, souvenez-vous que le ridicule ne tue pas et que l'humour grandit mot à mot, phrase à phrase et avant de faire rire, si vous faisiez sourire... en souriant le premier?

66.

« Nos vrais plaisirs consistent dans le libre usage de nous-mêmes. » (Buffon)

Usez-vous de vous-même comme vous l'entendez ? Dans le plaisir et la liberté, en faisant fi des commentaires et des opinions ? Et le plaisir, quelle place lui laissez-vous dans votre vie ? Savez-vous qu'il n'y a pas à courir après : il est partout où vous le placez. Il n'en tient qu'à vous d'en remplir votre vie. Épicurienne jusqu'au bout des ongles, c'est vraiment lui qui dirige ma vie et quoi que je fasse, je m'organise pour qu'il soit toujours là. Profitez de chaque instant de bien-être, car c'est le secret du bonheur : l'âme se charge d'ondes positives qui ne laissent plus de place aux ondes négatives. Ne poussez pas, c'est complet ! Que se passe-t-il quand vous en êtes privé et que vous passez de votre travail ennuyeux à l'ennui de votre vie privée ? Le sommeil et le plaisir ont ça en commun : ils vous rechargent et si vous les supprimez, c'est la dépression assurée.

Vous qui luttez contre le poids, je vous propose de bien réfléchir avant d'entamer un régime : mangez-vous pour le plaisir de manger ou pour vous protéger ? Voulez-vous mincir pour vous ou pour les autres ? Le plaisir d'être mince est-il supérieur au plaisir de vos papilles ? Pensez à la chance que vous avez, même un petit peu grassouillet, de manger tout ce que vous voulez sans plus grossir. On ne change pas une équipe qui gagne. Alors que si vous mettez le doigt dans l'engrenage des régimes, vous êtes cuit : vous risquez de grossir encore plus, par dépit, ou de vous priver à jamais de votre premier plaisir. Pesez bien le pour et le contre ! Et si avoir un poids santé et vous y tenir est votre plus grand plaisir, alors foncez.

Et puis il y a le plaisir du sexe et je ne parle pas du devoir conjugal, qui n'en nourrit qu'un sur deux, et encore ; je parle de celui qui alimente une belle complicité entre deux personnes. C'est une énergie qui, bien cultivée, a un pouvoir extraordinaire sur l'humeur et la santé. Qui n'a jamais dit ou entendu d'une femme acariâtre que c'est une « mal baisée ». La plupart du temps, elle n'est pas « baisée » du tout. En ce qui me concerne, ça n'a jamais influencé mon caractère pendant les onze années d'abstinence que j'ai passées, Dieu merci, car je serais devenue invivable ! J'avoue qu'il fut un temps où je me serais damnée pour être à sa place, « mal baisée », car je pensais que « mal » c'était toujours mieux que « pas du tout ». Puis, j'ai préféré « pas du tout » que « mal » : j'évoluais ! Une femme me reprocha de souvent plaisanter sur le sexe et m'annonça que « ce sont ceux qui en parlent le plus qui en font le moins ». Bingo ! Quelle tête fit-elle, à votre avis, quand je lui répondis qu'elle avait parfaitement raison et qu'en parler était tout ce qui me restait ?

Attention, évitez de tomber dans l'excès en sautant sur tout ce qui bouge sous prétexte que j'ai écrit que le sexe est important, parce que ce n'est pas du tout ce que je dis : le plaisir est important, pas le fast-sexe-food ! Si vous faites, Madame, à un homme « l'amitié de vos cuisses », que ce soit au moins pour le grand frisson. Quant à vous, Monsieur, si vous acceptez cette « amitié », que ce soit pour un moment d'extase et non pour des raisons d'entretien. Et au lieu de donner dans le plat tout préparé qu'est le film pornographique, si vous faisiez plutôt marcher votre imagination, pour la prochaine fois où vous tiendrez une femme qui ne se dégonflera pas.

Pendant mes longues années de sevrage, j'étais définitivement convaincue que, pour faire l'amour, il faut aimer. J'avais raison ! Je l'expérimente aujourd'hui. Cependant, il peut y avoir tout de même du beau sexe : c'est ce que j'appelle « faire la sensualité », dans de belles et bonnes conditions, avec quelqu'un qui vous fait vraiment vibrer. Mais si vous avez besoin de sexe à tout prix, je ne donne pas cher de votre peau... léopardée : vous êtes dans la dépendance ! Alors, au petit matin, vous vous demandez ce que vous faites là, comment vous enfuir ou mettre à la porte celui ou celle qui est encore endormi. Grâce aux arts martiaux, j'arrivais à me sortir de là, vite et sans bruit. Plus jamais ça ! Votre plaisir est décuplé quand vous attendez la bonne personne, au bon moment, pour faire la sensualité : c'est le septième ciel assuré ! Même s'il n'y a pas d'amour, plaisir rime avec désir et sensualité rime avec qualité. Qu'est-ce qui rime avec névrosé ? Quant au désir, laissez-le monter, au lieu de manger avant d'avoir faim. Pour moi, le meilleur moment, c'est quand on monte les marches qui mènent à la chambre…

67.

N'attendez pas un miracle : le miracle, c'est vous !

Quand vous vous sentez dépassé ou cerné, réagissez comme un commandant pris dans une embuscade qui rassemble ses hommes et réfléchit, avec sang-froid et détermination, à la meilleure stratégie pour s'en sortir. Ce sont d'ailleurs les pilotes d'avion les plus déterminés qui, au lieu de se mettre à genoux pour prier, sauvent les passagers dans des conditions extrêmes. Faites le tour de toutes vos habiletés, contemplez ce que vous avez déjà accompli et projetez-vous dans ce que vous accomplirez. Prenez quelques secondes et essayez: votre estime et votre confiance remontent en flèche et vous êtes au maximum de vos ressources pour affronter n'importe quelle situation et, surtout, n'importe qui.

Vous allez me dire que vous n'avez rien accompli et que vous n'êtes doté d'aucune habileté. J'en ai déjà rencontré, des gens comme vous, mais nous avons toujours trouvé. Cherchez bien, parce que vous ne me ferez pas croire que depuis votre naissance, vous êtes suspendu au plafond par les bretelles et vous n'avez jamais rien fait de votre vie. Même si vous avez accumulé les malheurs, reconnaissez que vous êtes doué pour les attirer. Maudites programmations !

Comment se fait-il que vous perdiez vos moyens quand quelqu'un vous impressionne? Souvenez-vous que personne ne peut vous prendre votre centre, c'est vous qui le donnez. Cela relève également d'une mauvaise programmation qui vous a fait perdre confiance en vous, dès que quelqu'un essaie de vous dominer. Avant d'affronter celui ou celle qui a coutume de vous déstabiliser, regardez-vous dans une glace et voyez celui ou celle que vous êtes. Même dévorés, les chrétiens restaient de belles personnes défendant leurs convictions, jusque dans le ventre des lions. Personne ne peut vous enlever vos qualités, il n'y a que vous qui puissiez les oublier au moment opportun, quand vous donnez le pouvoir à quelqu'un. D'autant que ceux qui vous mettent mal à l'aise souffrent parfois plus que vous, sinon ils n'auraient pas ces comportements de tyrans, démontrant un manque total de confiance en eux. À votre avis, entre lui et vous, qui souffre le plus des deux ?

Et la petite voix, vous savez, celle qui vient saboter toutes vos décisions et vos actions. Eh bien, elle ne vient pas saper votre moral : elle veut juste vous prévenir. Apprenez à l'écouter, puis donnez-lui une grande claque, une vraie, car le secret, c'est de la neutraliser avant qu'elle ait le temps de vous polluer. Localisez-la (en général, elle se perche sur une épaule pour murmurer dans votre oreille), écoutez le message qu'elle délivre et aplatissez-la en faisant un bruit sec. Votre entourage vous croira tombé dans les tics obsessionnels compulsifs, parce que vous n'avez pas fini de la gifler. Puis un jour, croyez-moi, la petite voix, pas masochiste pour deux sous, viendra de moins en moins vous visiter. Branchez-vous sur le succès de ce que vous entreprenez. Une fois que vous êtes certain d'avoir choisi la bonne stratégie, filez une claque aux doutes, aux petites voix, même à ceux qui essaient de vous décourager. Pour ces derniers, on s'entend, virtuellement. Et foncez !

Je sais que, parfois, une petite mélancolie vient vous visiter, sans crier gare. Accueillez-la, essayez d'en trouver l'origine et poussez-la vers la sortie. Au revoir et merci. Parfois, elle ne vous appartient pas, car rappelez-vous qu'à cause de Tarzan vous êtes relié à votre ex Desperado ou Trou noir affectif et il sonne à la porte de votre subconscient, probablement parce qu'il pense à vous. Ça m'arrivait très souvent : du style très réceptive et très névrosée, Jules ou Jim cognaient à ma porte fréquemment, bien qu'ils n'aient pas su ce que cela produisait sur moi. Chaque fois que ça arrivait, je disais tout bas à Jules ou à Jim : « Passe ton chemin, car je ne peux rien faire pour toi. » Plus tard, j'ajoutais « sans rancune ! », mais quand j'allais vraiment mieux. Cependant, faites-le avec douceur et sans rancœur : rappelez-vous que l'objectif est d'esquiver ou de faire de vous un vide. Vous ne me croyez pas, n'est-ce pas ? Eh bien, essayez, la prochaine fois qu'une angoisse inexpliquée vient vous frapper, alors que vous venez de rompre. Il se peut également, si vous êtes empathique, que vous ayez capté la peine de quelqu'un qui vous a parlé. Et si ce n'est ni le fait d'une rupture ni d'une personne que vous avez croisée, ce sont peut-être des deuils que ferait votre subconscient, quand il procède à des mises à jour et jette ce qui ne vous est plus utile.

C'est grâce à un grave accident que j'ai compris la valeur de la vie et la hiérarchie des priorités : j'ai cessé de m'en faire pour rien. Le 20 octobre 1987, la chute de mon cheval pendant une course, alors que j'étais en deuxième position, m'a propulsée sous un peloton de douze chevaux. Aux soins intensifs, avec plusieurs fractures des côtes, une perforation de la plèvre, un hématome au foie et plusieurs hémorragies internes, sans parler des contusions diverses, quand je me suis sentie partir, glissant dans l'inconscience, j'ai cru que ma dernière heure était arrivée. Je l'avais accepté. Quand j'ai repris connaissance, en piteux état mais toujours vivante, mon moral, telle l'épée Excalibur, était indestructible : en acier trempé. C'est sous les sabots de ces douze chevaux que j'ai trouvé le vrai sens de la vie. Depuis ce jour, je me considère en sursis, parce que non seulement cet accident aurait pu me coûter la vie, mais j'aurais pu également finir en fauteuil roulant. Le plus extraordinaire reste que j'ai retrouvé toutes mes facultés physiques, aucune séquelle, alors que pendant des mois après ma sortie de l'hôpital, j'avais la même énergie et les mêmes activités qu'une vieille dame de 90 ans. Chaque fois que je fais du sport, je suis heureuse de gambader parce que je me souviens de ce que j'ai traversé. À bien y réfléchir, si j'avais eu le choix, je pense que j'aurais préféré me rouler à nouveau sous les pieds des chevaux plutôt qu'affronter cette horde de Tarzans déchaînés ! Je dois cependant reconnaître que je n'en aurais pas appris autant, sur eux, sur moi et peut-être sur vous.

Certains viennent me consulter après une crise d'angoisse qu'ils avaient prise pour une attaque cardiaque, ou après un accident de voiture durant lequel ils ont failli ou cru mourir. Brutalement, ils ont compris que la vie est précieuse et mérite d'être chouchoutée. Alors ils viennent consulter pour sortir de leurs mauvaises programmations et trouver le bonheur. Avez-vous besoin d'un électrochoc comme frôler la mort, vivre dans un pays en guerre, affronter de terribles souffrances ou une multitude de Tarzans en survie pour réveiller votre volonté de réussir votre vie? Mon grand-père a survécu aux atrocités qu'il a vues; et mon père, que la guerre d'Algérie avait profondément meurtri, jeune soldat dans la vingtaine, avait la mémoire définitivement imprégnée d'images épouvantables. J'ai le plus profond respect pour ceux qui, comme eux, reviennent à une vie qui paraît normale, la tête pleine de la bêtise humaine. Je suis bien placée pour savoir que la dépendance affective est une souffrance, qu'elle peut laisser des marques au corps et à l'âme; cependant, vous pouvez en sortir dès que vous le décidez. Pas des camps de concentration ni de la guerre.

Mon fameux moral en acier trempé ne m'a pas protégée contre les mauvais coups que j'ai pris de plein fouet. En revanche, il m'a permis de me relever chaque fois que je tombais, pour reprendre ma route, vers le bonheur et la liberté. Pour quitter Tarzan. Je dois beaucoup à mon grand-père et à mon père qui m'ont inconsciemment enseigné à avancer, quoi qu'il arrive, et si à un moment donné je l'avais un peu oublié, c'est tout un peloton de chevaux qui m'a botté les fesses pour me le rappeler!

Sentez-vous votre guerrier intérieur se réveiller? Il s'étire, il bâille, il est prêt, attendant vos instructions et vos souhaits. Entraînez-le à l'esquive, puis à faire de vous un vide pour que l'attaque s'y abîme, car vous n'aurez plus à lutter contre les autres et bien moins contre vous-même. Le véritable équilibre n'est-il pas d'être en harmonie avec soi avant de l'être avec les autres?

En parlant d'harmonie avec les autres, où en sont donc vos relations avec le sexe opposé?

TROISIÈME PARTIE

Les relations homme/femme : faites l'amour, pas la guerre !

Le Dieu de la Force et la Déesse de la Féminité
Au détour de la vie, un jour, se sont croisés
Le Dieu dit : « Je peux conquérir, je peux asservir ! »
La Déesse répondit : « Je peux charmer, je peux séduire... »
« Mais moi, on m'obéira »
« Moi, on m'aimera »
Le Dieu de la Force ne voulut entendre raison
La Déesse de la Féminité l'entendit d'un autre son

Dialogues de sourds, discours de politiciens
Alors le Dieu décida d'agir : conquérir la Déesse
Cette entreprise ne pouvait être
une simple histoire de fesses
La Force n'eut pas raison de la Féminité
Car son pouvoir, il avait surestimé
La Féminité séduisit la Force et il fut sien

Selon votre cœur, vous saurez la Vérité
Qui de la Force ou de la Féminité l'a emporté
Car la Force a besoin du repos du guerrier
La Féminité, de protection et de sérénité
Pas moyen de les départager : ils purent enfin s'aimer
Ainsi naquirent des petites Forces et des petites Féminités
L'équilibre, au bout du compte, fut atteint
Parce qu'impossible de savoir qui était le plus malin...

P. P.

68.

L'homme qui ne va plus à la chasse... perd sa place !

Je reste perplexe devant la dégradation des relations entre les deux sexes. Que se passe-t-il donc ? Plus nous avançons dans les siècles et le progrès, plus la femme se libère et plus les relations hommes/femmes se compliquent. Il faut dire, Madame, que vous luttez, à juste titre, pour un salaire égal mais pas pour l'égalité : dès que les hommes ont le dos tourné, vous essayez de les écraser ! Et vous, Monsieur, entre le machisme et la soumission, peut-être existe-t-il une troisième solution, non ? N'êtes-vous pas fatigué de ces discours inculquant que le monde n'est fait que de rapports de force, de dominateurs et de dominés ? Pensez-vous vraiment que ce soit nécessaire tout le temps et surtout entre personnes de sexe opposé ?

Homme comme femme, vous vous plaignez des attaques critiquant vos comportements : *femme au volant, la mort au tournant. Un homme ne peut pas faire deux choses en même temps.* Vous remarquerez que ceux qui sont heureux en couple ne colportent jamais ce genre d'inepties. Pourquoi ? Eh bien, parce qu'ils n'ont aucune raison de s'en prendre au sexe opposé qui les comble. Bien sûr, si vous fondez vos généralités sur tous les névrosés et névrosées que vous avez attirés jusque-là, je comprends que vos critiques soient acerbes et votre rancune, tenace. Maintenant que vous êtes en mesure de sortir de votre univers de névroses, attendez-vous à de belles surprises qui transformeront, de façon positive, votre vision des choses. Permettez-moi de vous y pré-parer.

Depuis la nuit des temps, c'est l'addition d'un homme et d'une femme qui donne la multiplication. L'homme, à l'époque la plus reculée, chassait et protégeait sa famille tandis que la femme s'occupait des enfants, des vêtements et du feu. Il en fut ainsi pendant très longtemps et ne me dites pas qu'il s'agit d'une façon simpliste de voir les choses: chacun avait son rôle et ça fonctionnait, parce que la survie était prépondérante, poussant hommes et femmes à se compléter, équipe solidaire, sur le grand terrain de la vie. Expliquez-moi pourquoi plus nous nous civilisons, moins nous sommes civilisés les uns envers les unes et les unes envers les uns. Personne ne devrait dominer personne puisque complémentaires nous sommes. Malheureusement, aujourd'hui, hommes et femmes perdent leurs marques et éprouvent de plus en plus de difficultés à s'accorder. Est-ce parce qu'on a essayé de nous faire croire que nous ne venons pas de la même planète? Un peu trop simpliste à mon goût, mais malheureusement efficace pour cautionner le refus de communiquer entre sexes. Je ne marche pas. Si tout cela était fondé, tous les couples heureux seraient de grands hypocrites, car vous devez vous rendre à l'évidence: il en existe! Et j'ai le plaisir d'en faire partie.

Aujourd'hui, hommes et femmes ne dépendent plus les uns des autres: finie l'équipe pour la survie. L'homme ne va plus à la chasse: il a été remplacé par le boucher. Ne rêvez pas, il a les mêmes problèmes que vous, car lui non plus ne chasse plus. Alors, tirez-vous allègrement dans les pattes, puisque chacun est indépendant et en mesure de se débrouiller seul. Merveilleux! Mais est-ce une raison pour ne plus s'accorder et passer votre temps à chercher qui peut se passer de l'autre? Aujourd'hui, vous avez la possibilité de former un couple par amour et non plus par nécessité, et ce couple, de surcroît, est polyvalent car pendant que Madame bricole, Monsieur peut cuisiner, chacun faisant ce qui lui plaît. Il est là le bénéfice des temps modernes et non dans la « monovie »!

69.

L'homme et la femme : des êtres complémentaires. Pas des adversaires !

Les rôles, même si vous êtes de plus en plus polyvalents, restent sur certains points fondamentalement distincts ainsi que vos façons de fonctionner parce que vous êtes, je vous le rappelle, COMPLÉMENTAIRES et donc forcément DIFFÉRENTS. Essayez donc de faire tout un repas avec deux couteaux ou deux fourchettes ! C'est la femme qui porte les bébés et l'homme qui cherche les cornichons et les fraises en plein milieu de la nuit et c'est très bien comme ça. Profitez-en, Monsieur, car vous avez seulement neuf mois pendant lesquels Madame trouve tout à fait naturel que le futur papa la protège et soit aux petits soins pour elle. Moment de grâce durant lequel vous pouvez vous laisser aller à votre instinct protecteur parce qu'après, une fois l'envie de cornichons passée, Madame n'a plus besoin de vous, coucouche panier et dites adieu à vos réflexes ancestraux !

Cependant, l'atavisme perdure : vous éprouvez le besoin de protéger et si vous faites le ménage au lieu de bricoler, pas question d'annuler pour autant votre instinct protecteur et attentionné. Moi, j'aime ça ! Mais vous, Madame, quel est votre intérêt de démontrer que vous n'avez ni besoin de protection ni qu'un homme soit attentionné, vous tenant la porte ou portant vos valises lourdes ou, pire, vous offrant le restaurant ? ! Il s'agit là de respect et d'attention et non d'un message subliminal pour vous faire remarquer que vous êtes incapable d'ouvrir une porte, porter un sac ou gagner de l'argent. Et quand bien même, qu'avez-vous à y perdre quand j'y vois tout à gagner ? D'autant que c'est ainsi que vous poussez les hommes dans le syndrome du sauveur : les voilà obligés d'attendre que vous soyez brisée pour avoir la chance d'exprimer leur instinct protecteur et attentionné !

Il n'est plus question de figer les femmes dans un rôle d'intérieur, vaisselle et ménage, ni les hommes dans un rôle d'extérieur, gazon et bricolage. Il fait le ménage et elle bricole, peu importe, vous êtes magnifiquement interchangeables, profitez-en ! Répartissez les rôles selon vos affinités, mais point n'est besoin de dominer : vous êtes complémentaires dans votre différence et dans les tâches que vous pouvez échanger.

Est-ce cela être indépendante ? Refuser toute aide venant d'une tierce personne et en particulier d'un homme ? N'est-il pas dommage de considérer la galanterie comme un outrage, une sorte « d'assistance à personne faible en difficulté », au lieu d'une marque de courtoisie et de respect ?

Personnellement, votre courtoisie, Monsieur, me fait sentir Femme et non faible, car elle est un hommage à ma féminité. D'autant que vous démontrez ainsi votre bonne éducation, votre appartenance à un monde où la galanterie (définition : courtoisie à l'égard des femmes) est le seul comportement à adopter à l'égard du sexe opposé.

Maintenant, si vous préférez, Madame, vous faire claquer les portes au nez, vous retrouver seule pour réparer votre pneu crevé et porter ce qui n'est pas léger, en frôlant le tour de rein, ça vous appartient. En ce qui me concerne, la galanterie est un privilège auquel je tiens. Alors, par pitié, cessez de dire « ce n'est pas bon » et dites plutôt « je n'aime pas ! », par respect pour celles qui, comme moi, aiment ça. Soyez galant, Monsieur, et protégez-moi !

L'idée d'être protégée vous paraît abjecte, pourtant, quand vous vous blottissez dans les bras d'un homme avec cette sensation que plus rien ne peut vous arriver, que recherchez-vous ? Pourquoi craquez-vous sur un homme en uniforme ? Surtout un strip-teaseur ? Ressentir ce besoin de protection et de soutien ne signifie pas être faible, cela signifie simplement accepter ce pour quoi l'homme est fait. Je l'accepte !

Quelle étrange ambivalence que d'avoir envie d'être dans les bras d'un homme, juste blottie quelques instants, comme un oiseau migrateur qui a besoin de se reposer avant de repartir, et de vous y refuser. Pourquoi ? Parce que, premièrement, vous pensez que ce comportement traduit votre faiblesse et, deuxièmement, vous êtes persuadée que si un homme vous accorde la faveur de ses bras, il faut automatiquement coucher avec. N'existe-t-il pas un juste milieu? Je ne fais malheureusement jamais de rêves érotiques ou alors je ne m'en souviens pas. Mais dans le rêve qui m'a le plus marquée, avant de rencontrer mon protecteur à moi, j'étais tout simplement dans les bras d'un homme, appuyée contre son torse, la chaleur de son corps traversant le mien, sans voir son visage. Je soupçonne mon subconscient de m'avoir projetée exactement dans les sensations que je recherche: le plaisir d'être protégée et aimée, en plus d'être précieuse pour lui.

Pourquoi ai-je la sensation d'être une sorte de mercenaire au service de la féminité? (définition de mercenaire: soldat étranger qui combat pour un salaire. Moi, c'est pour la galanterie!). En défendant vos droits, Madame, ce sont vos privilèges que vous avez sacrifiés. MES privilèges! Je crains que votre souhait ne soit pas d'être l'égale de l'homme, mais bien d'ÊTRE un homme, ne copiant malheureusement que les défauts. Ce monde est absurde, car me voilà en train de défendre la féminité auprès des femmes et, ce faisant, c'est l'homme que je défends. Vous vous y retrouvez, vous? Telle la Pucelle d'Orléans, boutant les Anglais hors de France, me voici repoussant les féministes enragées! Et si je dois brûler, j'espère me consumer dans un lit douillet et non sur un bûcher. Je suis pour l'égalité des salaires et des positions, mais est-il nécessaire qu'il vous pousse, Madame, du poil au menton?

Quant à vous, Monsieur, si la galanterie est votre sport favori, soyez délinquant: pratiquez-la. Prenez votre place, foncez, et ne laissez plus aucune femme vous empêcher ou vous reprocher d'être un homme. Nous sommes faites pour être attirantes et vous êtes fait pour regarder. Ainsi, chaque fois que l'une d'elles vous envoie balader, c'est le signe qu'elle n'est pas sur la même longueur d'onde: votre tableau de bord clignote! Soyez ce que vous êtes et offusquer une dame par galanterie n'est pas un acte de lèse-majesté ni un péché! C'est le prix à payer pour tomber enfin sur celle qui vous recevra 5/5. Restez ce que vous êtes, parce que si vous abandonnez, que feront celles qui attendent un homme, un vrai ? Ne les laissez pas tomber ! Mon homme à moi est galant et prévenant : je me sens vraiment SA dame.

C'est amusant : je viens de réaliser que tout est dans l'attitude, car je n'ai jamais eu affaire à un goujat. Parce que, fondamentalement, ils sont rares. Je pense qu'en chaque homme sommeille un chevalier qui, même brisé, se réveille instinctivement quand il croise une Femme. Une VRAIE ! Et qu'en chaque femme sommeille une Belle au bois dormant qui ne demande qu'à se réveiller.

Connaissez-vous l'histoire de la princesse qui tombe sur une grenouille au bord d'un lac ? Elle supplie la belle demoiselle de l'embrasser, lui expliquant qu'elle deviendra un beau Prince charmant. La jeune fille la prend et l'emmène au château, dans sa chambre. Mais ne l'embrasse pas. Pendant une semaine, chaque jour, la grenouille la supplie de rompre le charme de la méchante sorcière et de lui donner un baiser. Alors un jour, la princesse regarde la grenouille et lui dit : « Je sais ce que vaut un homme. Je préfère une grenouille qui parle. »

Méfiez-vous, les grenouilles, n'allez pas tomber sur une féministe : elle ne vous embrassera jamais !

Eh bien, moi, c'est dans un monde d'hommes équilibrés que je souhaite vivre et non dans un conte de fées où les princesses raffolent des grenouilles plutôt que des hommes !

Me voilà ardent défenseur de la féminité (remarquez comme ces mots mélangent bien les sexes) et pourtant je la mets de côté, autant que faire se peut, pendant mes coachings. Dès la première séance, je demande au futur « coaché » de laisser son artillerie à l'entrée du saloon et le coach éclipse la femme. Je dégaine mon Yang pour entrer dans son monde et en comprendre les tenants, alors qu'il est désarmé. Nous parlons donc d'homme à homme. Avec un soupçon de féminité. J'ai appris à jongler avec le Yin et le Yang dans les écuries de chevaux de course. La séduction,

Madame, ça se gère. Quand je suis arrivée à Paris, je suis allée me présenter chez l'un des plus grands entraîneurs français. Il m'a dit ceci: «J'espère que tu tiens à cheval et que tu ne mettras pas le bordel dans mon écurie.» Seule femme au milieu de vingt-cinq employés, ses craintes étaient fondées. Tout en restant féminine, je leur expliquai d'emblée que j'étais là pour les chevaux et pas pour eux. Ce fut clair dès le départ. Pour conserver l'équilibre, je ne devais choisir aucun d'entre eux. J'ai toujours été respectée et si l'un d'eux dérapait, les autres se chargeaient de le lui rappeler ou je jouais de la fourche et du balai pour le remettre à sa place. Jamais de la cravache...

Le progrès, c'est qu'aujourd'hui l'homme a le droit de flancher et sa femme est assez forte pour prendre le relais. C'est ça aussi la polyvalence. Il a également le droit de pleurer et vous connaissez mon opinion sur les larmes: elles ne sont pas preuve de faiblesse mais d'intelligence et de sensibilité. Comment feriez-vous s'il était interdit de vous débarrasser de vos déchets? Cependant, si vous êtes agressée un soir, dans une rue sombre, qu'attendez-vous de celui qui vous accompagne? Allez, chacun pour soi, débrouille-toi, ma cocotte! Qu'il s'enfuie à toutes jambes, persuadé que vous êtes assez grande pour vous débrouiller? Personnellement, j'attends qu'il me protège, même si j'ai quelques tours dans mon sac pour le faire moi-même. Cependant, voyez-vous, je n'ai jamais aimé me battre, parce que ça n'a rien de féminin. Le fait qu'un homme vous protège signifie-t-il à vos yeux qu'il a plus de force que vous, ce que vous êtes déterminée à nier? En quoi est-ce un problème? Je ne pourrais pas tomber amoureuse de quelqu'un qui aurait moins de force que moi. L'image que j'ai de l'homme est justement une représentation de la force, physique et mentale.

Eh oui, Madame, même si ça vous étonne, il existe des hommes physiquement et mentalement forts. Ne cherchez pas dans ceux que vous avez castrés. Et j'ai tellement souhaité tomber sur un homme pour lequel la féminité serait sa représentation de la femme: je l'ai rencontré! Pourtant, voyez-vous, je joue de la tronçonneuse, je règle des problèmes de mécanique et d'entretien de maison et je m'occupe de quatre-vingt-dix acres (trente-sept hectares) toute seule et je puis vous assurer que ça n'a rien de féminin. Mais je reste féminine, bien que l'homme que j'aime ne puisse se charger de tout cela pour moi, puisque nous vivons une relation longue distance.

70.

La galanterie doit-elle être sévèrement punie ?

Refuser la galanterie, c'est accepter un retour en arrière, c'est ré-éduquer l'homme à l'envers et le reprogrammer à être à nouveau un rustre. C'est exactement ce que vous êtes en train de faire. N'avez-vous pas tout à y perdre, Madame ? Les hommes ne savent plus quel comportement adopter. Si encore vous portiez un signe distinctif qui leur permettrait de savoir si vous êtes une adepte de la galanterie ou non, leur tâche serait grandement facilitée : ça leur éviterait de se faire vertement envoyer sur les roses dès qu'ils esquissent un geste de respect. Si vous pouviez également porter un signe pour indiquer que vous aimez être protégée, tout le monde y gagnerait. Ceux qui ne sont pas galants et n'aiment pas protéger sauraient à qui s'adresser. Tant que j'y suis, pour gagner encore plus de temps, pourquoi ne pas en porter un troisième indiquant si vous êtes libre ? Vous n'auriez plus à placer votre mari ou fiancé dans la conversation ; et si vous êtes libre, ces messieurs seraient immédiatement fixés sur la marche à suivre pour vous séduire. J'étais prête à porter le signe : je suis libre et j'aime être protégée !

Au passage, je remarque que plus l'homme s'est éloigné du cheval et s'est rapproché de la mécanique, plus il a perdu les valeurs que défendait la chevalerie : le courage, la loyauté, la justice et un profond respect des femmes. Ce dernier point, il l'a perdu en grande partie à cause de vous, Madame, froide et inhumaine comme une machine.

Au Moyen Âge, n'était-ce pas l'homme qui faisait la cour et qui mettait tout en œuvre pour séduire une femme qui, elle, ne lésinait pas sur les atours pour attirer celui qu'elle désirait dans ses filets ? Où sont passés ces hommes qui se battaient en duel pour une damoiselle ou qui soulevaient des montagnes pour un sourire, se faisaient tuer pour l'honneur de celle qu'ils avaient dans le cœur ? Qu'avez-vous fait, Madame, de ces hommes-là ? Où est leur tempérament de vainqueur, leur nature protectrice, leur sens de la famille et de l'honneur ? Je crains que vous les ayez écrabouillés, au même titre que leurs attributs, si vous me permettez.

Aujourd'hui, vous avez conservé votre instinct de séduction et les artifices qui vont de pair, mais vous interdisez à l'homme d'y être sensible. Imaginez un monde horrible où plus aucun homme ne vous regarderait. Un vrai cauchemar ! Je le sais parce que je l'ai vécu en arrivant au Québec. Habituée à être honorée par le regard des Parisiens, ici, la pointe de leurs chaussures semblait bien plus les fasciner ! Ma féminité en prit un méchant coup, jusqu'à ce que je comprenne qu'ils n'ont pas le droit. L'astuce, pour eux, est de vous regarder sans que vous les surpreniez. Fallait me mettre au courant !

Auriez-vous oublié ce principe : l'homme propose, la femme dispose ? Parce que vous attrapez ces messieurs par la cravate, vous les jetez en travers de votre lit pour les consommer avec la même intensité que lorsque, conduisant dans les embouteillages, vous mettez les doigts dans votre nez. Laissez-vous séduire.

Si Monsieur ne doit pas vous zieuter, pourquoi ces jupes courtes et ces décolletés vertigineux qui sont autant de tentations pour ces démons ? Ces mêmes démons qui risquent des torticolis chaque fois qu'ils essaient de grappiller un bout de jambe ou de sein découvert, sans l'être eux-mêmes ? Connaissez-vous le supplice de Tantale ? C'est exactement ce à quoi vous avez condamné les hommes. Et moi, maintenant, comment je fais ? Dois-je porter un panneau autour du cou, indiquant : « Vous pouvez me regarder » ? Faut-il porter un autre signe distinctif ?

J'aimerais revenir sur la féministe intégriste. Pas vous, non ! Celle qui s'insurge parce que les affiches sont couvertes de corps de femmes dénudés, celle qui crie à la femme-objet, qui se bat pour l'égalité afin d'être plus égale que les hommes et qui exige que tous les métiers aient un féminin (je devrais écrire « une féminine » !). Sans parler de celle qui préfère mourir plutôt que faire la vaisselle ou le ménage pour un de ces dégénérés, bon qu'à postillonner un spermatozoïde pour se reproduire. Je pense que celle-là rêve d'un monde meilleur: celui des Amazones où les femmes auraient le pouvoir absolu. Qu'est-ce qui vous pousse à adopter ces comportements excessifs? Une femme aimée, reconnue et respectée dans son enfance, qui a connu des hommes équilibrés, brandit-elle le drapeau de la liberté pour écraser l'oppresseur? Qui vous a transmis cette image si épouvantable qu'il faut dominer l'homme ou l'abattre?

Je ne me suis jamais sentie opprimée, ni «objetisée»; je trouve que le corps de la femme est très beau (je préfère celui de l'homme, mais ça n'engage que moi!) et s'il décore tous les murs de la ville, je n'y vois aucune objection. Et quand un homme me prenait, si je me souviens bien, c'est que je m'étais donnée et non qu'il me considérait comme un objet, et même si demain je lui appartiens, c'est que je l'aurai accepté. Quand je tombe sur un goujat mal embouché qui tient les mêmes propos que la féministe intégriste mais en version masculinisée, je passe mon chemin en souriant, sans répondre parce que je ne me sens pas attaquée. Et je le dis sans honte, j'adore cuisiner pour ma famille, mes amis et celui que j'aime, m'occuper de son linge et si le ménage ne me passionne pas, je me motive en me disant que c'est une démonstration d'amour et d'affection. Et c'est vrai!

Dans mon monde, le meilleur des hommes vaut la meilleure des femmes. J'aime l'homme pour ce qu'il a de complémentaire avec moi, pour ses attentions et sa galanterie, et pour sa protection.

71.

Faut-il pendre les hommes qui regardent les femmes sexy ?

Vous dites que vous vous habillez sexy pour vous uniquement et non pour être regardée, que le regard des hommes vous pousse à penser que vous êtes, je cite : « de la viande sur pied ». C'est pour moi un grand paradoxe, car il s'agirait donc d'un *one woman show* narcissique sans public. Ce serait comme une actrice sans spectateur ou une cantatrice sans auditoire. Ça ne colle pas, car il manque quelque chose. Quel est votre intérêt à vous balader à moitié nue sous le nez de ces messieurs, en exigeant qu'ils regardent ailleurs ? Quel plaisir trouvez-vous dans le fait de porter des tenues suggestives qui ne devraient avoir aucun effet sur eux ? Ce que vous demandez revient à vous badigeonner de miel et vous promener dans une forêt remplie d'ours, au printemps, en implorant qu'ils ne vous approchent pas. Sincèrement, je serais un homme et je verrais passer une femme exhibant ses charmes et ses attraits que je ne me gênerais pas pour la regarder. D'ailleurs, je ne me gêne pas : quand je vois une belle femme, je n'ai pas d'états d'âme, je la regarde et je l'admire. Bien sûr, il ne s'agit pas, Monsieur, de baver dans son décolleté ou de loucher sur ses jambes : il s'agit de lancer un simple regard appréciateur. Cela dit, la « viande » est plutôt souvent très déballée. Comment faites-vous pour ne pas craquer ?

Ne soyez pas avare de vos charmes, car vous êtes belle dans votre féminité et pourquoi refuser à l'homme le plaisir des yeux quand vous vous exhibez, lui refusant le reste ? En revanche, vous n'êtes pas obligée de tout dévoiler !

Personnellement, si je m'habille sexy et qu'aucun homme ne regarde, me voilà bien offensée. Dans le cas contraire, Monsieur, pour les yeux seulement, le buffet est ouvert et tenez-vous tout de même correctement ! J'aime que mon homme me regarde et je m'habille exprès pour lui... Chaque tenue, même les plus décontractées, est un acte de féminité.

Je conçois parfaitement qu'une femme porte des dessous seyants pour son propre plaisir, puisque la plupart du temps, en dehors de son conjoint, elle est la seule à le savoir. Ce fut mon cas pendant onze ans et en dehors de moi, personne n'en a profité. Mais porter une jupe courte qui a tout d'une ceinture ou un décolleté plongeant, n'est-ce pas du pousse-au-crime ? Vous qui affirmez n'être sexy que pour vous, l'êtes-vous également le week-end quand vous ne sortez pas et que vous êtes toute seule ou que vous êtes enrhumée ou avec une bonne crise de foie ?

Quand je porte une tenue qui découvre quelques parties de mon anatomie, je capte avec plaisir les regards masculins qui glissent vers ce que je dévoile volontairement et c'est pour moi un compliment. Certaines femmes seraient prêtes à gifler ceux qui osent les regarder alors que moi, je serais prête à gifler ceux qui n'ont pas daigné se retourner ! Je vous dirai sans détour que si je m'habille sexy, c'est pour que celui qui me croise nourrisse courtoisement son regard et ma féminité. Je peux vous assurer que c'est toujours fait avec distinction, car le message que vous faites passer dans votre façon de vous habiller soulèvera de la grossièreté ou de l'admiration. À vous de moduler !

Et que diriez-vous d'arrêter de les accuser de harcèlement pour avoir regardé ce que vous leur avez généreusement mis sous le nez ?

Au fait, aucun homme n'a le droit de vous regarder ? Pas même celui qui vous plaît ? Ah si, celui-là peut. Et comment se fait-il qu'un homme qui vous regarde et ne vous plaît pas soit un (vieux) cochon et qu'un homme qui vous plaît et ne vous regarde pas soit un homosexuel ? Seul celui qui vous plaît et vous regarde sera quelqu'un de bien, mais pour cela, il lui faudra deviner qu'il peut se régaler les yeux et s'approcher. Il a intérêt à être malin ou à aimer le risque !

Comment réagiriez-vous s'il se passait la même chose dans le camp des hommes : si vous ne plaisez pas à celui que vous regardez, de quel nom peut-il vous affubler ? Et celui que vous ne regardez pas et auquel vous plaisez, peut-il penser que vous n'aimez pas le sexe opposé ?

Pouvez-vous comprendre que lorsque vous êtes sexy, il est absurde d'empêcher les hommes de vous regarder avec concupiscence (définition : désir de plaisirs sensuels) ? Il va falloir choisir : soit vous habiller de façon moins attirante, soit en accepter les conséquences.

Ou alors il reste une solution plus radicale : celle que les Amazones employaient !

72.

Vive les Amazones !

Si vous envisagez le matriarcat, la méthode des Amazones me semble très appropriée : elles brisaient les bras et les jambes des hommes, allant jusqu'à leur crever les yeux, afin qu'ils ne puissent se révolter et les servent pour ce qu'elles avaient à les utiliser. À cette époque, au moins, elles ne les castraient pas, c'est peut-être la seule chose qu'elles préservaient : elles les réduisaient juste à leur plus simple expression !

Traiter les hommes de la sorte revient non seulement à leur faire perdre leur place et leurs repères, mais également à les castrer psychologiquement. Je ne suis pas la première à crier à la castration. D'autres l'ont fait avant moi, pourtant ça continue. Emmèneriez-vous votre enfant dans un magasin de jouets en lui ordonnant de ne pas regarder ? Imaginez une île peuplée d'Apollons, d'hommes à votre goût, en maillot de bain ou en tenue sexy, garderiez-vous les yeux rivés sur le sol ? Je pense que les miens sortiraient de ma tête. Je les trouve très éduqués, tous ces hommes sous le nez desquels vous mettez vos seins et vos jambes à longueur de journée, ne serait-ce que dans le milieu professionnel. Pourriez-vous rester concentrée, Madame, si vous aviez à travailler avec des Adonis sensuels, toute la journée ? Pas moi ! Je pense qu'il faudrait m'assommer ou, tel Ulysse résistant aux chants des sirènes, m'attacher au bureau, mais je ne pourrais pas travailler ! J'en profite pour rendre hommage aux hommes qui, soumis à la tentation en permanence, se maîtrisent si bien. Remarquez que c'est un « dressage » que vous leur faites subir depuis l'enfance. Moi, j'ai des circonstances atténuantes : je n'ai jamais été dressée à ne pas regarder !

Dans le monde des pur-sang, quand un mâle pense plus aux pouliches qu'à gagner la course, il se retrouve avec des œillères et un produit pour le rhume, sentant le camphre, dans les naseaux, ce qui le coupe de toute odeur. Ainsi, non seulement il ne voit plus les juments, mais il ne les sent plus non plus. Il ne lui reste donc qu'à courir après... le poteau d'arrivée. Et si ces deux méthodes ne fonctionnent pas: il est castré, sans autre forme de procès! Ça vous donne des idées, Madame?

J'ai une autre question à vous poser: quand vous croisez un bel homme dans la rue, par décence, vous baissez les yeux afin de ne pas le regarder, n'est-ce pas? Vous ne souhaiteriez pas qu'il croise votre regard concupiscent et qu'il se sente mal à l'aise, comme de la viande sur pied. D'ailleurs, lorsque vous tombez sur un beau garçon, au lieu de le regarder, vous vous demandez plutôt s'il a lu Nietzsche et Kant en allemand ou s'il serait un bon père, un homme responsable, un bricoleur, mais aucune idée sensuelle ne vous traverse l'esprit, aucun frisson ne vous parcourt le dos, ah ça non! Et s'il vous remarque, votre désir le plus intime est qu'il meure d'envie... de jouer au scrabble, qu'il vous imagine en train de materner vos futurs enfants, mais qu'aucune idée érotique, surtout aucune, ne lui traverse l'esprit, n'est-ce pas? Eh bien, nous ne sommes pas faites du même bois!

Personnellement, je déteste jouer au scrabble, je n'aime pas les échecs et encore moins les dames... J'aime jouer au grand jeu de la séduction, vous savez: qui perd gagne! Croiser un regard masculin, deux fenêtres ouvertes sur l'âme et sur la bande-annonce d'un film sensuel (hommage à mon physique), avec en plus une dose d'admiration (hommage à ma personnalité) et un soupçon de cet instinct de conquérant (ça, c'est parce qu'il a compris que la partie va être serrée). Que m'importe le physique de l'homme qui me regarde, car s'il le fait avec distinction et sensualité, ça reste un bel hommage et je le prends. Je parle de l'hommage, car pour l'homme, c'est comme pour la dure course à la vie: des millions mais un seul gagne! Et il est maintenant dans ma vie. La dernière fois que j'avais vu un homme extrêmement attirant, c'était à la télévision et je peux vous dire que la réaction ne se fit pas attendre: elle fut proche de la fusion et ce n'était pas une réaction cérébrale. Le premier contact est souvent visuel et un homme regarde plus les détails physiques: vous avouerez qu'ils en ont plus à regarder que nous. Et vous, que regardez-vous? Et à quoi pensez-vous dès qu'un homme vous plaît?

S'il vous regarde et qu'en plus il est galant, c'est bien parce qu'il ne vous prend pas pour « de la viande » et qu'il n'a pas envie de vous prendre, là tout de suite, sur la table ! Son souhait est de vous courtiser et de vous séduire de la plus noble façon. Et ce n'est pas pour autant qu'il ne vous traite pas d'égal à égale. Encore une fois, il s'agit d'un code de bonne conduite entre les deux sexes et non d'un rapport de force que vous gagnez en l'envoyant balader. Refuser la galanterie et l'hommage des yeux ne signifie-t-il pas abolir un langage qui a réuni ceux qui s'aiment pendant des millénaires ? Vous voulez éradiquer un mode de communication, mais vous n'avez pas songé à le remplacer. Et le fossé se creuse...

Si vous n'appréciez ni les égards, ni la galanterie, ni la protection, je finis par me demander comment font les hommes qui vous séduisent. Serait-ce en étant soumis ? Si c'est là votre critère de choix, la question de domination soulève le problème de la confiance en soi. Peut-être tenez-vous pour acquis l'adage qui dit que dans un couple il y a forcément un dominateur et un dominé et vous vous battez pour le rôle de la dominatrice ? Personnellement, je n'accorde aucun crédit à cette croyance parce que dans la complémentarité, point de dominé. Dans la dépendance affective, si !

73.

Yin et Yang ne sont plus ce qu'ils étaient !

Il y a un juste milieu entre l'homme macho du temps des cavernes et la femme chochotte, poupée Barbie. Pourquoi ne pas choisir, Madame, un homme équilibré, avec la bonne dose de virilité et de sens des responsabilités; c'est tentant, non? Et vous, Monsieur, que pensez-vous d'une femme équilibrée, féminine et rayonnante; c'est attirant, pas vrai? La différence avec l'époque de Cro-Magnon, à mon sens, c'est que l'homme était probablement totalement Yang (mâle) et la femme totalement Yin (femelle). Au fil du temps, nous avons commencé à mélanger le Yin et le Yang, ce qui aurait dû nous permettre de mieux nous comprendre et nous rapprocher. J'ai l'impression que les hommes ont fini par avoir trop de Yin et les femmes, trop de Yang. Résultat: pagaille générale, plus personne ne s'y retrouve! L'instinct masculin pousse l'homme à protéger la femme qui ne veut plus qu'il la protège, du coup le voilà devenu un homme rose face à une femme qui tire sur le bleu foncé. Pire, certaines exigent qu'ils aient plus de Yin (surtout pour les aider dans les travaux ménagers!) pour le leur reprocher à certaines occasions! Quant à certains hommes, ils apprécient la femme autonome et indépendante (ça leur fait moins de responsabilités!), mais ils lui reprochent de ne pas être assez féminine.

74.

La dominatrice et l'égalité

Avez-vous remarqué que le mot «dominatrice» est souvent employé au féminin? Au masculin, il devient «macho». Vous entendrez un homme supposer d'une femme qu'elle est une dominatrice, se fondant sur ses comportements, sa tenue vestimentaire et la visualisation instantanée qu'il en fait dans l'intimité. Remarquez, au passage, qu'un homme le dit d'une femme avant d'avoir eu une relation avec elle car après, même s'il adore ça, il ne s'en vante pas. Mais, bien que j'aie assisté à de nombreuses conversations de femmes révélant leurs secrets d'alcôves, je n'en ai jamais entendu une seule qualifier un homme de dominateur, ni avant ni après.

En tant que dominatrice, vous préférez choisir un homme soumis dont vous faites ce que vous voulez, mais vous êtes la première à être frustrée s'il refuse de casser la figure du voisin, parce que ce dernier a osé vous regarder par-dessus la haie. Impossible de transformer votre caniche en pitbull au gré de vos volontés! Dans un couple qui s'inscrit dans une relation dominateur/dominé, la femme qui prend le rôle de l'homme essaie de s'en octroyer les avantages, mais pas les inconvénients. C'est à vous de casser la figure au voisin, pas à lui! C'est amusant comme vous savez choisir un homme docile, mais refusez de comprendre que s'il l'est avec vous, il l'est avec tout le monde. Tarzan serait-il passé par là?

Peut-être est-ce également une revanche sur ce passé qui a vu tant de femmes soumises et dominées. Quoi qu'il en soit, le rapport de force n'est pas un bon terreau pour faire pousser la paix entre les sexes opposés. Faites l'amour, pas la guerre!

Dans votre révolte et votre besoin de domination et de liberté, vous vous êtes mise à combattre tout ce qui pouvait vous rappeler votre infériorité, pourchassant l'ennemi jusque dans les moindres recoins. L'un de vos domaines de prédilection est le vocabulaire. Vous vous battez, par exemple, pour que les titres professionnels soient employés au féminin. Me voilà écrivaine, trappeur et entraîneur (coach), après avoir été jockey : aucun de ces mots n'a pu diminuer ma féminité. Bien au contraire ! Dans ce monde d'hommes qu'était le milieu des courses de chevaux dans les années 80, je ne me suis jamais imposée en leur ressemblant à tout prix. J'arrivais sur le champ de courses avec un chapeau, un tailleur, des talons aiguilles et des bas à couture, maquillée et les ongles vernis. Un turfiste fit un gentil commentaire sur mon maquillage (qui soit dit en passant s'accordait toujours avec les couleurs de la casaque), dans le rond de présentation, et je lui répondis, avec un grand sourire : « J'ai beau faire un métier d'homme, je n'en suis pas moins femme. » Une fois sur le cheval, ce n'est pas la force qui faisait ma qualité mais la stratégie. À la lutte sur le poteau d'arrivée, je sais que je ne pouvais et ne voulais pas être aussi puissante qu'un homme. Il me fallait, de ce fait, compenser en gagnant du terrain d'une autre façon. Et s'il vous plaît, ne tombez pas dans le panneau : un jockey est très musclé et très puissant, ne vous fiez pas à ce que vous voyez. Yves Saint-Martin, un des meilleurs jockeys français, a donné cette définition : « Un jockey, c'est un maximum d'énergie dans un minimum de place. » Je peux vous le confirmer, car malgré tout, en tant que femme et pratiquant ce métier, j'en ai défié plus d'un pour soulever des poids : ils sont repartis fâchés ! J'ai également refusé de monter certains chevaux à l'entraînement, car mon atout était de m'entendre avec les chevaux difficiles de caractère, pas avec les chevaux brutaux, que je laissais aux hommes. Les entraîneurs pour lesquels j'ai eu le plaisir de monter l'avaient bien compris. Je ne suis pas le Dieu de la Force, juste une Féminité rusée !

Le plus comique dans ce milieu, c'est que le titre que porte le ou la responsable d'une écurie de courses, placé directement sous l'autorité de l'entraîneur, est « premier garçon ». J'ai connu deux femmes premier garçon, d'une féminité redoutable, qui avaient cependant suffisamment de poigne pour diriger les lads, les apprentis jockeys et les jockeys eux-mêmes. Un soir, alors que l'une d'elles et moi allions à une soirée en voiture à Paris, deux policiers nous arrêtèrent. Lorsqu'ils lui demandèrent nos professions, je m'écrasai dans mon siège, certaine que les ennuis allaient commencer : une belle jeune femme blonde, bien habillée, coiffée et maquillée, qui répond à un policier qu'elle est « premier garçon » et que celle qui se trouve à côté d'elle est jockey ! Les dieux étaient heureusement de notre côté, car l'un d'eux connaissait le milieu des courses, cette profession et la réputation de l'entraîneur pour lequel nous travaillions. Je n'ose imaginer ce qu'il se serait passé sans ça, d'autant qu'au premier coup d'œil qu'ils nous jetèrent, deux femmes sexy en coupé sport, nous étions prêtes à parier qu'ils nous prenaient pour des Amazones ! (Définition purement parisienne : *femme qui vend ses charmes et circule dans une belle voiture pour recruter ses clients.*)

J'ai souvent eu des discussions avec ces *pasionarias* de l'égalité et j'ai remarqué que certains mots sont décriés. Je ne peux résister à l'envie d'en évoquer deux en particulier : « prendre » et « appartenir ».

75.

Prends-moi, je t'appartiens ! Femme ou objet ?

Pourtant, le mot « prendre » sort de la bouche de Monsieur le curé lors d'un mariage puisque l'un et l'autre se prennent pour époux, alors que le père de la mariée la donne à son futur mari. N'avez-vous d'ailleurs jamais dit, dans un moment d'extrême intimité : « Prends-moi » !? Jamais ? Vous devriez essayer ! Parce que pour qu'un homme vous prenne, il faut d'abord que vous vous donniez. Et une fois que vous vous êtes donnée, vous lui appartenez. Le vocabulaire suit juste une logique, pas une politique. Donner, prendre, appartenir, c'est du vocabulaire lié aux objets, argumentez-vous avec fougue. Vous, Monsieur, qui prenez, avez-vous affaire à un ustensile ? Et vous, Madame, qui vous donnez, avez-vous l'impression d'être un objet ?

En ce qui me concerne, je pense que « prendre », « se donner » et « appartenir » sont des mots très éloquents appliqués à l'objet... de vos désirs. Je ne suis pas un objet et je le sais, cependant, vous, Madame, que ce vocabulaire hérisse, auriez-vous des doutes à ce sujet ?

Mon rêve était d'appartenir à un homme, c'est fait ! D'autant plus au travers des vœux sacrés du mariage (je n'ai pas dit « liens » car je ne voulais pas en rajouter !), quant au fait qu'il me « prenne », ce n'est jamais assez... Peut-être trouvez-vous plus logique d'appartenir à un parti politique plutôt qu'à votre mari ?

Pensez-vous que cette guerre de vocabulaire, qui creuse également le fossé, soit justifiée ? Si vous songez à la douceur du geste plutôt qu'aux mots pour l'expliquer, peut-être y prendrez-vous plus de plaisir et consentirez-vous à cesser de vous acharner sur l'homme qui ne veut que votre bien et votre plaisir au travers du sien.

Finalement, vous ne parlez pas d'égalité, vous parlez de ce que vous avez à régler. Dans cette guerre des sexes, j'ai choisi : je refuse de me battre contre les hommes, je préfère être le repos du guerrier.

Vous vous élevez contre des mots venus d'un passé très lointain qui n'entravent en rien votre liberté. En revanche, vous ne réagissez pas face au code Napoléon ou à l'idée reçue, que vous entretenez de génération en génération, prétendant que les hommes sont infidèles et que c'est normal, parce que c'est dans leurs gènes. Et vous transmettez ça à vos fils et à vos filles ! Avez-vous dit à votre fille ce que vous avez entendu de votre mère : « Tu sais, ma chérie, un homme, ce n'est pas pareil, c'est infidèle » ? Le message est qu'en fait l'homme ne trompe pas sa femme mais se trompe de femme, ce n'est qu'une question de distraction ! Là, vous pouvez changer les mentalités, mais vous préférez la guerre des mots.

76.

Vous resterez fidèles jusqu'à ce que l'adultère vous sépare !

Vous rendez-vous compte que vous programmez vos enfants à l'infidélité ou à son acceptation? Et si vous leur enseigniez le respect du sexe opposé pour changer? La guerre des sexes pourrait peut-être cesser et chacun comprendrait qu'un homme équilibré est fidèle et une femme équilibrée aussi, simplement parce qu'ils se sont trouvés et que le bonheur est possible. Au lieu de parler de sacrifice, de compromis et de concessions!

Pourquoi y a-t-il tromperie, autant chez l'homme que chez la femme? Ce n'est pas une question de gènes, c'est, comme vous le savez maintenant, une question de mauvaise programmation, de dysfonctionnement, une insatisfaction, un manque auquel l'autre ne peut répondre. Parce qu'il existe des carences que le conjoint ne peut pas combler. Par exemple: le manque de confiance en vous qui vous pousse à vous nourrir d'aventures extraconjugales pour être sûr que vous plaisez encore, ce fameux refus de vieillir. Tromper n'est pas jouer: c'est fausser le jeu. Cela démontre que vous n'êtes pas la bonne personne pour l'autre ou que l'autre n'est pas la bonne personne pour vous ou que l'un des deux pourrait avoir la bonne idée de suivre une thérapie ou les deux. Et si l'adultère est plus fort que vous ou que l'autre, quelle conclusion en tirez-vous?

Ce qui est dommage, c'est que vous ayez une vision erronée du mariage, de la vie de couple ou du sexe opposé, parce que vous avez été trompé. Et vous voilà en train de prendre des raccourcis du style « Les hommes, tous des bons à rien ! » Un homme mal programmé m'envoya cette phrase au visage: « Les femmes, des garces. Toutes les mêmes ! » Ce à quoi je répondis, en plissant les yeux, faussement menaçante: « C'est faux. Moi, je ne suis pas comme les autres... Je suis pire ! »

77.

Un jour, vous remercierez l'amant ou la maîtresse de votre conjoint(e)

Comme vous le savez déjà, selon ma philosophie de vie, l'amant de votre femme ou la maîtresse de votre mari a cette qualité de vous débarrasser d'un conjoint infidèle. Cependant, cette expérience douloureuse n'est pas là pour nourrir votre haine des hommes ou des femmes, mais pour vous faire réfléchir sur la possibilité que vous ayez quelque chose à régler. Et puis, peut-être que l'autre n'était pas fait pour vous, mais bien pour la personne qui vous a remplacé. Si je regarde ma propre histoire, le père de ma fille a vécu autant d'années avec sa conjointe, qui était sa maîtresse, qu'il en aurait vécu avec moi si nous étions encore mariés. Avec le recul, je pensais qu'elle a eu raison de s'acharner à le séduire, car ils sont restés quatorze ans ensemble. Et elle l'a viré. Devinez donc pourquoi? Parce qu'il l'a trompée pendant toutes ces années. Lui et moi n'étions pas ensemble par amour mais par névroses, lui et sa maîtresse devenue sa conjointe et ex, aussi. Au moins, il m'aura trompée suffisamment rapidement pour que je ne me trompe pas trop longtemps! Qu'est-ce que ça m'aurait apporté de rester agrippée à lui à tout prix ou de me mettre à détester les hommes, surtout après la deuxième rupture? Attention aux névrosés et vive les hommes équilibrés!

Les hommes et les femmes blessés par le passé deviennent de féroces adversaires, creusant davantage le fameux fossé. Et même si je comprends pourquoi, n'est-il pas dommage de vous fermer à toute possibilité de bonheur par crainte de retomber dans la souffrance, d'autant que vous savez maintenant ce qu'il vous reste à faire pour vous déprogrammer?

78.

La dépendance des femmes indépendantes

Je souris quand j'entends parler d'une « femme indépendante ». Ça fait longtemps maintenant que vous travaillez et que vous vous assumez, pourtant, vous éprouvez toujours le besoin de clamer que vous ne dépendez pas d'un homme. Plus vous le proclamez, plus vous affichez vos craintes à ce sujet. Vous n'êtes pas une femme indépendante, car cela implique que vous puissiez retomber sous la domination de quelqu'un ou de quelque chose : vous êtes une femme libre. Libre de vos actes, libre de vos choix de vie. Cette indépendance, personne ne vous la reprendra, et au lieu de perdre votre temps à la défendre, chérissez-la en l'utilisant à bon escient. Vous avez le pouvoir d'élire l'homme de votre vie en fonction de vos désirs et de vos attentes. Pas en fonction de vos nécessités. Pourtant, c'est encore ce que vous faites, parfois. Mais êtes-vous certaine d'utiliser cette liberté en vous respectant ?

Quand les femmes dépendaient d'un homme, celui-ci n'avait accès à sa virginité qu'au travers du mariage. Ce qui serait, j'en conviens, un peu rude à notre époque car, comme on dit : « Avant de choisir un melon, il faut en tâter plusieurs. » Cependant, je trouve dommage et dommageable de célébrer votre libre arbitre en vous donnant au premier homme qui passe et d'essayer de faire connaissance après. Puis vous vous étonnez qu'il ne vous rappelle pas... Il a eu en un clin d'œil ce que d'autres, en des temps plus reculés, mettaient des années à obtenir. Les hommes ne disent-ils pas qu'il y a deux sortes de femmes : celles que l'on saute et celles que l'on épouse ? Personnellement, j'ai le sentiment d'avoir suffisamment adhéré au premier parti, pour être fière d'appartenir au deuxième, aujourd'hui. Mon choix était de redonner à l'expression « faire l'amour » toutes ses lettres de noblesse. Et pour faire l'amour, ainsi que je vous l'ai déjà expliqué, il faut aimer. Je me suis donnée à celui que j'aime et c'est bien par amour et non juste pour lui démontrer que je suis libre de coucher avec n'importe qui. Souvenez-vous, il était au courant de ma virginité retrouvée au bout de onze ans et il a été honoré que je décide de la lui offrir. Et s'il n'avait pas eu la passion d'attendre, c'est qu'il n'aurait pas été celui qui m'est destiné. Ce délai lui laissa également le temps de savoir si c'était bien une relation avec moi qu'il voulait, et j'en fis de même : il m'offrit sa fidélité et son amour et j'en fis tout autant.

Ça peut vous paraître paradoxal, mais c'est bien en couple que vous démontrez le plus votre respect de la liberté : l'engagement et la fidélité ne s'exigent pas, ils s'offrent. C'est ce qu'un homme dépose simplement à vos pieds et non ce que vous devez obtenir en lui tordant le bras ou en le menaçant. Un couple, dans mon monde, c'est un homme libre qui choisit une femme libre pour former un ménage heureux où chacun respecte son choix, chaque jour. Bien sûr que cet homme peut être ému par le corps d'une autre femme, cependant, c'est vous qu'il aime et c'est avec vous qu'il exprime son désir. N'est-ce pas d'autant plus flatteur ?

Vous venez de passer la nuit avec un homme et vous exigez soudain qu'il soit fidèle. Fidèle à quoi, à qui ? À une femme qui l'a attrapé par le col et jeté dans son lit ? Faudrait-il encore qu'il sache votre nom ! Comment être fidèle à une ombre dans la nuit et quelques cris ? Sachez que vous marquez ceux qui ne vous ont pas eue, car de celles-là ils se souviennent. Bien sûr, il y a un temps pour tout : de 20 à 30 ans et plus, la période se prête à la découverte. Vous avez besoin de faire vos griffes. Mais après, n'est-il pas temps de les rentrer pour faire patte de velours et rencontrer celui qui aura le plaisir de faire sa vie avec vous ?

Vous avez une carrière professionnelle, la sécurité financière, vous vous assumez à tous points de vue et vivez seule, en ayant cependant un ou plusieurs amants. La voilà la dépendance des femmes indépendantes : vous vous organisez pour avoir les avantages (ou les attributs !) du mâle, mais pas les inconvénients que vous résumez bassement à la lessive, les chaussettes, le ménage et la cuisine. Est-ce ainsi que vous résumez une vie de couple ? Je suis d'accord : mais une vie de couple... névrosée ! Avez-vous déjà entendu un homme expliquer qu'il refuse de se mettre en couple parce qu'il n'est pas question qu'il s'occupe de la voiture de sa femme, qu'il répare les volets de la maison, qu'il tonde le gazon ou qu'il répare le robinet de la salle de bain ? Encore une fois, par pitié, imaginez votre vie avec un homme équilibré, celui qui vous aimera et que vous aimerez et peut-être que vous cesserez de barboter dans vos idées fermées. Alors que je me trouvais dans une galerie marchande, devant un thé, révisant mon manuscrit, un monsieur s'est approché de moi pour discuter. Il attendait sa femme, avec laquelle il affichait 48 ans de bonheur et… de mariage ! Nous étions sur la même longueur d'onde (c'est certainement la raison pour laquelle il a eu envie de me parler) et quand je tins le discours que vous venez de lire, il me répondit : « Expliquez-leur, dans votre livre, que l'ouverture d'esprit n'est pas une fracture du crâne ! » À « bonne entendeuse », salut !

Vous vous damneriez plutôt qu'avouer que vous n'avez pas d'amant : ça vous ferait perdre la face devant vos congénères. Et vous parlez de lui à longueur de journée, l'exhibant verbalement comme un signe extérieur de richesse, alors qu'il n'est qu'un « signe extérieur de baise ». Le plus fort, c'est que vous le critiquez. Alors une question me traverse l'esprit : que faites-vous avec lui ? Clamer votre liberté, c'est avoir un ou plusieurs partenaires de sexe que vous nommez des *Fuck Friends* ? Savez-vous seulement ce que cela signifie en anglais, car c'est là tout le respect que vous avez pour vous. Si encore vous aviez de l'amitié pour ceux que je nomme vos FF. Pour moi, prôner la liberté, c'est être libre d'aimer et non d'avoir des relations sexuelles avec n'importe qui. Parce que je vous le dis : c'est facile. Vous trouvez toujours une bonne âme pour vous rendre ce service. Si je parlais librement de mon abstinence, c'est parce que cela faisait de moi une personne hors norme et non une laissée-pour-compte. Même si certains hommes considéraient que « c'était du gâchis ! ». À croire que, puisqu'on peut donner son corps à la science, il existe une autre option : si vous êtes une femme et que vous n'en faites rien, donnez donc votre corps aux hommes qui en ont besoin !

J'entendais aussi des théories du style: «Tu vois, Pascale, moi si je me retrouvais seule demain, je trouverais quelqu'un d'autre très vite.» Belle croyance portante que j'encourage la personne à conserver. Mais entendez-vous le message? C'est quelque chose comme: «Tu dois vraiment te débrouiller comme un manche, parce que, moi, j'en trouverais un (autre nigaud) tout de suite!» J'en suis ravie pour elle, à partir du moment où le «quelqu'un d'autre» est quelqu'un de bien et non le premier névrosé venu. S'il s'agit juste de trouver un homme une virée dans un bar aurait pu m'être très salutaire. Mais ce n'était pas un homme que je cherchais, c'était *Mon homme*. Saisissez-vous la nuance? Ce n'étaient pas des relations sexuelles qu'il me fallait, mais le compagnon avec lequel je voulais construire ma vie. Je flaire la dépendance affective à plein nez quand on me parle de facilité à trouver quelqu'un ou plutôt n'importe qui. Il s'agit simplement de ne pas rester seul et, surtout, de vous prouver, quand vous êtes à nouveau sur le marché des célibataires, que vous plaisez encore. Ça rassure, n'est-ce pas? Eh bien, je n'avais plus besoin d'être rassurée, malgré onze années de célibat: je ne cherchais pas à plaire à la Terre entière: un seul suffisait!

79.

La jalousie ou comment clamer votre manque de confiance en vous

Si je ne suis pas d'accord sur le principe des gènes qui poussent l'homme à l'adultère, en revanche, peut-être est-il plus porté sur le plaisir des yeux que la femme. Souvenez-vous que c'est vous, Madame, depuis la nuit des temps, qui êtes programmée à attirer ses regards par tous les subterfuges. C'est également le propre des personnes visuelles que sont surtout les hommes versus cérébrales que seraient plutôt les femmes. Là-dessus, je ne m'engage pas, car je n'ai jamais compris ce que signifie « cérébrale », n'ayant jamais pratiqué la sensualité avec mon cerveau !

Mais je sais que l'homme est visuel et la femme auditive : elle veut qu'il lui fasse la cour. Cependant, ce n'est pas parce que vous êtes au régime que vous n'avez pas le droit de lire le menu. Et je comprends d'autant ce comportement que je suis moi-même portée à regarder, qu'il s'agisse d'un homme, d'une femme ou d'un objet, ce qui est beau. Que se passe-t-il dans la tête de celui qui regarde une belle femme passer alors qu'il vit en couple ? Croyez-vous, Madame, qu'il ait le temps, en l'espace de quelques secondes, de tenter d'imaginer deux ou trois positions exotiques ? Et si les avantages de la belle lui rappelaient simplement les vôtres, ce qui a pour résultat de dessiner un sourire béat sur son visage ? Ce que vous lui reprochez immédiatement ! Et, de toute façon, si cette vision l'a émoustillé, qui va en profiter ? Est-il utile de grimper aux rideaux chaque fois que son regard s'égare sur une silhouette qui passe ? Parce que des silhouettes, il en voit à longueur de journée, à la télé, dans la rue, au travail, pourtant, c'est vous qu'il a choisie et c'est avec vous qu'il est heureux et qu'il vit. Et vous, quand vous voyez un bel homme au cinéma ou dans la rue, que faites-vous, que pensez-vous ? Même si vous êtes en couple, une sensation peut vous traverser le corps, sans pour autant être obligée d'aller vous confesser !

Quand vous passez une soirée coquine à visionner un film érotique, si vous arrachez les vêtements de votre conjoint soudainement, ce n'est pas parce que vous avez envie de coucher avec l'acteur, mais bien avec votre mari. Non ? !

Quand j'étais névrotiquement attachée à Jules et à Jim, il est vrai que les autres hommes avaient autant d'attrait pour moi qu'un lampadaire. Cependant, je comprends ceux et celles qui, sans aucune intention de tromper, posent les yeux sur d'autres formes, d'autres attraits. En couple, j'étais la première à faire remarquer à l'autre une belle demoiselle. Qu'est-ce qui vous rend si susceptible que vous considériez toutes les femmes comme des rivales ? Parce que tous les hommes sont des cochons et votre mari aussi ou parce que vous manquez de confiance en vous ? Si c'est la première réponse, Madame mariée à un cochon, vous n'êtes pas tombée sur le bon; si c'est la deuxième, c'est une bonne explication.

Quant à vous, Monsieur, qui ne supportez pas qu'un autre regarde votre femme, pourquoi cette jalousie maladive ? Vous devriez être fier d'avoir une épouse qui attire les regards, alors que le vôtre est parfois attiré par d'autres. Et si elle regarde un homme qui n'a pas de ventre et plus de cheveux que vous, quelle est votre réaction ? Soit vous vous mettez au sport pour retrouver vos abdos, soit vous comprenez que c'est vous qu'elle aime, même si son regard s'égare.

Et puis, un homme ou une femme, ce n'est pas une mobylette : ça ne se vole pas !

Le fait que les femmes tournent autour des deux ex-conjoints ne m'a jamais dérangée parce que j'avais confiance en eux, puis en moi. Je considère que c'était à eux de repousser et non à moi de faire quoi que ce soit. Jules n'a pas été capable de repousser sa maîtresse et je ne l'y ai jamais obligé. C'était à lui de faire le choix. Il ne l'a pas fait, je l'ai fait pour lui. Jules et moi avons vécu ensemble dans le plus grand secret pendant deux ans. Nous avions décidé que pour vivre heureux, nous avions intérêt à vivre cachés. C'est la même chose aujourd'hui, mais parce que je suis médiatisée. Ce fut d'ailleurs le seul moment de répit de notre vie commune. Cependant, des hommes faisaient des commentaires sur moi, en vue puisque j'étais jockey, devant lui, et pas au sujet de ma façon de monter. Ça le rendait furieux et ça me faisait rire, car je lui expliquais que c'était flatteur pour lui de vivre avec une femme convoitée. De toute façon, la peur n'évite pas le danger et si vous agacez votre conjoint avec tout ce qu'il n'a jamais fait, il pourrait bien finir un jour par vous donner raison. Jim était d'un tempérament jaloux, ce que j'avais calmé. Soit il me faisait confiance, soit il partait parce que je refusais de subir les conséquences de son manque de confiance en lui. Je lui conseillais d'être jaloux dans son coin mais de ne pas m'ennuyer avec ça. Une petite pointe de jalousie exprimée gentiment peut être un joli compliment, je vous le concède, mais pas quand ça devient chronique et envahissant.

Rendez le pouvoir à votre conjoint en comprenant que s'il est avec vous, c'est pour une bonne raison et il n'est pas fou. Il n'a aucune raison de vous tromper ni vous d'être jaloux. Au lieu de vouloir le contrôler et le protéger contre lui-même, des fois qu'il aurait envie d'aller voir ailleurs ! Et vous alors, pourquoi ne le trompez-vous pas ? Qu'est-ce qui vous en empêche ? Probablement les mêmes raisons que les siennes.

Si vous n'avez confiance ni en l'autre ni en vous, vous n'avez pas fini de souffrir et de faire souffrir !

Qui n'a jamais entendu « les hommes, on ne peut pas leur faire confiance » ou « les femmes, il n'y a que le fric qui les intéresse » ? Et si vous cessiez de voir un monstre derrière chaque personne du sexe opposé ? Que se passerait-il si vous pouviez envisager qu'il existe des chics types et des super nanas, fidèles de surcroît ?

80.

Il n'y a pas d'erreur, il n'y a que des expériences profitables

Partant du principe que ce qui ne vous tue pas vous rend plus fort, je pense que vous ne commettez pas d'erreur quand vous prenez un chemin compliqué. J'ai fini par connaître Montréal comme ma poche, comme j'ai connu Paris, parce que je n'arrêtais pas de me perdre. C'est riche en enseignement, même si vous traversez des expériences qui vous font souffrir et qu'il serait, de ce fait, dommage de ne pas mettre à profit. Avoir souffert pour rien, quelle ironie! Chaque cicatrice que je porte au corps comme au cœur n'est pas la marque d'une blessure: c'est le symbole d'une victoire. C'est à vous de choisir ce que vous ferez de vos souffrances.

Si je n'avais pas traversé toutes ces tempêtes, je n'aurais rien appris et, surtout, rien réglé. Des deux ex, je n'ai gardé que le positif et l'essentiel: une petite fille formidable grâce à Jules; et grâce à Jim, la propriété qu'il avait trouvée pour lui, même si c'est moi qui l'ai, heureusement, payée. Après ces expériences, j'étais focalisée sur le futur, visualisant le couple que je voulais un jour former, mais pas sur mon passé de névrosée, dont j'ai gardé toute l'expérience mais pas les souffrances ni les émotions négatives. Que le positif, ce dont je les remercie. Le troisième conjoint, et premier amour (les deux autres ayant été des attachements névrotiques), m'apporte la sérénité dans le couple.

Si vous avez souffert par le passé, pourquoi les mettre tous ou toutes dans le même panier? Songez que si vous tombez sur des névrosés, c'est bien parce que vous avez quelque chose à régler. Pardonnez à un homme et vous pardonnerez à tous les hommes; et pardonner à une femme, c'est également pardonner à toutes les femmes. Et le fossé se comble, petit à petit.

81.

Au diable les complexes des deux sexes !

Un autre sujet qui me passionne et qui empêche hommes et femmes de s'épanouir complètement, ce sont les complexes physiques. Madame, vous qui nourrissez vos complexes et votre corps parce que vous n'avez pas la silhouette d'une déesse, pensez-vous réellement que seules les plus belles ont le droit de connaître le septième ciel ? Le plus fort, c'est que vous privez votre partenaire d'un voyage à cet étage-là, parce que vous ne vous trouvez pas assez bien proportionnée et refusez généralement, à celui qui partage votre lit, de montrer votre nudité. Sans parler d'un petit strip-tease excitant, auquel vous vous refusez sous prétexte de rondeurs. Sachez que lorsqu'il vous regarde, Monsieur le fait d'une manière différente de celle que vous employez pour vous observer dans la glace : lui regarde exclusivement ce qui le met en appétit, vous exclusivement ce qui vous coupe l'appétit… sexuel seulement parce que pour le reste, vous continuez à avoir un bon coup de fourchette ! Pourquoi le priver d'un beau spectacle stimulant dont vous pourriez bénéficier ultérieurement ? Et je ne parle pas des dessous affriolants que vous refusez de porter. Croyez-vous vraiment que les adeptes de la guêpière et du porte-jarretelles ont toutes une « taille mannequin », ces mêmes mannequins qui n'ont d'ailleurs, pardonnez-moi, pas grand-chose à mettre dedans. Et puis, savez-vous que ce n'est pas la couleur de vos yeux qui le fait grimper aux rideaux, c'est votre façon de le regarder. Ce ne sont pas vos hanches qui l'attirent, c'est votre façon de les bouger. Ce ne sont pas vos seins qui le font fantasmer, c'est votre façon de les utiliser, et ce n'est pas un corps de déesse qui l'envoie au paradis, c'est la façon dont vous vous en servez. Une femme même très ronde et très sensuelle attire toujours des hommes, alors qu'une femme mince et revêche n'attire personne. La séduction n'est pas le corps, elle est dans le corps.

Et la maudite cellulite? C'est une caractéristique féminine. Parmi les femmes qui n'en ont pas, la plupart ont usé de subterfuges pour la faire disparaître. Alors, soit vous continuez la vie que vous menez en l'acceptant, soit vous faites du sport, du régime ou de la chirurgie. En ce qui me concerne, je la tiens en respect. J'ai assisté à de nombreuses conversations masculines, ne serait-ce que lorsque je montais dans des écuries de vingt-cinq employés, et jamais je n'ai entendu un homme faire un commentaire sur la cellulite. En revanche, j'ai entendu des femmes critiquer celle d'autres femmes. Vous pouvez m'expliquer? Je me demande si la cellulite ne serait pas une compétition entre femmes plutôt qu'un handicap pour séduire les hommes. Alors, soit vous y participez, soit vous bannissez ce complexe, en ondulant vos coussinets avec élégance et sensualité.

Vous courez après la beauté, pourtant vous avez un atout que vous n'utilisez jamais: votre sourire. Aucun être humain n'est laid quand il sourit, et la personne en face de vous n'est pas responsable de vos malheurs. Sachez que le sourire attire le bonheur. Entraînez-vous à sourire, quels que soient vos soucis, et vous verrez que si vous leur souriez, les autres vous facilitent la vie. Le sourire et la sensualité ne sont pas liés au physique, ils existent uniquement par eux-mêmes. J'ai lu cette phrase mais je ne sais plus de qui elle est: «Vous n'êtes pas responsable de la tête que vous avez, mais vous êtes responsable de la gueule que vous faites», et je dirai que l'important n'est pas d'avoir un beau corps mais de l'aimer comme il est, ni d'avoir un beau visage, mais d'être capable de l'illuminer. Le charme ne se fane jamais, contrairement à la beauté.

Il paraît que la femme s'attache moins au physique que l'homme. L'homme regarderait plus la carrosserie et la femme, le moteur. Il serait moins pointilleux sur son propre corps que sur celui de sa compagne qui, elle, serait plus pointilleuse sur le sien que sur celui de son compagnon. Il est vrai que si certaines femmes sont cérébrales, je n'ai jamais entendu ce terme appliqué à un homme. Pourtant, certains doivent bien l'être aussi. Les beaux atouts d'une dame ne les mettent pas tous en transe, certains hommes pensent aussi ! Si vous n'êtes pas cérébrale, qu'est-ce que vous êtes ? En ce qui me concernait, j'étais persuadée que, dès le premier contact visuel avec mon homme, mes sens s'activeraient en priorité et que le cerveau interviendrait ensuite pour vérifier le tableau de bord. Normalement, c'est ce qui se passe, sauf dans mon cas et dans d'autres. Et puis, il y a le charme qui, lui, ne prend jamais une ride. Pourquoi une personne vous attire-t-elle ? Qu'est-ce qui fait qu'entre deux beaux visages, l'un vous touchera plus que l'autre ? J'ai souvent entendu dire que « la beauté ne se mange pas en salade ». Je ne me livrerai pas à une étude de texte, comprenez donc ce que vous voudrez. Le message que je veux vous faire passer, c'est que la joie de vivre, la bonté, les qualités morales et le charme ont plus d'ascendant que les beaux traits. La gaieté et la sensualité attirent plus que la beauté glacée, impossible à décongeler.

Ma cousine, vers l'âge de 13 ans, voulait un mari pas très beau ; comme ça, personne ne le lui prendrait. Raté ! Elle vit avec un beau garçon, plus jeune qu'elle et… ancien pompier ! Un ami partait du principe qu'il valait mieux avoir une femme très belle parce que, ainsi, elle a l'habitude des hommages et celle de refuser les avances, elle ne part donc pas avec le premier venu. Je vous le rappelle, vous n'êtes pas des mobylettes ! Chez les adeptes de Tarzan, la personne que vous choisissez est le reflet de vous-même ou de ce que vous souhaiteriez laisser paraître aux autres. Ça, je l'ai vécu : exhiber un trophée de quinze ans de moins que moi signifiait à mes yeux que je restais belle et désirable, même à 40 ans. Je n'avais pas réfléchi à dix ans plus tard… et je n'ai pas eu à y réfléchir puisqu'il n'était plus là ! J'étais flattée, compensant ainsi mon manque de confiance en moi avec mon trophée, au lieu de travailler ce qui n'allait pas chez moi. Aujourd'hui, quand un garçon plus jeune me regarde, je suis flattée, mais je n'ai plus besoin de le mettre dans mon lit pour exister.

La féminité ou la masculinité ne s'expriment pas uniquement au travers d'un corps aux rondeurs proportionnées ni au travers d'un corps musclé. Il s'agit également d'un état d'esprit, de comportements et de modes de pensée. Cependant, si votre physique vous pose problème, pourquoi ne pas le modifier? Maigrissez, faites du sport et si vous n'en avez pas le courage, peut-être qu'aimer ce que vous êtes est plus sage, plutôt que pleurnicher si vous n'avez pas la volonté de changer.

Je suis moi-même très pointilleuse avec mon corps parce que j'ai un passé de sportive et que l'image que j'en ai est celle d'un physique plus sec que rond. Cependant, je vous avouerai que les hommes n'apprécient pas forcément les femmes musclées et préfèrent les rondeurs, même mal placées. J'ai essuyé quelques réflexions masculines m'indiquant qu'un ventre plat et musclé n'est pas la représentation de la féminité: c'est un petit ventre rond et des fesses. Vous préférez également un petit bedon chez votre compagnon, n'est-ce pas, Madame?

Personnellement, je ne suis pas fan de petit bedon, car ce n'est pas le confort que je cherche mais un homme d'action. Dans ma vision des choses, un homme d'action est un sportif qui prend soin de son mental, de son corps et de sa santé. Tout comme moi, car souvenez-vous que les extrêmes ne s'attirent que chez les névrosés. Cependant, ce n'est pas parce que mon conjoint est beau qu'il m'a attirée. C'est parce qu'il est sensuel et que son regard conquérant me donne l'assurance que c'est exactement moi qu'il attendait pour construire le bonheur à deux. La louve alpha ne choisit pas le mâle le plus macho ou le plus romantique, elle choisit le plus fort et le plus équilibré, celui qui assurera la pérennité du couple et de la meute.

Je ne vous assommerai pas avec des phrases du style «la beauté est à l'intérieur» ou «l'extérieur est le reflet de l'âme» parce que même si c'est vrai, c'est exactement ce que vous refusez de croire. Pourtant, quel que soit votre tour de taille, vous seriez plus à l'aise autour d'une piscine et dans un lit à deux. La cruauté de notre société est qu'elle vous fait gober des critères de beauté anorexique tout en vous poussant, par ailleurs, à trop ou mal manger. Du coup, que vous mangiez ou pas, vous vous retrouvez à faire l'impasse soit sur un physique stéréotypé, soit sur le plaisir de la chère. Si la chair est faible, la bonne chère est encore plus tentante! Partant du principe qu'un épicurien à table est un épicurien au lit, ce qui est très probable quand le plaisir règne sur votre vie, peut-être pourriez-vous oublier les complexes, être ce que vous êtes et profiter librement de la vie. Et le fossé, pendant ce temps, se remplit lui aussi !

Sachez qu'il y a des milliers d'hommes qui ont le ventre plus plat que vous et qui sont plus brillants, une multitude de femmes qui ont des seins plus gros que les vôtres et une taille plus fine et pourtant, sur le nombre d'humains sur Terre, c'est vous qu'il ou elle a choisi. Pourquoi ? Parce que vous êtes la seule personne à réunir toutes les qualités que l'autre recherche et parmi toutes ces belles diablesses tentatrices ou tous ces adonis, c'est vous qui l'avez remporté. Que vous faut-il de plus ? Ayez confiance en son choix et cessez de vous poser la question ou, pire, de la lui poser, car vous finirez par le faire douter en doutant vous-même.

Je place les complexes dans le registre de l'autopunition : vous vous privez de ce qui vous fait envie et personne ne peut vous complexer en dehors de vous-même. Lorsque vous faites une réflexion sur un homme de 70 ans qui s'achète une voiture de sport ou sur une femme ronde qui porte un bikini, c'est vous que vous ridiculisez, pas eux. Parce que ces deux personnes font naturellement ce que vous n'oseriez pas faire. Moi, je les trouve formidables, ces gens qui n'hésitent pas à porter ce qui leur plaît et à faire ce dont ils ont envie sans se soucier de savoir si c'est convenable ou non. Vous jugez parce que vous avez peur d'être jugé. N'est-il pas écrit quelque part : « Ne fais pas à autrui ce que tu n'aimerais pas qu'on te fasse. » Alors à l'avenir, accueillez avec admiration et non par une critique ceux qui osent ce que vous n'oserez jamais.

Par exemple, vous, Madame, qui êtes dans la quarantaine, alors que vous en rêvez peut-être, oseriez-vous avoir une aventure avec un garçon dans la vingtaine ? Si vous me répondez immédiatement que vous auriez l'impression de coucher avec votre fils ou avec votre frère, ça prouve que vous y avez déjà pensé ! Mais que vont en penser les gens ?! Ce qu'ils voudront. Cependant, si vous êtes libre et que le jeune homme l'est aussi, je ne vois pas pourquoi vous seriez suffisamment égoïste pour ne pas lui enseigner tout ce que vous savez et vous faire plaisir. Quand vous verrez des étoiles dans ses grands yeux étonnés, je peux vous dire que vous ne le regretterez pas. On ne vit qu'une seule fois et ça vaut le coup, même si vous avez deux fois 18 ans !

Et vous, jeune coquelet, au lieu d'essayer de l'épater, soyez plutôt son disciple, apprenez puis innovez ! Je me souviens d'un homme qui, à 20 ans, avait eu l'occasion d'avoir une aventure avec une femme de 40 ans. Il s'était dégonflé et, quinze ans plus tard, il le regrettait encore. Il m'a même avoué qu'il avait essayé de la retrouver et qu'il pensait toujours à elle.

Ce sont de belles histoires quand les deux sont équilibrés et qu'ils ont intégré que c'est une histoire sans lendemain. Dès que l'un de mes jeunes amants commençait à s'attacher, je coupais court immédiatement. Je croyais tout contrôler, mais je ne savais pas que Tarzan guettait.

82.

Un des secrets pour rapprocher l'homme et la femme : la confiance en soi et en l'autre

Avoir confiance en soi permet d'avoir confiance en les autres et permet également d'être prêt à encaisser des mauvais coups éventuels qui, peut-être, ne viendront jamais. Ça, vous l'avez déjà compris, même si ça reste encore compliqué pour vous d'y accéder. Je le sais, puisque j'ai mis plus de quarante années à être équilibrée. Souvenez-vous cependant que vous n'êtes pas obligé d'y passer tant de temps : prenez l'ascenseur, faites-vous aider ! Vous découvririez combien il est aisé d'être heureux en couple quand la confiance règne et le lâcher-prise aussi.

Vous allez voir, c'est facile : si votre conjoint vous aime et est équilibré, il ne vous trompe pas. S'il le fait (régulièrement, j'entends – je ne parle pas ici d'un accident : ça, c'est un autre débat), c'est qu'il ne vous mérite pas. Quittez-le. Pas de place pour l'inquiétude : c'est mathématique ! Vous avez des doutes mais vous n'avez pas de preuve (certains sont très malins !), alors demandez-vous si vous avez vraiment confiance en votre conjoint et si c'est le cas, n'ayez plus aucun doute : il ne vous trompe pas. Si vous n'avez pas confiance, vous avez un problème dans votre couple, d'autant si vous restez persuadé que vous êtes trompé. Il va falloir regarder la réalité en face et crever l'abcès. Ou alors vous préférez vivre dans le doute plutôt que découvrir la vérité. C'est votre droit le plus strict. Je l'ai fait !

Quand l'ex de Jules m'adressa le fax « anonyme », après avoir agité le document sous le nez du suspect, je lui demandai si c'était vrai. Il m'avoua enfin la vérité (et ce n'était pas la première fois que je lui posais la question). Je vous jure que j'aurais donné n'importe quoi pour qu'il nie. Je l'aurais cru, même en sachant pourtant au fond de moi la vérité. Quand nous parlons d'un couple dont l'un est adultère et que ça crève les yeux alors que l'autre ne voit rien, c'est effectivement parce qu'il a décidé de ne rien voir. Mais quand une preuve de plus, la fameuse goutte d'eau, vous oblige à faire face à la réalité, vous ne pouvez plus reculer.

Quoi qu'il en soit, plutôt que penser que votre conjoint vous trompe ou pourrait vous tromper, pourquoi ne pas penser qu'il est fidèle et le sera à jamais, au lieu de vous torturer et de le torturer chaque jour que Dieu fait ?

Croire en la fidélité de son partenaire, c'est miser sur la confiance en soi et en l'autre, et être heureux parce que, dans le cas contraire, si vous le soupçonnez et qu'il n'a rien fait, vous tuerez votre couple à petit feu. Et s'il l'a vraiment fait et qu'une preuve, du genre fax anonyme, vous saute à la figure, eh bien, avisez.

Le cœur brisé, vous ne croyez plus à l'avenir à deux. Pourtant, si vous décidez de travailler sur vous et de comprendre que vous êtes tombé sur des névrosés, vous améliorerez la qualité des personnes que vous rencontrerez. Vous avez fait le choix de rester seul et vous dites que vous êtes mieux comme ça. Mais de deux maux, n'avez-vous pas choisi le moindre ? Que pensez-vous de vous donner la chance de vivre une belle relation ? L'une de mes phrases fétiches est « Prenez soin de votre avenir, c'est là que vous passerez le reste de votre vie » et elle vous invite à travailler sur votre présent pour construire un futur serein. L'une des grandes règles de l'Univers, c'est que tout doit circuler – l'énergie, le sang, l'argent – et nous sommes faits pour échanger et communiquer, pour donner et recevoir. S'isoler, c'est bloquer cette énergie, par peur de souffrir à nouveau. Pourtant, vous avez maintenant les moyens de retenter votre chance, sans souffrance. Je ne dis pas que le bonheur existe seulement à deux, quoique, mais je dis que vous avez le droit de trouver la bonne personne et d'être heureux. Quand deux êtres s'aiment, ils s'additionnent alors que leurs énergies se multiplient. J'ai moi-même été broyée par les mâchoires de la dépendance affective à deux reprises, pourtant, j'ai toujours cru au couple et ce que je vis à deux aujourd'hui est une très belle récompense.

Dernier détail : sachez, Madame, que les hommes n'ont pas peur des femmes indépendantes. Ils craignent les castratrices, et je les comprends! Je ne vais pas, moi-même, vers les machos. Cependant, pas facile pour eux de distinguer la féministe de la féminine. D'ailleurs, plus vous êtes féministe, moins vous êtes féminine. Quant à vous, Monsieur, peut-être est-il temps de comprendre qu'une femme autonome n'est pas forcément une castratrice et peut également rechercher un homme autonome aussi, pour former un couple complémentaire et égalitaire. Je rencontre des hommes et des femmes qui ont la même quête, mais ils ne réussissent pas à se reconnaître dans toute cette mêlée.

Dans les contes de fées, le berger épouse toujours la princesse et la servante, le prince, et s'il y a plusieurs bergers et servantes, il n'y a qu'une seule princesse et qu'un seul prince. La réalité est bien différente, parce que plus merveilleuse: chaque femme prête pour le bonheur est une princesse qui vous offre son royaume et son cœur. Et chaque homme déterminé à être heureux est un prince qui vous offre également les siens. Qu'offrez-vous à celui ou celle qui fait votre bonheur? Votre expérience de vie, toutes vos qualités et votre volonté d'être heureux avec un associé de cœur, de corps et d'esprit.

83.

Que les hommes et les femmes désireux de fonder un couple heureux portent un signe distinctif pour se reconnaître !

Alors, j'ai une proposition à vous faire : portons un signe distinctif pour repérer les hommes et les femmes célibataires et équilibrés en quête d'une vie de couple épanouie. Castratrices, hommes soumis et imposteurs en tous genres, s'abstenir ! Ainsi vous gagnerez du temps pour vous repérer.

Maintenant que vous avez fait le tour de tout ce qui rapproche l'homme et la femme, voyez-vous d'un autre œil le sexe opposé ? Vous avez compris qu'à cause de votre passé, vous vous êtes programmé à survivre, parce que c'est tout ce que vous pensiez mériter : un mauvais conjoint, un petit job, gagner juste assez d'argent pour vivoter et pas de plaisir. Maintenant, vous savez que vous pouvez vivre heureux et qu'il suffit d'y croire pour vous programmer. Si j'ai pu redresser la barre et si je suis très heureuse aujourd'hui, vous le pouvez aussi. Gardez bien présent à l'esprit que le bonheur existe, seul et à deux, parce que si vous l'oubliez, un beau jour, les gens heureux comme moi pourraient bien être placés dans des asiles psychiatriques !

84.

Le pari de Pascal

Je terminerai par une analogie entre le pari de Blaise Pascal sur l'existence de Dieu et le pari sur le fait que vous pouvez prendre le contrôle de votre vie. Ce célèbre philosophe et mathématicien a démontré, de façon tout à fait logique et mathématique, que croire en Dieu est un bon pari qui rapporte plus si vous y croyez que si vous n'y croyez pas. Parce que vous n'avez rien à perdre et tout à y gagner.

Personnellement, j'ai cru à l'Amour et je l'ai rencontré. Je me suis donnée comme si j'étais vierge, comme si c'était la toute première fois. Et c'est bien ce que toute femme devrait faire à chaque début de relation. Ça valait vraiment le coup d'attendre !

Je vous vois venir : vous allez me répondre que ce ne sont que de belles pensées...

Vous êtes prêt à parier ?

Vous *que la vie a mal programmé(e)*
Avez*-vous senti que vous pouvez changer*
Le *présent, l'avenir et surtout vos pensées ?*
Pouvoir *être heureux est à votre portée*
De *cela vous pouvez être assuré(e)*
Changer*, c'est accepter l'équilibre et la sérénité.*

P. P.

Achevé d'imprimer
sur les presses de
Imprimerie H.L.N.
Imprimé au Canada - Printed in Canada